4차산업혁명 시대의
소비자와 시장

서정희 지음

UUP

4차산업혁명 시대의

소비자와 시장

- 2019년 12월 16일 초판 1쇄 발행
- 2020년 08월 28일 초판 2쇄 발행
- 2023년 08월 28일 초판 3쇄 발행
- **지은이** 서정희
- **펴낸이** 오연천
- **펴낸곳** **UUP**(울산대학교출판부) 44610 울산광역시 남구 대학로 93(무거동) 울산대학교 출판부
- **전화** (052)259-2488 ▪ **팩스** (052)277-3011 ▪ **홈페이지** http://uup.ulsan.ac.kr
- **출판등록** 제370-1996-000001호(1996.3.13)
- ₩ 13,000

ISBN 978.89.7868.687.7 (93320)

머리말

4차산업혁명의 물결이 거세게 불어오면서 소비생활을 비롯한 우리의 삶도 우리가 인식하든 하지 못하든 다양한 영역에서 지금까지 경험하지 못한 엄청난 변화를 거듭하고 있다. 사람과 사람, 사람과 사물, 사물과 사물 간의 커뮤니케이션이 확장되는 초연결사회에서 소비자는 점점 더 원자화, 세분화되고 있고, 시장환경도 크게 변화하고 있다. 이렇게 급변하는 사회에서 소비자문제도 과거와 다른 양상을 띠고 있고, 새로운 소비문화가 나타나고 있다. 소비자가 급변하는 환경변화에 적응하고 새로운 기술을 습득하고 자신의 정체성을 정립하여 현명하고 행복한 소비생활을 영위하는 것은 쉽지 않은 과제다.

이 책은 4차산업혁명의 시대에서 새롭게 나타나는 소비자의 삶의 양태, 스마트한 거래방식, 기업의 첨단 마케팅 전략, 소비자 문제와 해결책, 새롭고 바람직한 소비문화 등을 가능한 많이 다루려고 노력하였다. 특히 합리적인 소비를 넘어 다른 사람과 약자를 배려하는 윤리적 소비와 행복한 소비를 소비생활의 중요한 목표로 설정하여 마지막에 포함하였다.

이 책은 모두 12장으로 구성되어 있다. 1장은 고령화와 1인가구화로 빠르게 진행되고 있는 인구구조의 변화와 시장환경의 흐름, 소비의 양극화와 양면성, 스마트유통 등으로 구성되어 있다. 2장은 4차산업혁명 시대의 기업의 중요한 마케팅 전략이라고 할 수 있는 온라인 구전 커뮤니케이션, 뉴로마케팅, 인공지능마케팅으로 구성하였다. 3장은 소비자의사결정과정을 설명했고, 4장은 초연결사회의 특성, 소비자정보의 디지털화, 전자상거래 관련 소비자정보를 다루었다.

5장은 소비자문제의 원인과 특성, 소비자문제의 유형, 초연결사회의 소비자문제 등으로 구성되어 있다. 6장은 우리나라 소비자기본법에서 규정하고 있는 소비자의 권리와 의무, 소비자피해구제 절차와 소비자분쟁해결기준, 집단적 소비자피해의 효율적 구제 등으로 구성되어 있다. 7장에서는 소비자단체, 정부와 지방자치단체, 기업의 소비자전담부서를 중심으로 소비자문제를 해결하기 위한 기구를 설명했다.

8장에서는 소비 의미의 변화, 문화자본과 문화예술 소비, 세대별 소비문화 등을 다루었다. 9장에서는 트렌드의 개념과 특성, 소비트렌드의 활용, 소비트렌드 키워드 추출과정 등을 다루었다. 10장에서는 공유경제의 특성을 살펴보고, 공유경제의 장점과 문제점을 알아보고, 공유경제가 나아가야 할 방향을 제시하였다. 11장에서는 구매 관련 윤리적 소비, 환경 관련 윤리적 소비 및 나눔 관련 윤리적 소비로 구분하여 설명하였다. 12장에서는 행복과 관련된 다양한 이론과 행복에 이르는 길, 소득과 행복, 소비와 행복을 다루었다.

이 책은 대학에서 소비자학을 전공하는 학생들이 전공 또는 기초도서로 활용할 수 있고, 소비자학을 전공하지 않은 학생들 중에서 소비자와 시장에 관심이 많은 학생들이 교양도서로 사용할 수 있다. 또한 정부와 지방자치단체, 소비자단체 및 기업의 소비자문제 전담부서에서도 이 책을 참고자료 또는 교육자료로 활용할 수 있다.

이 책이 나오기까지 많은 도움을 준 현장에서 강의하시는 여러 교수님들과 울산대학교 출판부의 모든 분들께 감사드린다.

2019년 12월
서정희

목차

Chapter 1

소비자와 시장환경의 변화

1. 인구 구조의 변화

〈표 1-1〉 연령층 구분과 각 연령층의 특성

구 분	연 령	특 성
소아인구	0-9세	-낮은 출산율의 고착화 -가임연령인구수 감소와 출생아 감소가 연계되어 있음
학령인구	10-19세	-초 · 중 · 고 학급당 학생 수 감소 -대학 과잉 공급 문제
핵심가임연령인구	20-39세	-가임연령인구의 지역 간 불균형 -출산 잠재력을 잘 나타내줌-독신 1인 가구 증가
소비활력인구	40-49세	-가구소비가 가장 많은 연령층 -소비가 줄 경우 소비절벽 현상으로 반영
자산보유인구	50-64세	-순자산이 가장 많은 연령층 -주택 자가 보유 비율이 높고 노후준비로 저축 증가
고령인구	65-74세	-젊은 노인층으로 최근 새로운 소비의 주축 세력으로 부상
초고령인구	75세 이상	-빈곤/심리적 고독 등으로 인한 노인자살율이 높음 -독거노인 비중도 높음

출처: 제현정, 이희연(2017)

1) 고령인구의 증가

유엔은 고령인구 비율이 7%를 넘으면 고령화사회, 14%를 넘으면 고령사회, 20%

이상이면 초고령사회로 분류한다. 한국은 2000년 고령화사회에 진입한 지 17년 만인 2017년에 고령인구는 711만 5000명으로 전체 인구의 14.2%를 차지하여 고령사회로 들어섰고, 2019년 한국의 고령인구는 14.9%를 차지하였다. 고령화 속도가 가장 빠른 것으로 알려진 일본도 1970년 고령화사회에서 1994년 고령사회로 들어서는 데 24년이 걸렸다. 한국의 고령사회 진입 속도는 프랑스 115년, 미국 73년, 독일 40년과 비교하면 너무 빠르게 진행되었다는 것을 알 수 있다.

2017년에 생산가능 인구는 감소로 전환했으며 2018년에는 가임 여성 1명이 평생 낳을 것으로 추정되는 합계출산율이 0.98명으로 세계에서 유일하게 1미만으로 떨어졌다. 2019년 1~6월 전국 출생아 수는 15만8천524명으로 집계됐다. 2018년 같은 기간(17만1천800명) 대비 7.7% 감소한 수치로, 1981년 관련 통계를 수집한 이래 최소 기록이다. 2025년에는 65세 인구가 전체 인구의 25%를 넘는 '초고령사회'로 진입하고 2067년의 고령인구 추정치는 46.5%이다.

(1) 고령인구 실태

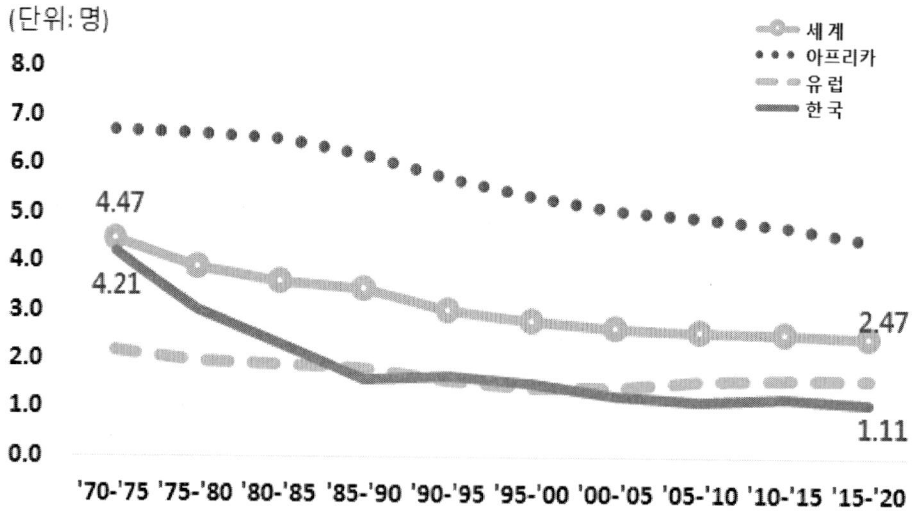

출처: 통계청

〈그림 1-1〉 세계와 한국의 합계출산율

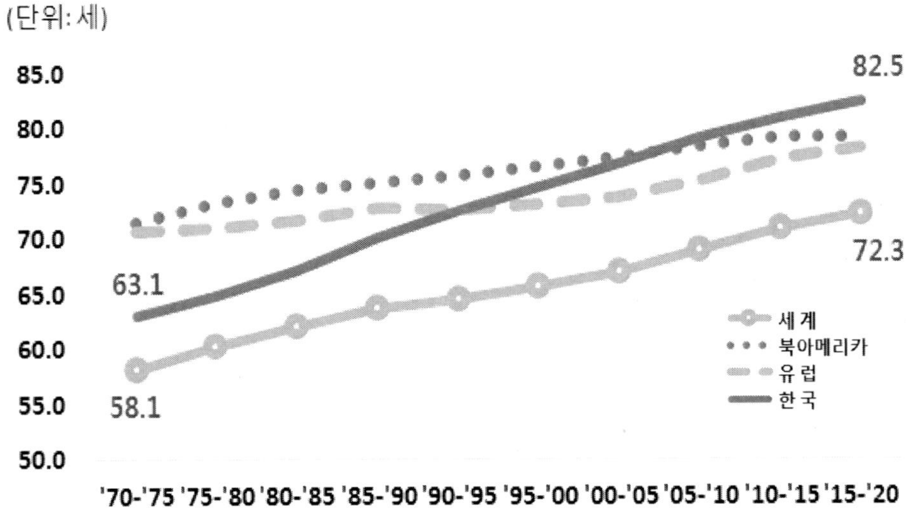

출처: 통계청

〈그림 1-2〉 세계와 한국의 기대수명

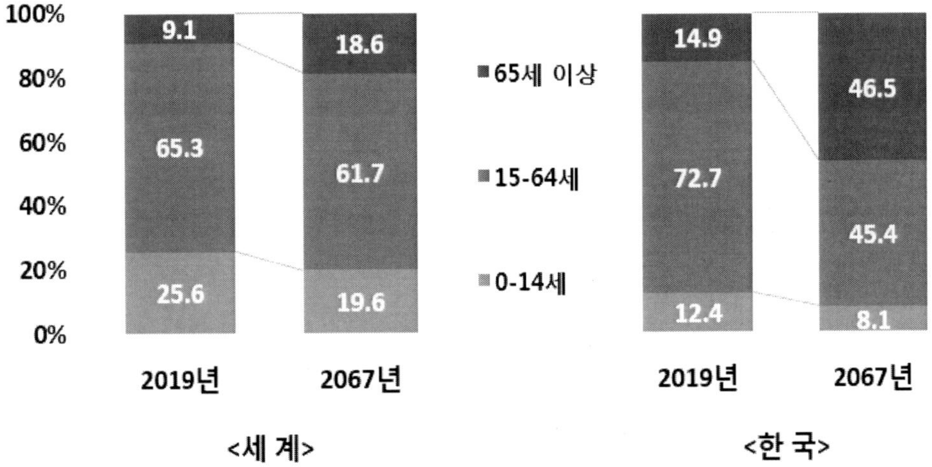

출처: 통계청

〈그림 1-3〉 세계와 한국의 인구구조

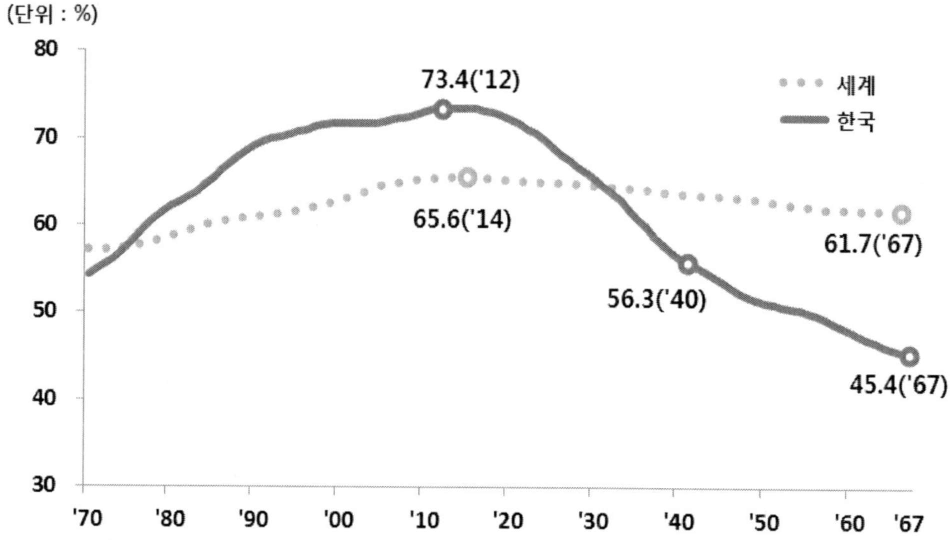

출처: 통계청

〈그림 1-4〉 세계와 한국의 생산연령 구성비 추이

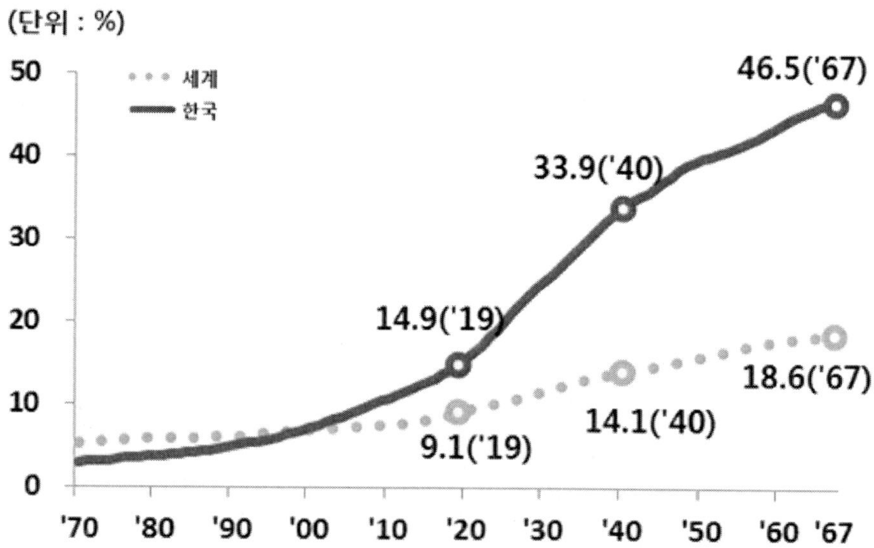

출처: 통계청

〈그림1-5〉 세계와 한국의 고령인구 구성비 추이

(2) 시니어 헬스케어산업

① 로봇 · 빅데이터 · AI 등 최신 기술 활용

친고령사업중에서 헬스케어가 1순위다. 최근에는 로봇 · 빅데이터 · AI 등 최신 IT 기술을 활용하는 스마트 헬스케어 기업이 늘어나고 있다. 거동이 불편한 노인의 활동성을 높이는 웨어러블 로봇이 대표적이다. 국내 대기업에서는 현대자동차그룹이 유일하게 웨어러블 로봇 시판을 목표로 연구개발 중이다. 노약자가 착용해도 시속 12㎞까지 달릴 수 있도록 다리 힘을 대폭 강화시켜주는 로봇 '휴마'를 비롯해 의료용 로봇 'H-MEX', 보행 보조 로봇 'H-LEX'는 현재 의료기기 인증을 위한 임상 시험이 진행 중이다.

노인 재활 훈련을 위한 로봇 사업도 있다. AI와 사물인터넷을 활용해 뇌졸중 · 치매 재활기기를 만드는 스타트업 '네오펙트'가 개발한 '라파엘 스마트 글러브'는 센서가 장착된 스마트 장갑을 통해 병원이 아닌 집에서도 재활 훈련을 받을 수 있다. 기업용 챗봇을 개발해온 '마인즈랩'은 AI 기술을 통해 진료 기록은 물론 환자와 의사 간 대화 등 음성자료까지 분석하여 고혈압 · 당뇨 환자에게 식단과 건강관리법을 조언하는 서비스를 제공한다.

② 고독한 시니어 사고 예방

상대적으로 혼자 있는 시간이 많은 노인은 치매나 우울증에 걸리기 쉽다. 혼자 있을 때 갑작스러운 사고가 발생하면 대처하기도 쉽지 않다. LG유플러스 '부모안심 IoT 패키지'는 자녀가 스마트폰으로 부모의 외출 · 귀가 여부를 실시간으로 확인하고 가스밸브나 전열기구를 켜두고 외출했을 경우에는 원격으로 잠글 수 있는 기능을 제공한다. 홈CCTV 영상을 통해 부모의 건강 상태도 수시로 파악할 수 있다.

KT의 안심 LED 솔루션은 LED 전등에 실시간 동작감지센서와 텍스트 음성 변환 기능을 내장해 독거 치매노인의 실내 움직임을 파악하고, 일정 시간 이상 움직임이 감지되지 않으면 생활관리사에게 알림을 보내는 서비스다. IoT 기반 위치 트래커는 독거 치매노인의 실외 위치를 파악하고 활동 범위를 설정해 특정 범위를 벗어날 경우 알림을 보낸다.

SK텔레콤은 터치형 스마트폰에 익숙하지 않은 노인을 위해 폴더형 스마트폰을 출시했다. 통화할 때 얼굴이 화면에 닿아 의도하지 않은 터치가 되는 상황을 예방하는 '똑똑한 터치 잠금'과 별도 버튼으로 데이터 서비스를 완전히 차단하거나 켤 수 있는 '데이터 잠금' 기능을 탑재했다. 라디오 안테나를 내장해 데이터를 사용하지 않고도 라디오를 들을 수 있는 '똑똑한 FM 라디오' 기능도 제공된다.

스타트업 '로하'가 내놓은 노인용 IoT 스피커 '소통박스'는 휴대폰 사용에 서툰 고령자들이 음성만으로 지인과 안부를 주고받을 수 있도록 제작했다. 오랫동안 움직임이 감지되지 않거나 침수, 화재 등이 의심되면 복지사에게 통보하는 기능도 탑재했다.

③ 실버세대 특화 상품

고령층의 구매력이 급격하게 증가하면서 업계는 노년층 특화 상품과 마케팅에 집중하고 있다. 농림축산식품부에 따르면 국내 실버푸드 시장 규모는 2015년 기준 7903억원, 2020년 16조원대까지 가파르게 성장할 것으로 전망된다. 시니어 전문 식자재 브랜드가 출시되고 있고, 시니어 전문상품을 개발하기 위한 연구소들도 설립되어 운영 중이다. 음식을 삼키는 데 어려움을 겪는 노인이나 환자를 위해 식재료를 잘게 갈거나 다져 만드는 연화식 시장에 진출하는 기업도 증가하고 있다.

온라인과 오프라인 유통업계도 실버세대를 잡기 위하여 간병 · 보조용품, 병원 · 의료용품 등을 판매하는 시니어 전용관과 인터넷 대신 전화로 주문할 수 있는 서비스 가 등장했다. 금융업계에서도 다양한 노인 특화 상품이 등장하고 있다(매경이코노미, 2018년 6월 22일).

2) 1인 가구의 증가

(1) 1인 가구 실태

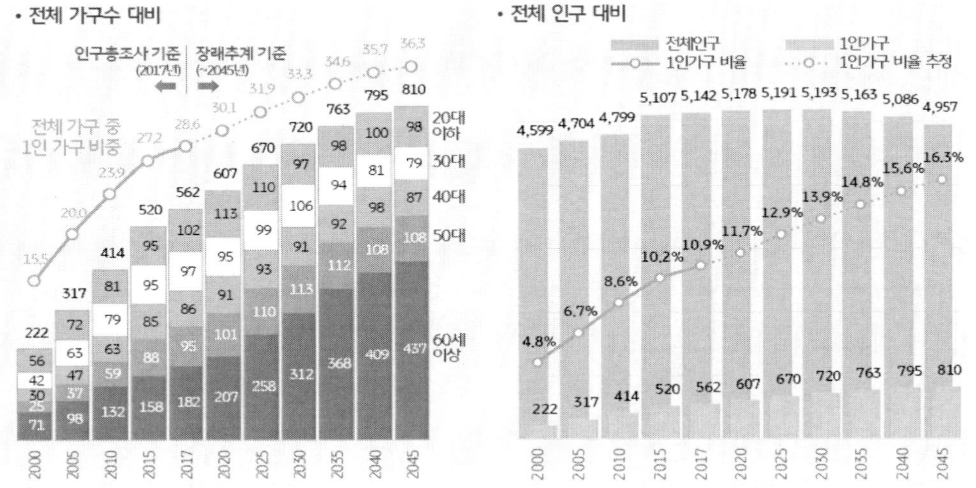

출처: 정인, 강서진(2019)

(단위 : 만 가구, 만 명 %)

〈그림 1-6〉 1인가구의 규모 및 성장 전망

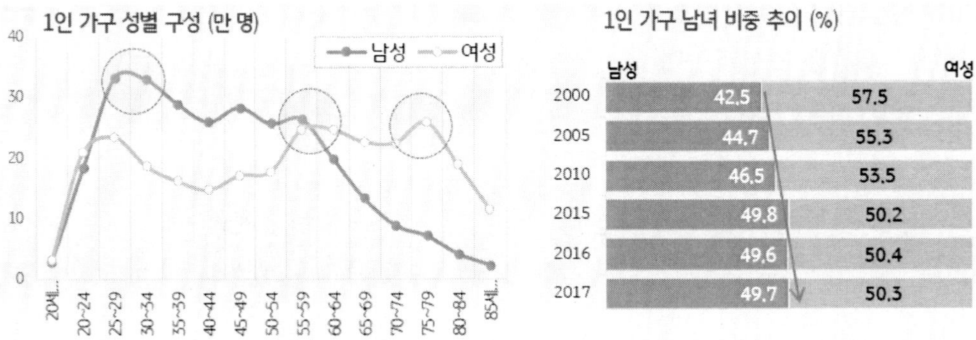

〈그림 1-7〉 1인가구의 성별 구성과 비중

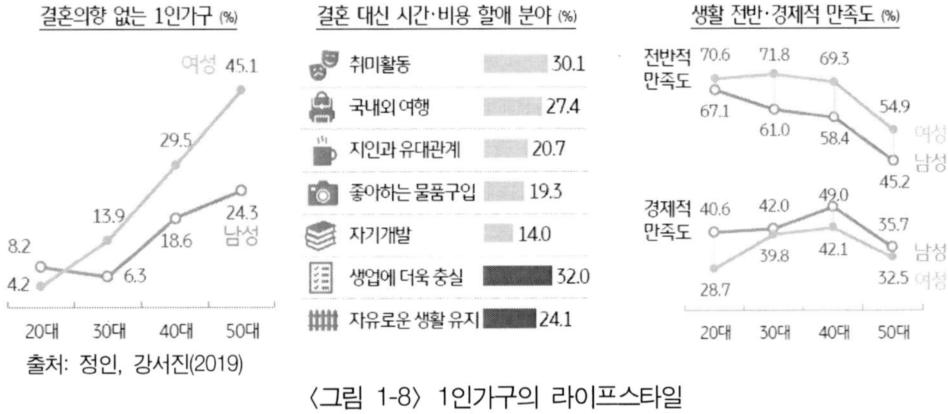

출처: 정인, 강서진(2019)

〈그림 1-8〉 1인가구의 라이프스타일

(2) 1인 가구의 증가 원인

① 청년층

경제위기로 인한 청년 실업, 비정규직의 증가로 인한 소득 부족, 주택가격 상승 등은 청년층의 초혼 연령을 늦추는 요인이다. 결혼보다는 자신의 계발과 직장경력을 우선시하는 청년세대의 트렌디한 삶도 결혼의 가치를 떨어뜨리고 있다. 특히 가족 내에서 불균등하게 분배되는 가사노동 및 보살핌노동은 이를 감내해야 하는 여성들로 하여금 결혼의 매력을 반감시키는 요인으로 작용하고 있다(김혜영, 2014).

② 중년층

중년층의 가정생활에 대한 인식 변화, 여성의 사회활동 및 경제력 증가, 자녀유학에 따른 기러기 가족의 증가 등으로 인한 중년층의 이혼이 급증함으로 1인 가구가 증가했다. 과거의 결혼은 자녀출산을 통한 가계계승이 주된 목적이었음에 비해 현대의 결혼은 개인의 친밀성과 유대를 중요시 한다는 점에서 당사자의 합의와 판단만으로 결혼관계는 언제든지 해소가능한 계약관계로 변화되고 있다. 현재 결혼과 이혼은 도덕적 가치의 영역이 아닌 개인의 판단에 의한 선택적 행위로 인식되면서 한국사회도 이혼가족이 증가하고 있다. 중년층의 경우 경제적 여건이나 자녀 교육을 이유로 아내 · 자녀와 떨어져 혼자 사는 1인 가구와 이혼에 의한 1인 가구가 대표적 형태다(한정민, 2013).

③ 노년층

급속한 고령화가 진행되는 가운데, 전통적 가치관 및 경로사상이 약화되면서 독거노인이 크게 증가하여 전체 1인 가구 증가에 영향을 미쳤다. 부모세대가 자녀세대와 분리되는 과정에서 평균 수명이 늘어나는 동시에 여성의 평균수명이 남성보다 길고, 결혼할 때 남성의 나이가 여성보다 많은 경우가 많아서 여성 노년 1인 가구도 늘어나고 있다(유현정,이아름, 송유진, 안혜리, 2017). 맞벌이 가구의 경우 심각한 시간압박으로 자녀 보살핌을 위한 시간사용 조차 최소화되는 현실에서 부모부양의 방식은 필연적으로 변화 할 수밖에 없다(김혜영, 2014).

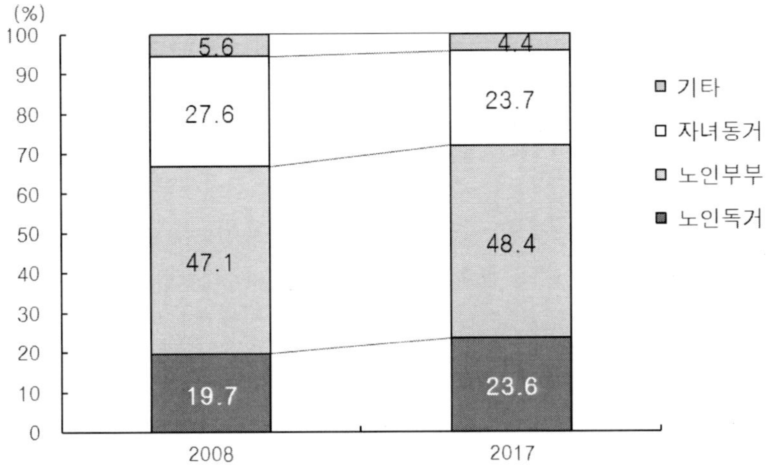

출처: 보건복지부 · 한국보건사회연구원, 「노인실태조사」, 2017.

〈그림 1-9〉 노년기(65세 이상) 거주형태, 2008, 2017

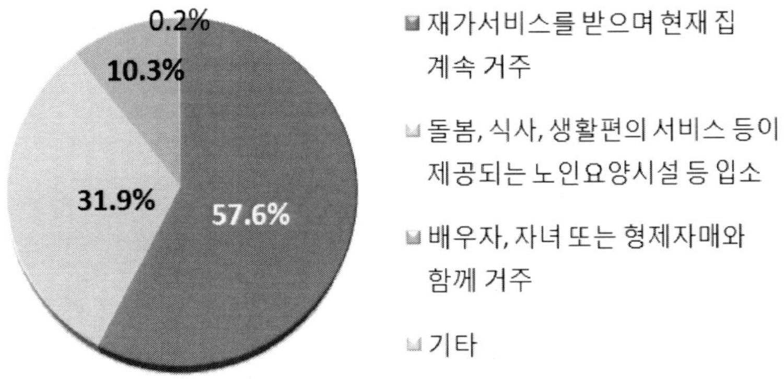

출처: 보건복지부 · 한국보건사회연구원, 「노인실태조사」, 2017.

〈그림 1-10〉 65세 이상 노인의 거동 불편시 희망 거주형태, 2017

(3) 나홀로족의 유형

과거의 싱글족이 결혼 여부에 따라 결정됐다면, 지금의 나홀로족은 취향의 문제다. 오랫동안 우리 사회는 공동체를 중시하고 개인을 등한시했다는 점에서 나를 중심으로 생각하고 행동하는 솔로 이코노미 시대가 더욱 역동적으로 다가오고 있다. 1인 가구는 물리적, 공간적으로 혼자 사는 것뿐만 아니라 심리적, 정신적으로 혼자 사는 나홀로 라이프스타일까지 포함하면 다음과 같은 유형으로 나눌 수 있다(이준영, 2017).

① 페러싱글족

parasite(기생충)와 싱글의 함성어로, 독립할 나이가 됐지만 경제적인 이유로 부모에게 얹혀살면서 자신들만의 독립적인 생활을 즐기는 사람들.

② 기생독신

독립할 나이가 지났지만 취업난과 집값 상승으로 부모에게 얹혀살며 주거비를 아끼고 현 생활수준을 유지하려는 사람들.

③ 네오싱글족

탄탄한 경제력, 디지털 활용 능력을 갖추고 자신들만의 독신문화를 만끽하는 사람들.

④ 글루미 제너레이션

혼자만의 자유로운 공간과 시간을 가지면서 건강한 고독을 즐기는 사람들.

⑤ 와이즈(WISE) 족

나 홀로 경험을 고집하는 여자들(Women who Insist on Single Experience). 홀로 식당을 예약해 밥을 먹고, 혼자 영화를 보고, 혼자 여행을 하는 여자들.

(4) 1코노미 신드롬

① 삼겹살 1인분의 자유, 혼밥

일본 드라마 고독한 미식가 돌풍, 독신 남성을 위한 식사도우미 서비스 등장

② 편의점 문학의 등장

편의점 가는 기분, 달밤의 제주는 즐거워, 편의점 인간, 공항철도 편의점

③ 드라마와 예능도 싱글족이 주인공

나 혼자 산다, 미운 우리 새끼, 내 귀에 캔디, 살림하는 남자들 시즌2

④ 포미족의 작은 사치

- 포미(For Me) 족은 건강(For health), 싱글족(One), 여가(Recreation), 편의(More convenient), 고가(Expensive)의 알파벳 앞 글자를 따서 만든 신조어로, 자신이 가치를 두는 제품은 다소 비싸더라도 과감히 투자하는 소비 행태.
- 자기지향성이 강한 젊은 계층의 1인 가구는 여행(41.6%), 자기계발(36%), 레저 여가(32.8%), 건강(32%), 취미(26%) 등의 순으로 지출 의지가 큰 것으로 조사됨.

⑤ 가성비 갑, 립스틱 효과와 탕진잼

- 립스틱 효과 ; 불황기에는 저렴하면서도 높은 만족도를 줄 수 있는 상품이 대중의 위축된 소비욕구를 대리만족시킴.
- 탕진잼 ; 소소하게 탕진하는 재미가 있다 는 말을 줄인 것. 큰 지출로 만족을 느끼는 것이 아닌, 불황 속 작은 재미로 만족을 찾는 소비자들의 모습.
- 호핑족 ; 단일 브랜드나 제품을 고집하지 않고, 입소문을 탄 다양한 제품을 체험하기 위해 빠르게 브랜드나 제품을 갈아타는 소비자.

⑥ 싱글 남녀의 스몰럭셔리 트렌드

- 고가의 외제차나 명품 옷 또는 가방에 목돈을 지출하기 어렵기 때문에, 상대적으로 작은 규모의 소비재나 프리미엄 식품을 구매해서 값비싼 제품을 소비하는 것과 유사한 만족감을 얻으려는 심리에서 비롯됨.
- 중산층이 부유층의 생활방식을 동경하고 모방하고자 할 때, 구두, 지갑, 액세서리 등 조금 더 실현 가능한 현실적인 물건을 구매해서 소유하고자 하는 심리.
- 전이된 의미론 ; 이러한 특정 제품은 부유층과 중산층을 이어주는 다리 역할을 하고, 이런 가교를 통해 물품의 의미가 부유층에서 중산층으로 전달되고 이전.

⑦ 칫솔부터 호텔 패키지까지, 스몰럭셔리 산업

- 세계를 매혹시킨 스몰럭셔리 상품 ; 미소카 칫솔, 시리즈 알루미늄 아이스크림 스푼, 글로 사이언스 하이트닝, 버미큘라 등
- 혼술족을 위한 스몰럭셔리 ; 다양한 프리미엄 와인을 글라스로 판매
- 포미족을 위한 호텔 패키지 ; 마이데이 패키지, 얼러너스 패키지, 포미 패키지, 타임 포미 패키지
- H.E.A.T 산업 ; 헬스케어, 취미, 엔터테인먼트, 액세서리, 여행 산업

(5) 1코노미 소비트렌드

① 1코노미 하우스

- 마이크로 하우징 프로젝트(송파 마이크로 하우징 프로젝트)
  나홀로족이 합리적인 비용으로 도시 생활을 편리하게 누리며 살 수 있게 해줌.
- 칙칙한 자취방은 가라, 셀프 인테리어
  홈퍼니싱 관련 상품 매출 증가, 자취방 인테리어가 블로그 테마로 등장
- 방스타그램
  온라인집들이 ; 자신만의 특별한 방을 온라인을 통해 과시.
- 나홀로족을 위한 가구의 변신 ; 패스트 퍼니처, 가변형 트랜스포머 가구 등장, 팝업 가구
- 1인용 작지만 강한 미니 가전들 ; 1인 가전도 디성비(디자인 대비 성능)가 중요한 속성으로 등장했고, 남성 솔로 가전 부상.
- 0.5(점오) 가구의 등장
  1인 가구 중 2곳 이상에 거처를 두거나 잦은 여행과 출장으로 집을 오래 비우는 사람들을 가리켜 0.5인 가구(하프 이코노미)라고 하고, 싱글족 2명 이상이 한 집을 공유해 사는 밍글족(Mixed single)도 등장.
- 1인 가구의 주거 대안, 셰어하우스
  소셜 하우징(우주), 외국인과 함께(보더리스하우스), 셰어하우스 전문 포털(컴엔스테이), 주택협동조합(단비 하우스), 소통하는 주거공간(위드 섬싱)

- 미래를 위한 주거정책

  유럽은 사회시스템이 가족보다는 개인소득에 초점이 맞춰져 있어 저소득층 지원에 중점을 둔 코하우징, 컬렉티브 하우스 등이 대표적인 공동주택 정책. 컬렉티브 하우스는 다양한 계층의 사람들이 한 지붕 아래 모여 사는 공동체 주거형태.

② 1코노미 코쿠닝

- 코쿤은 불확실한 사회에서 단절돼 보호받고 싶은 욕망을 해소하는 공간을 의미하는데, 이 공간이 집으로 모든 것을 집에서 해결.
- 인스피리언스(Indoor + Experience) ; 집 안에서 적극적으로 다양한 활동을 하는 것.
- 스테이케이션(Stay + Vacation) ; 집에서 즐기는 휴가라고 해서 홈캉스.
- 로그아웃 신드롬 ; 현실에서도 로그아웃하고 싶은 심리.
- 솔로가 하는 가장 짜릿한 가상연애 : 초식남, 건어물녀 등장, 가상연애 게임이 인기. 종착지는 성인 VR 콘텐츠
- 집에서 운동하는 홈트족(홈트레이닝), 오피스에서 운동하는 오트족(오피스트레이닝) 증가하고 있고, 나이키+NTC 앱, 타바타 운동 앱이 인기.
- 덕후 문화 황금시대

  오타쿠는 자신이 몰두하는 특정 분야에서 돈과 시간을 아끼지 않고 투자하기 때문에 경기침체에도 소비를 줄이지 않음. 나홀로족이 혼자 있는 시간에 위로와 위안을 받을 수 있는 애니메이션이나 캐릭터, 장난감, 피규터 등에 몰입하기 때문에 오타쿠 문화가 활성화.

③ 혼행

온라인쇼핑사이트 G마켓이 2019년에 총 993명의 고객을 대상으로 혼행에 대한 설문조사를 실시한 결과, 전체 응답자 중 80%가 '혼행을 떠날 계획이 있다'라고 답했다. 이미 혼행 경험이 있다고 답한 응답자도 61%에 달했다. 혼행을 계획하는 이유로는 '나의 취향대로 여행 계획을 짤 수 있어서'라는 답변이 78%로 가장 많았고,

이어 '상대방과 일정을 맞추기 힘들어서'(10%)와 '마땅히 함께할 동반자가 없어서'(7%)가 뽑혔다. 반대로 '혼행이 망설여지는 이유'로는 '낯선 장소에 홀로 있다는 두려움 때문'(46%)이라는 응답이 가장 많았다(조선비즈, 2019년 9월 14일).

셀피(자가 촬영 사진의 줄임말)가 유행하면서 강해진 자기애 성향만큼이나 불안, 걱정, 우울, 소외감 등 부정적 감정도 함께 높아지고 있다. 자기 사진을 열심히 찍어 올리면서도 타인이 올리는 셀피는 싫어하는 이중적 태도인 셀피 패러독스가 등장했고, SNS에 멋진 셀피 올리기 경쟁이 벌어지면서 카페인 우울증(카: 카카오스토리, 페: 페이스북, 인: 인스타그램)이 나타나기 시작했다.

혼행족을 위한 필수 앱인 분위기 있는 카메라 앱(아날로그 필름), 항공 숙박 검색 앱(스카이스캐너), 해외 안전여행 서비스(핫츠고), 현지 언어를 바로 번역할 수 있는 구글 번역기, 현지 가이드를 해주는 마이 리얼 트립, 알뜰한 여행 가계부 앱(트라비 포켓) 등이 있다.

2. 소비의 양극화와 양면성

1) 소비의 양극화

소득의 양극화가 심해지면서 금수저와 흙수저가 공존하는 시대에 우리는 살고 있다. 금수저는 부모의 재력과 능력이 너무 좋아 아무런 노력과 고생을 하지 않음에도 풍족함을 즐길 수 있는 자녀들을 지칭한다. 흙수저는 부모의 능력이나 형편이 넉넉지 못한 어려운 상황 때문에 경제적인 도움을 전혀 못 받고 있는 자녀를 지칭하는 신조어다. 소득의 양극화, 저성장, 고용불안, 청년 취업난이 가중되면서 중간 가격대의 제품은 매출이 줄고 가성비로 상징되는 저가제품과 고가의 프리미엄 제품군에 대한 수요가 역설적으로 늘어나는 소비의 양극화가 두드러지고 있다. 가성비를 따지는 소비자가 증가하면서 저렴하면서 양질의 품질을 가진 다양한 형태의 상품이 등장하고 있다.

① PB(Private Brand)상품

브랜드 · 마케팅에 따른 가격 거품을 빼고 저렴한 가격을 내세운 상품이 브랜드보다 품질과 가격을 더 중요하게 생각하는 소비자들에게 인기를 끌고 있다.

② B급 상품

유통기한이 임박한 식품, 가전 및 가구 시장의 리퍼브 제품, 못난이 과일(흠과) 등이 인기다. 이러한 제품은 소비자가 원하는 핵심 품질과는 크게 차이나지 않지만 가격은 매우 저렴하기 때문에 만족감을 줄 수 있다.

③ 셀프소비

집에서 요리해 먹고 취미생활을 향유하며 집 꾸미기에 관심을 가진다. 무엇보다 집에서 향유하는 생활은 외부와 비교할 수 없을 정도로 가성비가 높다. 요리하는 남자가 인기를 끌고 있고, 여자 친구를 위하여 선물 대신에 요리를 해주는 것이 더 좋은 선물이 되고 있다. 해외여행에서 장보기부터 시작해서 요리를 배워 직접 해먹는 쿠킹클래스가 인기를 끌고 있다. 전문 요리사가 소개하는 쉽고 저렴한 레시피는 누구나 따라 할 수 있다. 레시피 애플리케이션(앱)을 통해서도 일류 요리에 도전할 수 있다. 적은 비용으로 집을 꾸미는 셀프 인테리어, 휴가도 집에서 즐기는 홈캉스, 셀프 뷰티 제품을 구매해 스스로 피부를 관리하는 것 등이 유행하고 있다.

④ 가심비 소비

가격 대비 마음속 만족이라는 의미로, 주관적 만족에 대한 확신이 있다면 큰 지출을 마다하지 않는 것을 의미한다. 가성비 소비로 돈을 절약하는 한편, 자신이 관심 있는 영역에는 돈을 아끼지 않는 것이다. 이러한 스몰 럭셔리 소비는 체험을 강조하기 때문에 물건을 소유하는 위시 리스트(Wish List) 중심 소비에서 특별한 체험을 원하는 버킷 리스트(Bucket List)형 소비로 바뀌고 있다. 1000원이라도 아끼기 위하여 점심은 구내식당에서 먹지만, 디저트는 고급 카페에서 비싼 돈을 내고 즐기는 식이다.

2) 소비의 양면성

(1) 양면적 소비의 특성

2000년대에 들어서면서 나타난 가장 중요한 소비문화의 하나가 양면적 소비문화이다. 양면성은 심리학적으로 동일한 대상에 대하여 상반되는 감정이 동시에 존재하는 상태를 의미한다. 사회적으로는 획일성과 다양성, 기술과 자연, 일과 휴식 등 상반된 가치가 동시에 나타나는 현상으로 해석된다. 양면적 소비는 소비수준의 극심한 차이를 의미하는 소비 양극화와는 다른 개념이다. 양면적 소비는 과거에는 생각에만 머물러 있던 개인의 상반된 소비가치들이 소비행동을 통하여 실천되는 것을 의미한다.

글로벌화가 가속되는 상황에서 오히려 지역화가 심화되는 현상, 디지털 노마드 트렌드 속에서 외부 활동보다는 자신만의 공간에서 나 홀로 여가를 즐기는 코쿠닝 현상, 바쁜 일상 속 스피드를 추구하는 트렌드 속에서 생태 · 환경 · 문화 · 건강 등을 중시하며 여유롭고 편안함을 찾는 다운쉬프트 현상, 소비자들이 적극적으로 기업 활동에 참여하려는 프로슈머 트렌드 속에서 일상의 허드렛 일들을 아웃소싱하는 귀차니즘 트렌드 등을 예로 들 수 있다.

이러한 양면적 소비문화가 생겨나는 이유로는 첫째, 복잡성의 증대를 들 수 있다. 소비자의 욕구와 더불어 제품과 서비스가 다양하고 복잡하게 되는 현상이 심화되고 있기 때문이다. 둘째, 지역간, 시장간, 사업 · 산업간 경계가 붕괴되고 있다는 점이다. 기존 가치가 무너지고 새로운 가치가 형성되면서 상반된 몇 가지 가치들이 혼합되는 현상들도 나타나고 있기 때문이다(박정현 · 김나경, 2010). 양면적 소비로는 다음과 같은 것들이 있다(최순화, 2002; 박은희, 2012).

① 집단소비 대 개인소비

유행에 민감하게 반응하는 소비동조화가 여전하다. 최근에는 제품, 브랜드, 이미지 뿐 아니라 라이프스타일까지 남을 모방하는 모방소비의 범위가 확대되고 있다. 특히 미디어의 발달로 유행의 확산과 변화의 속도가 빨라지는 추세이다. 특히 기업이 유행선도자를 활용하여 자연스럽게 유행을 선도하는 비밀 마케팅이 증가하고 있다. 특정 행태의 소비패턴을 공유함으로써 집단의 동질감을 강화하기도 한다. 월드컵과 같은 스포츠이벤트를 계기로 붉은 악마 티셔츠 등과 같은 체험을 공유하고 집단적 의사표현을 위한 소비행태도 나타났다.

다른 한편 개인에 대한 관심이 높은 자기중심적 소비가 증가하였다. 성취감과 자기만족을 중시하는 마니아가 다양한 분야에서 등장하고 있다. 제품을 자신의 의도에 맞게 부분 개조하는 튜닝마니아도 등장하고 있다. 집단소비 속에서도 차별화된 방식으로 개성을 표현하려고 한다. 예를 들면 시판하는 음식이나 인스턴트 음식에 자신만의 독특한 양념이나 향신료를 첨가하여 먹는 사람들도 있다. 이러한 사람들은 개성을 중시하는 소비자일수록 '나만의 상품'에 대한 욕구가 강하다. 신세대 소비자들은 유행하는 브랜드, 대중화된 상품에 자신의 스타일을 추가한다.

② 유목성향 소비 대 정착성향 소비

신세대 디지털 노마드족은 자유와 개방, 홀가분하고 쾌적한 생활을 추구하면서 모바일 커머스 시장을 주도하는 소비층이다. 간편함과 홀가분한 생활을 추구하는 행태가 두드러지고 있고, 상품구매와 서비스를 이용할 때도 편의성과 시간절약을 중시한다.

신세대 소비자들은 인터넷과 홈 네트워킹을 활용하여 집안에서 업무와 쇼핑을 하고 있다. 급격한 사회변화에 따라 혼란과 불안감이 가중되면서 안정적인 생활을 추구하는 신세대 소비자들이 증가하고 있다. 디지털의 반작용으로 아날로그 시대의 인간적이고 따뜻함을 함께 추구하거나, 도심에서 커뮤니티를 형성하고 유지하려고 한다. 휴머니즘과 부드러움을 함께 제공하는 휴먼터치형 상품을 요구한다.

③ 이성중시 소비 대 감성중시 소비

상품정보를 수집, 비교, 구매, 시험적 사용의 각 단계에서 능숙하고 현명하게 행동하고, 상품의 유 · 무형 속성을 충분히 검토한 후에 구매를 자신이 결정한다. 특히 매스 미디어의 광고 메시지를 수동적으로 받아들이지 않고 인터넷, 전문가 등 다양한 경로를 활용하여 적극적으로 정보를 수집한다. 특히 하이테크 상품은 마니아 커뮤니티가 존재하여 전문 정보를 발신하고 있다. 여행을 좋아하는 신세대 소비자들은 항공사 마일리지를 적립해주는 신용카드를 사용함으로써 기업이 제공하는 혜택들을 실용적으로 사용한다. 소유에 연연하지 않고 리스나 렌털을 통하여 소비 목적을 달성하려는 경향이 강하다.

기분을 파는 체험경제에서 이미지와 디자인을 중시하는 감성소비의 중요성이 점점 더 증가하고 있다. 스타벅스에서는 재료비 500원짜리 커피를 4,000원 넘게 받는데도 잘 팔린다. 주말 오후 피크 타임이라 할 수 있는 오후 2~6시에는 앉을 자리조차 없다. 스타벅스에 가면 맛도 보장되지만 특유의 '기분'을 느낄 수 있다. 데이트를 하든, 공부를 하든, '멍을 때리든' 잘 어울리는 공간이다. 스타벅스는 커피보다 '기분'을 파는 것이다. 소비자가 '기능'만을 원할 때는 '기분'에 대한 대가를 배제하지만, '기능'과 '기분'을 동시에 소비할 때는 최대한의 '기분'을 느끼고 싶어 하기 때문이다(우종국, 2019).

④ 고급소비 대 실속소비

브랜드와 가격적인 부분의 소비에서 양면성을 볼 수 있는데 이는 동일한 상품 구매 시, 명품과 짝퉁 혹은 가짜브랜드, 고가와 저가, 또는 고가와 중저가의 상반된 가격의 상표를 동시에 소비하는 것으로, 한 가지 제품에 대한 한 개인의 소비행동 안에 고급소비와 실속소비가 동시에 공존하는 브랜드와 가격의 양면성을 볼 수 있다. 가시성이 낮은 옷은 실용적이거나 가성비가 높은 상품을, 가시성이 높은 옷은 타인의 시선을 의식하여 미적 가치나 브랜드 인지도가 높은 것을 선택한다(김상지와 진현정, 2015).

⑤ 차별성 추구 대 동조성 추구

소비사회에서 인간의 소비욕구는 타인과의 차별성을 드러내기 위한 상품의 상징과 기호에 대한 욕망을 가지는 동시에 주변사람과 비슷해지려는 동조와 함께 열등감을 감추기 위하여 상류층이나 연예인들의 소비를 따라하는 동조도 추구하고 있다.

3. 스마트 유통의 확산

1) 유통 4.0과 리테일 테크의 부상

(1) 유통4.0

유통 4.0이란 유통산업에 인공지능, 사물인터넷 등과 같은 4차산업혁명의 기반 기술들이 백화점, 대형마트, 편의점, 홈쇼핑, 온라인과 모바일 쇼핑 등에 활용되면서 유통서비스의 초지능, 초실감, 초연결화가 실현된 현상을 의미한다. 유통 4.0은 다음과 같은 특성을 가지고 있다.

- 산업내/산업간 융합에 따른 업태간 경계의 붕괴
- 기술혁신에 가치창출 원천의 근본적 전환
- 국경간 장벽의 완화로 인한 국내외 시장 통합 가속화

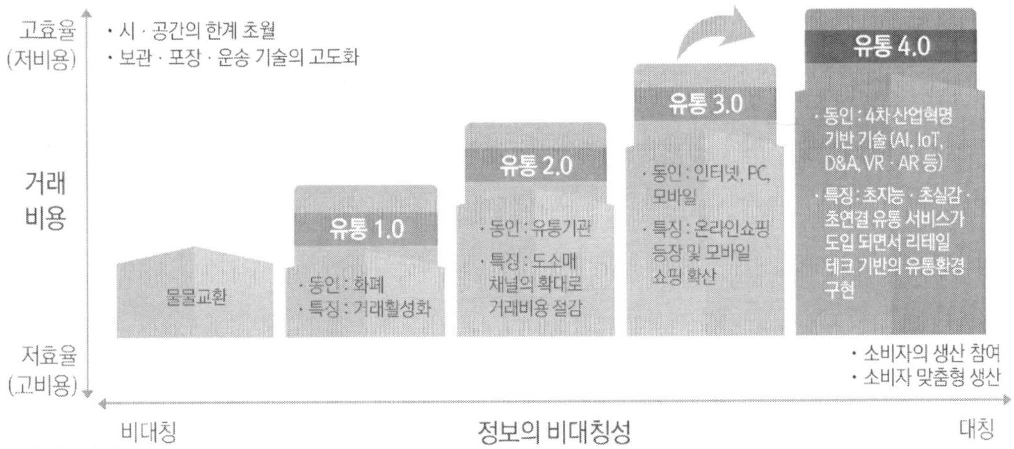

출처: 삼정KPMG(2017)

〈그림 1-11〉 유통의 발전과 유통 4.0 시대의 특징

(2) 리테일 테크 부상

리테일 테크는 인터넷과 PC 및 모바일에 기반한 유통 3.0 시대에 돋보이기 시작하여 유통 4.0 시대에 급격하게 성장하고 확대되고 있다. 온라인과 오프라인이 결합한 O2O 서비스, 제품추적 기능, 빅데이터 기반 맞춤형 서비스 제공, 실감형 VR

스토어, 무인쇼핑과 같은 혁신적인 리테일 테크가 부상하고 있다. 소비자도 리테일 테크를 중요한 구매요소로 고려할 정도로 다양한 리테일 테크에 익숙해지고 있고, 적극적으로 수용하고 있다(삼정KPMG, 2017).

〈표 1-2〉 주요 유통기업 4차 산업혁명 대응 사례

구 분	기 업	주요 내용
AI	롯데백화점	· 인공지능 시스템(IBM 왓슨)을 이용한 지능형 쇼핑 어드바이저 (챗봇) 시스템 도입 · 분당점 식품 매장에 지정된 단말기를 들고 구매 상품의 바코드만 찍으면 집으로 자동 배송하는 '스마트 쇼퍼' 서비스 도입
빅데이터	CJ홈쇼핑	· 고객의 성별, 나이, 지역, 구매단가, 구매성향 등을 빅데이터 기술을 통해 분석 관리
VR · AR	현대백화점	· 일부 매장을 대상으로 VR 환경에서 실제 매장을 둘러보고 구매까지 가능한 VR스토어 오픈

출처: 산업통상자원부, 산업은행 경제연구소 재인용

2) 스마트유통의 특성

(1) 피지털(Phygital)의 실현

피지털은 현실세계의 물질(physical)과 디지털(digital)의 합성어로 유통에서는 물리적 매장을 디지털화하여 고객의 경험을 개선하고, 쇼핑동선을 간소화하고 재고추적을 간편화는 것을 의미한다.

〈표 1-3〉 피지털 구현 기술 활용 예시

구 분	주요 내용
VR	· 스마트폰으로 사이트를 접속하여 화면에 시선을 고정하는 것만으로도 백화점 내 상품을 구매할 수 있도록 한 VR 백화점 구축 · 옷을 직접 착용하지 않아도 '스마트 미러' 통해 가상으로 착용한 모습을 제공
로보틱스	· 로봇이 상품의 탐색을 도와주고, 상품을 찾아 전달
IoT	· IoT 기반의 블루투스 발신기와 스마트폰 애플리케이션을 연동하여 고객의 방문을 인지, 미리 애플리케이션으로 예약해 둔 상품의 경우 결제 없이 상품 수령 가능
인공지능	· 인공지능 기반의 챗봇 통해 개인화 상품 추천, 매장 설명 등 지능형 의사결정 지원

출처: 언론종합, 삼정KPMG 재인용

(2) 개인 맞춤형 서비스 제공

개인맞춤형 경험을 제공함으로써 고객이 언제 매장에 오고, 매장에서 고객의 움직임을 추적하고 오래 머무는 위치를 파악해서 쇼핑습관과 구매패턴에 관한 보다 구체적이고 응용할 수 있는 자료를 얻을 수 있다.

(3) 멀티채널 쇼핑 환경으로의 전환

온라인과 모바일 쇼핑이 급성장하면서 멀티채널 쇼핑 환경으로 급속도로 전환되고 있다. 소비자는 스마트폰으로 상품을 검색하고 가격을 비교하여 거의 모든 유형의 소매업체의 잔고를 쉽게 파악할 수 있다.

(4) 클릭 앤드 컬렉트(Click-and-collect) 모델 확산

소비자들의 구매패턴이 온라인으로 주문(Click)하고 오프라인 매장에서 제품을 받는(collect) 모델로 변화하고 있다. 이를 위해 유통업체는 온라인 구매경험과 매장내 경험을 통합하고 온라인 구매와 매장 내 구매를 동시에 시행하는 전략을 확산시키고 있다.

(5) 재고관리의 첨단화

실시간으로 재고를 자동적으로 파악할 수 있는 디지털 업그레이드를 추진하고 있는 업체가 증가하고 있다. 무선인식이라고도 불리는 RFID 플랫폼을 통하여 기업은 고객들에게 모든 제품에 대한 일반적인 정보를 제공할 수 있다. 제품 하나하나에 대한 인식을 가능케 해주기 때문에 제품의 배달 경로를 추적하여 효율적으로 제품의 현재 위치와 상태를 확인하고 실시간으로 재고정리를 할 수 있게 해준다.

(6) 데이터 심층 분석

다양한 소비자정보가 창출되고 이를 분석하고 처리하기 위한 기술이 개발되면서 유통업체가 무엇을 어떻게 판매하고 판매하지 않을 것인가를 결정하는 방식이 변화하고 있다.

3) 스마트유통 대표 사례

(1) 구독경제

Zuora의 창업자이자 CEO인 티엔 추오는 소유의 시대가 가고 사용의 시대가 온다고 주장하면서 처음으로 구독경제라는 용어를 사용했다. 신문처럼 매달 구독료를 내고 필요한 물건이나 서비스를 받아쓰는 경제활동을 의미한다. 최근에는 고가의 자동차와 명품 의류 같은 물건뿐만 아니라 식음료 서비스까지 다양한 분야로 월정액 서비스가 확대되고 있다. 소유하는 것이 꿈이었던 과거에는 집과 자동차를 소유하기 위해 열심히 일해서 그것들을 구입했다. 이젠 소유 자체의 의미보다 경험이 더 중요시되고 있으며, 제품을 구입하는 것을 넘어 서비스에 가입하고 구독하는 시대다.

〈표1-4〉 전통경제, 공유경제 및 구독경제의 비교

구 분	전통경제 (Purchasing)	공유경제 (Sharing)	구독경제 (Subscription)
소유 및 이용권	소비자가 재화의 소유권을 가짐	소비자가 일정기간 재화의 점유권, 이용권을 가짐	소비자가 회원권을 가짐
대금 지불방식	재화의 가격만큼 판매자 또는 생산자에게 한꺼번에 지불	한시적 점유기간 권리에 대해 소유주에게 지불	이용하는 기간 동안 일정 금액을 소유주에게 지불
소비자 선택	한번 구매하면 다른 대안은 선택이 불가	선택권은 있으나 자유로운 교환이 어려움	회원의 권한 내 자유롭게 선택 혹은 전문가의 추천 수용 가능

출처: 채희근(2019)

구독서비스는 소비자 입장에서는 전문지식을 가진 공급자가 우수한 제품을 선정하여 저렴하게 공급해주기 때문에 시간과 수고를 절약할 수 있고, 다양한 제품과 서비스를 소비하고 경험할 수 있다. 특히 구독서비스에서는 소비자가 비용을 지불하기 때문에 싫어하는 광고를 보지 않을 수 있다. 공급자 입장에서는 다양한 니즈를 가진 고객을 확보할 수 있고, 사용자의 요구를 보다 쉽게 파악하고 자사상품을 홍보할 수 있다(채희근, 2019).

세계에서 가장 많은 구독자를 가진 개인 유튜버 '퓨디파이(PewDiePie · 본명 필릭스 셸버그)'의 구독자가 1억 명을 넘겼다. 스웨덴 출신인 퓨디파이는 비디오게임을 하면서 자신의 반응을 함께 보여주는 동영상으로 인기를 얻었다. 2010년 유튜브를 시작해 2013년 구독자 1000만 명을 넘기면서 구독자 수 세계 1위에 오른 뒤 6년간 정상을 지켰다. 미국 경제전문지 포브스 집계에 따르면 퓨디파이는 2018년 1550만 달러(약 188억원)를 벌었다(중앙일보, 2019년 8월 27일).

〈표 1-5〉 2017년 디지털 콘텐츠 구독 서비스 기업 동향

구분	분야	구독자 수	전년 대비 성장률
넷플릭스(Netflix)	비디오	118	25
스포티파이(Spotify)	음악	71	48
소니 플레이스테이션 플러스 (Sony PlayStation Plus)	게임	34	30
드랍박스(Dropbox)	파일공유	11	25
뉴욕타임즈(The New York Times)	미디어	3	43
스티치픽스(Stitch Fix)	패션	3	31
리갈줌(LegalZoom)	법률 서비스	0.6	16
펠로톤(Peloton)	헬스케어	0.2	173

출처: Internet Trends Report, 한국무역협회 재인용 (2018) (단위 : 백만명, %)

〈표 1-6〉 국내외 구독서비스 유형

	넷플릭스 모델	구독박스 모델	렌털 모델
주요적용 상품	술, 헬스클럽, 항공, 기차, 스트리밍 서비스, 소셜커머스, 공유서비스	기저귀, 취미용품, 면도날, 생리대, 칫솔, 식료품 등	자동차, 의류, 가구, 사무실, 침대
이용방식	월 구독료 납부 후 무제한 이용	월 구독료 납부 후 집으로 배송	월 구독료 납부 후 품목 바꿔 가며 이용 가능
국내대표 서비스	영상: 왓차, 옥수수, 음원: 멜론, 지니, 벅스 소셜커머스: 위메프, 특가클럽, 쿠팡 로켓 와우멤버십, 공유오피스: 패스트 파이브	쿠팡 정기배송 하비인더박스 (취미상품) 꾸까(꽃배달)	현대 제너시스 스펙트럼, 현대 셀렉션, 코웨이(정수기, 공기청정기, 침대 등)
국외대표 서비스	영상: 넷플릭스, 아마존 프라임 비디오 음원: 스포티파이, 애플뮤직, 아마존 프라임뮤직 항공: 서프 에어 기차: SNCF 공유오피스: 위워크	달러 쉐이브클럽(월 9달러 내면 매달 면도날 4-6개씩 배송)	포르쉐 패스포트, 엑세스 바이 BMW, 메르세데스 벤츠 컬렉션

출처: 매일경제신문, KB금융지주경영연구소 재인용

〈표 1-7〉 주요국의 무인점포

	기업	적용기술	특징
미국	아마존고 (Amazon GO)	-인공지능 -컴퓨터 비전 -딥러닝 -센서	-전용 앱 설치 -선반에서 물건을 꺼내면 수백개의 카메라와 인공지능이결합 되어 상품을 식별하여 자동계산
중국	타오카페 (Tao Cafe)	-인공지능 -IoT -안면인식 -QR코드	-제품을 고른 후 지정된 문을 통해 매장을 나가면 자동결제 -알리바바의 알리페이만 결제 가능 -고객의 소비취향을 분석해 제품과 고객관리, 제품 진열방법 추천
	빙고박스 (Bingo Box)	-RFID	-제품을 계산대에 올려놓으면 RFID 태그가 자동으로 인식되어 결제가 진행되고 제품 구매를 마치면 출입문열림
	시아오마이푸	-인공지능 -빅데이터	-주로 소비자 및 제품 데이터를 축적하여 맞춤형 광고, 제품 개발에 집중
한국	이마트24	-바코드	-신용카드로 출입과 결제 -자동결제 시스템이 아닌 고객이 직접 무인계산기로 결제
	CU	-인공지능 감시카메라	-자체 결제 앱 설치하여 출입과 결제
	GS25	-안면 인식 기술 적용	-출입문 옆에 설치된 카메라에 사전 등록을 하고 나면 입장 및 결제까지 한 번에 이용
	세븐일레븐	-360도 자동스캔	-롯데카드 소지자만 이용 가능 -핸드페이 시스템 도입하여 손바닥 정맥 정보로 결제 -바이오페이의 일종을 세계 최초로 상용화

출처: 이자연(2018) 수정

(2) 무인점포

① 무인점포의 특성

첫째, 자동 서비스와 자동 결제 시스템을 통해 판매 직원 및 영업 직원이 없어 인건비와 직원 교육비용을 줄일 수 있다.

둘째, 고객, 제품, 소비 및 금융 등에 관한 모든 데이터를 축적하여 소비자행동을 분석하고, 데이터 정제 및 분석을 통해 수요를 예측할 수 있다.

셋째, 데이터를 구조화하여 효율을 높이고 생산 공급망 사슬을 최적화할 수 있다.

넷째, 모든 시간대에 운영이 가능하고, 다양한 환경에서 판매와 소비가 이루어져 소비자와의 거리를 단축시킬 수 있다.

② 무인점포의 사례

2016년 아마존이 기획한 오프라인 마트 인 '아마존 고(Amazon GO)'는 최초로 무인화를 실현한 매장이다. 아마존 고 앱을 다운로드 한 후, 선반에서 물건을 꺼내면 '저스트 워크아웃(Just Walk Out)' 기술이 적용되어 앱 장바구니에 추가 된다. 그대로 매장 밖으로 나가면 등록되어 있는 카드로 자동으로 결제가 이루어진다.

편의점 업계에 따르면 2019년 현재 CU · GS25 · 세븐일레븐 · 이마트24 등 주요 편의점 4사가 운영 중인 무인 편의점은 30여개 수준이다. 4사의 전체 점포 수 4만여 개의 0.07% 수준이다. 업계에서 가장 먼저 무인 편의점을 도입한 세븐일레븐은 현재 11개 점포를 운영 중이다. 이 중 6개는 자판기형 무인 편의점인 '익스프레스'이며 5개는 스마트 편의점 '시그니처'다. 세븐일레븐의 경우 담배는 자판기를 통해 판매하고 있으며 주류의 경우 구입을 하려 하면 상주하는 직원이 직접 계산을 해야 한다. 계산 인력은 없지만 상주하고 있는 백오피스 직원이 있기 때문에 '대면 판매'가 원칙인 주류의 경우 이러한 방식을 택하고 있다(디지털타임스, 2019년 2월 25일).

Chapter 2

기업의 마케팅 전략

1. 온라인 구전커뮤니케이션

온라인 구전은 전통적인 방식의 구전보다 상대적으로 확산속도가 빠르고 영향력이 크며, 접근성이 더 높다. 사용자의 콘텐츠 생성 및 유통을 특징으로 하는 소셜미디어의 발달로 인해 기업과 소비자 간 커뮤니케이션 방식에 변화를 주었고 이러한 환경 변화 속에서 기업들은 소셜 네트워킹 서비스(SNS)에서 제품 및 서비스 관련 사용자 제작 콘텐츠(UCC: User Created Contents)가 소비자들 간에 공유되고 확산되는 과정에 큰 관심을 가지게 되었다.

1) 디지털 커뮤니케이션 이용 실태

세계적인 마케팅 컨설팅기업 ‘We Are Social’과 소셜미디어 관리 플랫폼 ‘Hootsuite’가 공동으로 발표한 ‘Digital In 2019’ 2분기 보고서에 따르면, 전세계 소셜미디어 이용자수는 직전 분기 대비 0.4%, 전년 동기 대비 6.1% 증가한 34억 9,900만명으로 추산되며, 이는 전세계 인구의 45%를 차지한다. 이러한 증가세에 힘입어 2019년 전세계 소셜미디어 광고시장 규모는 전년 대비 약 23% 증가한 4,700만 달러에 달할 것으로 예측되고 있다(Statista, 2019년 6월). 페이스북은 2019년 1분기에만 작년 동기 대비 26% 증가한 150억 7,000만 달러의 매출을 달성했다.

소셜미디어 시장의 국내 동향도 유사하다. 앱 · 리테일분석 서비스업체와 이즈앱이 2019년 5월 한달간 국내 주요 소셜미디어 플랫폼 7개(페이스북, 인스타그램, 네이버카페, 밴드, 트위터, 다음카페, 카카오스토리)의 모바일앱 이용시간을 분석한 결과 총 146억분으로 조사되어 전년 동기(118억분) 대비 23.7%의 성장률을 기록했다(DMC MEDIA, 2019).

출처: DMC미디어 (2019), 2019 소셜 미디어 이용 행태 및 광고 접촉 태도 분석 보고서

〈그림 2-1〉 디지털 커뮤니케이션 채널별 가입률

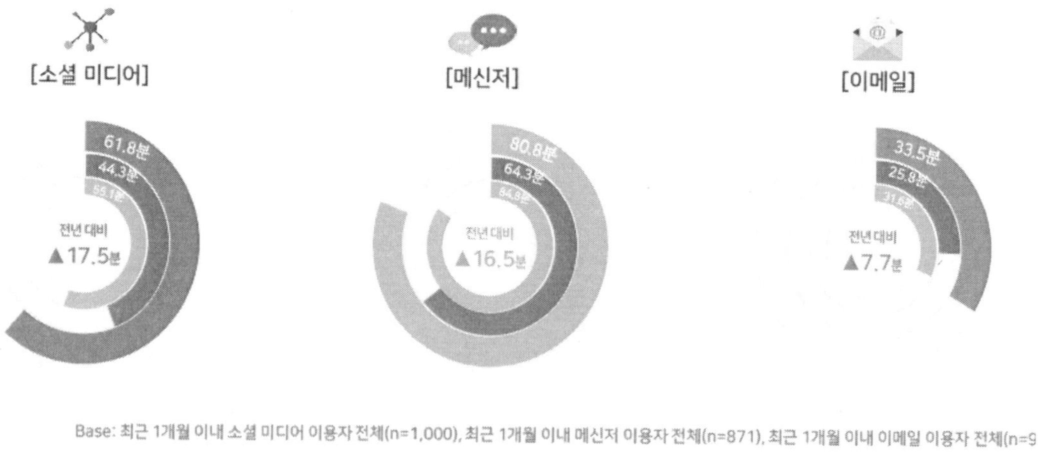

출처: DMC미디어 (2019), 2019 소셜 미디어 이용 행태 및 광고 접촉 태도 분석 보고서

〈그림 2-2〉 디지털 커뮤니케이션 채널별 평균 이용 시간

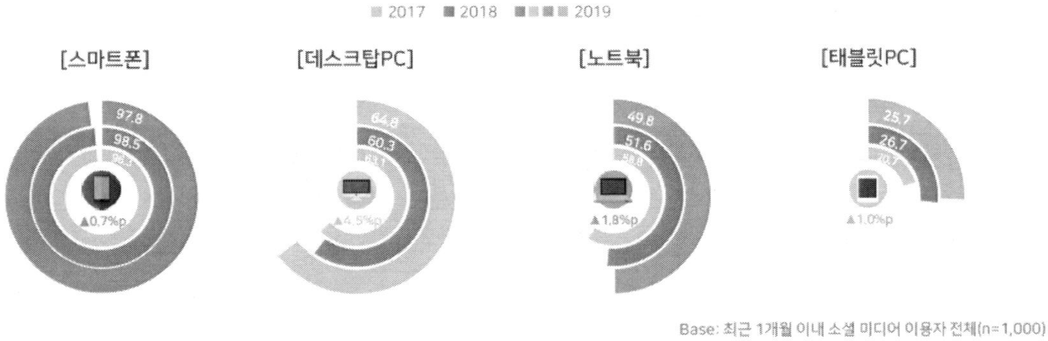

출처: DMC미디어 (2019), 2019 소셜 미디어 이용 행태 및 광고 접촉 태도 분석 보고서

〈그림 2-3〉 소셜미디어 접속할 때 이용하는 디바이스

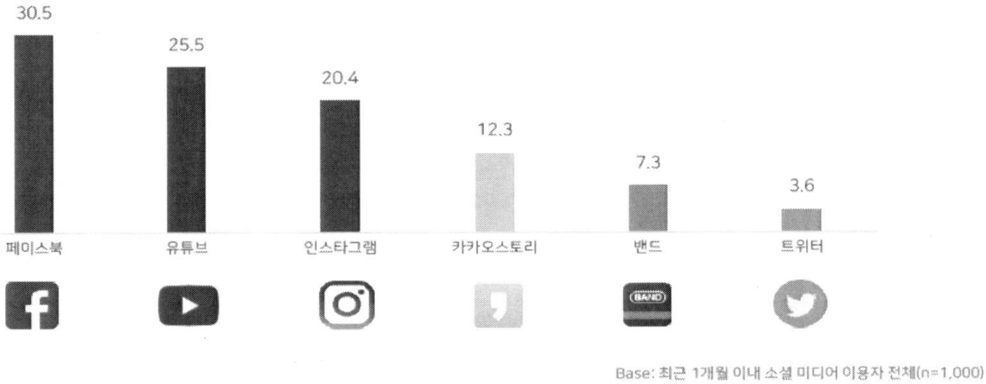

출처: DMC미디어 (2019), 2019 소셜 미디어 이용 행태 및 광고 접촉 태도 분석 보고서

〈그림 2-4〉 주로 이용하는 소셜미디어 플랫폼

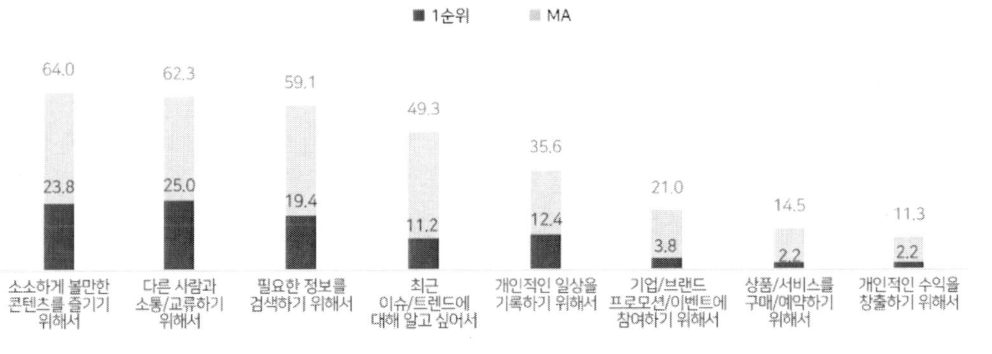

출처: DMC미디어 (2019), 2019 소셜 미디어 이용 행태 및 광고 접촉 태도 분석 보고서

〈그림 2-5〉 소셜미디어를 이용하는 이유

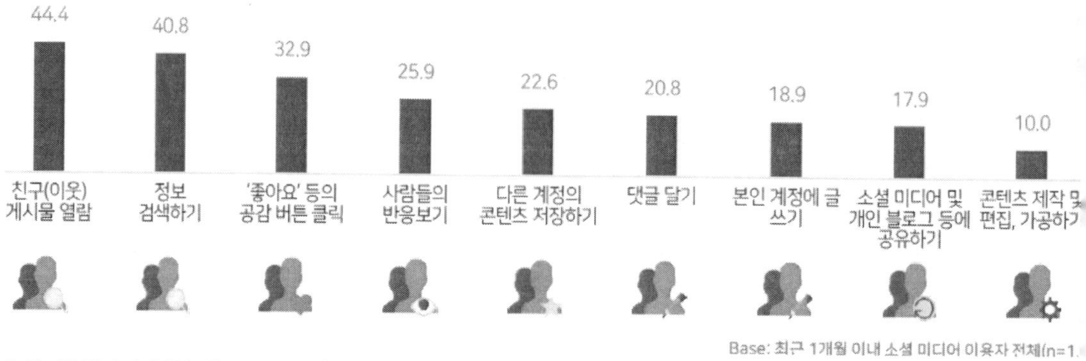

출처: DMC미디어 (2019), 2019 소셜 미디어 이용 행태 및 광고 접촉 태도 분석 보고서

〈그림 2-6〉 소셜미디어 주요 활동

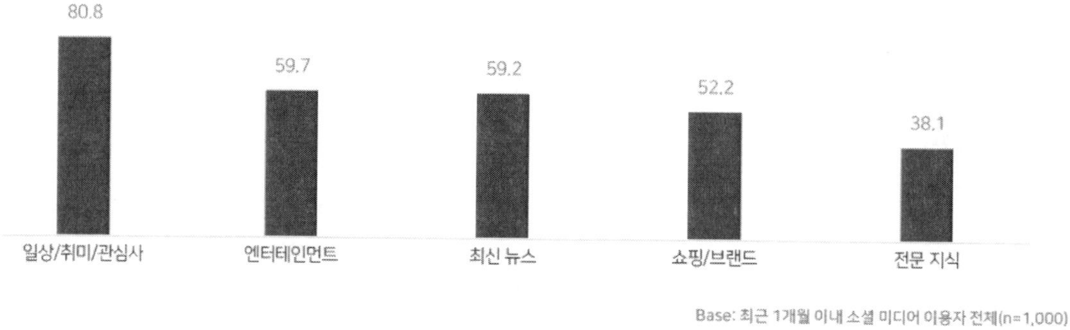

출처: DMC미디어 (2019), 2019 소셜 미디어 이용 행태 및 광고 접촉 태도 분석 보고서

〈그림 2-7〉 즐겨 찾는 정보와 콘텐츠

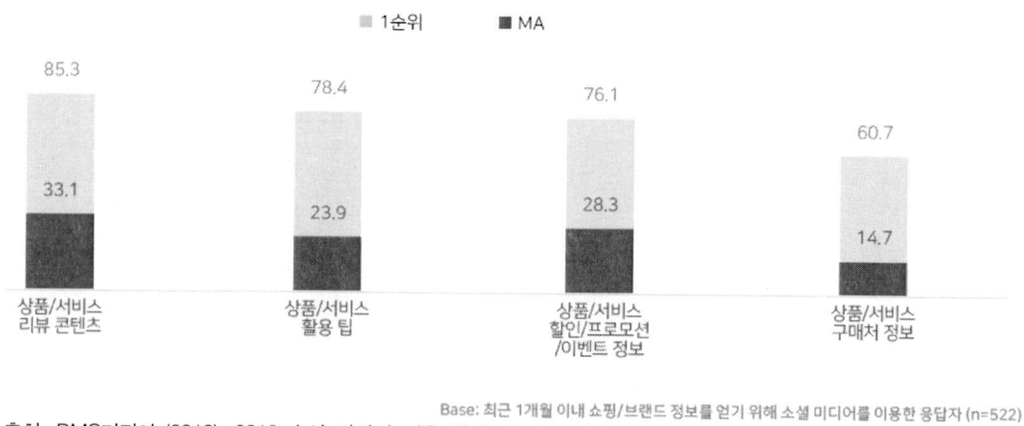

출처: DMC미디어 (2019), 2019 소셜 미디어 이용 행태 및 광고 접촉 태도 분석 보고서

〈그림 2-8〉 즐겨 찾는 상품 및 브랜드의 정보와 콘텐츠

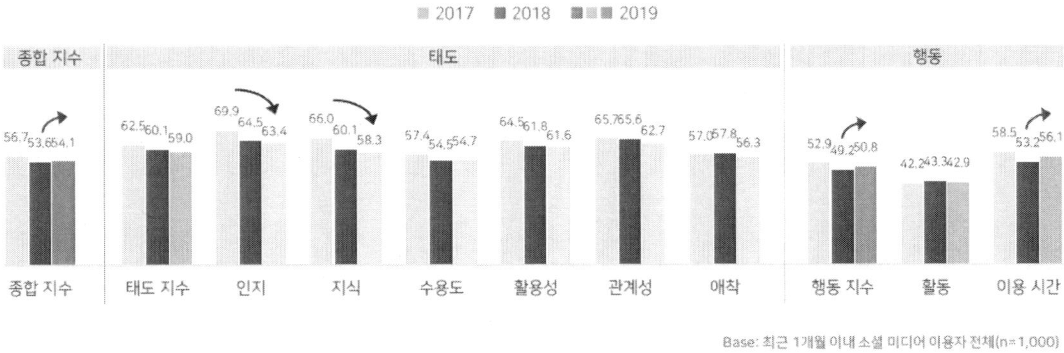

출처: DMC미디어 (2019), 2019 소셜 미디어 이용 행태 및 광고 접촉 태도 분석 보고서

〈그림 2-9〉 소셜미디어 이용 지수

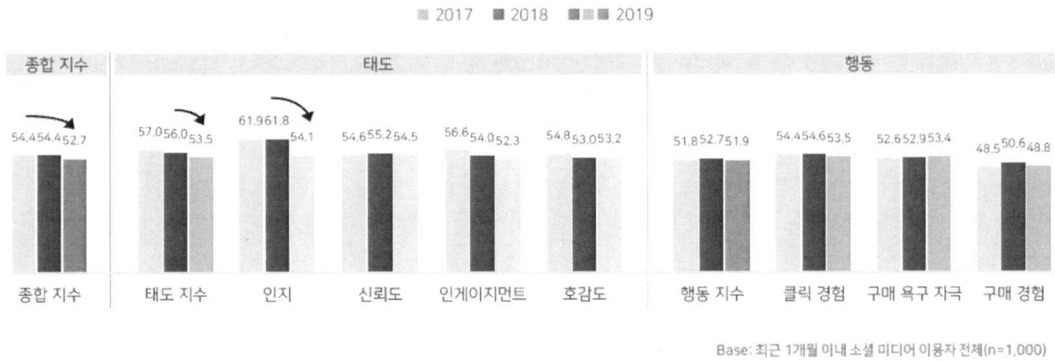

출처: DMC미디어 (2019), 2019 소셜 미디어 이용 행태 및 광고 접촉 태도 분석 보고서

〈그림 2-10〉 소셜미디어 광고 수용 지수

2) 온라인 구전커뮤니케이션의 효과

(1) 자기제시 욕구와 구전활동

자기제시(self presentation) 욕구는 다른 사람들에게 자기 자신을 어필하거나 표현하고자 하는 욕구로서, 소비자가 자발적으로 온라인 구전활동에 참여하게 하는 중요한 동기가 될 수 있다. 집단주의적 문화권에 속하는 우리나라의 소비자들은 상품구매를 결정할 다른 사람들과 집단의 반응을 신중하게 고려하는 타인 지향적 성향이 강하기 때문에 구전 정보의 영향을 많이 받는 편이다. 소비자는 온라인 채팅방에서 일상적인 대화를 하다가 우연히 경험했던 제품 및 서비스에 대한 정보를 탐색

하고 전달함으로써 정보를 교환할 수 있다. 구전활동을 하려는 동기에 따라 정보를 요청하는 구전활동과 자발적 구전행동으로 나눌 수 있다(조영훈과 최은정, 2018).

① 자발적 구전활동

수신자의 요청 없이 발신자가 스스로 제품 및 제품과 관련된 서비스에 대한 사전 지식 혹은 경험 등의 정보를 전달하는 구전을 말한다. 자발적으로 이루어지는 구전활동은 요청된 구전행동과는 다르게 구전의 분위기나 방향에 영향을 미치지는 않고, 오히려 구전을 하는 발신자 개인의 다양한 특성에 의해서 구전활동을 한다.

② 요청된 구전행동

타인의 경험 및 지식을 획득하려는 수신자가 적극적인 구전 활동을 하면서 발생되는 구전 활동이다. 수신자의 적극적인 구전 정보 요청은 구전활동의 분위기를 긍정적으로 만들고, 구전을 전달하는 발신자는 정보를 적극적으로 전달하게 된다.

(2) UCC

UCC는 상업적 의도 없이 사용자가 창의적으로 제작하여 온라인상에 게재한 콘텐츠이다. 2006년 타임지가 올해의 인물로 '당신(You)'를 설명하면서 UCC는 웹 2.0 시대의 대표적인 트렌드가 되었다. UCC는 바이럴 캠페인을 통해 잠재 소비자들을 대상으로 적은 비용으로 높은 광고 효과를 낼 수 있는 커뮤니케이션 채널로 활용되고 있다. UCC의 구전효과는 다음과 같다 (정선호, 이승윤, 한기림, 2015)

- SNS에서 형성된 구전은 다른 매체를 통한 구전보다 설득력이 높다. SNS에서 맺고 있는 관계는 사회적으로 의미 있는 관계이고, 사회적 유대감이 높은 경우 구전의 설득효과는 증가하기 때문이다. 또한 신뢰성이 높은 타인으로부터 전달된 정보는 유용한 정보일 것이라는 기대를 소비자에게 심어주게 된다.
- SNS는 기존 매체보다 높은 구전확산력을 가지고 있다. SNS에서 형성되는 정보는 한번 소비되는 것으로 그치지 않고 계속 재생산되고 확산될 수 있기 때문이다.
- 사람들은 재미있고 흥미로운 현상 또는 사물에 대해 말하는 것을 좋아하기 때문에

UCC 콘텐츠의 주요 특징인 흥미로운 오락적 요소들은 구전활동을 증진시킨다.

(3) 인플루언서 마케팅

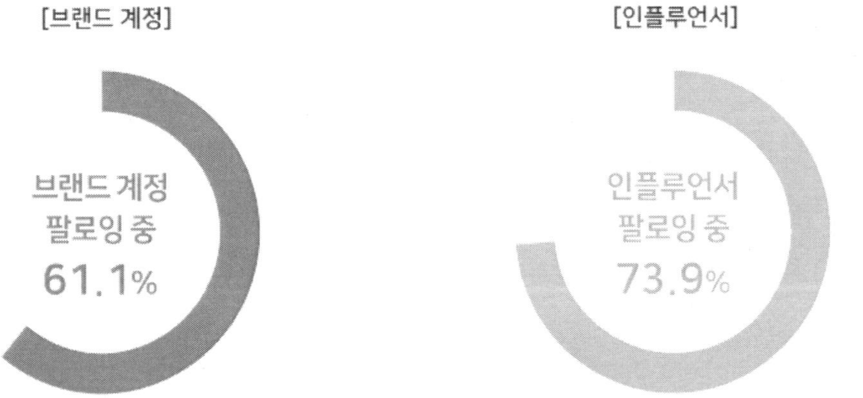

출처: DMC미디어 (2019), 2019 소셜 미디어 이용 행태 및 광고 접촉 태도 분석 보고서

〈그림 2-11〉 브랜드 계정과 인플루언서 계정 팔로잉 여부

<그림 2-11>에 의하면 소셜미디어 이용 경험이 있는 소비자 중에서 브랜드 계정은 61.1%, 인플루언서 계정은 73.9%가 팔로잉한다고 응답하여 인플루언서를 통한 오디언스 도달범위가 브랜드보다 상대적으로 더 넓다고 볼 수 있다. 인플루언서 마케팅이란 소셜미디어에서 영향력을 행사하는 인플루언서들의 입을 빌려 브랜드나 상품을 소비자에게 소개하고 공유하는 새로운 마케팅 방식이다. 유튜브는 영상이라는 시각적인 요소를 사용하기 때문에 쉽게 소비되고 자극적인 내용으로 블로그보다 비교적 소셜스타를 만들어 내기에 유리하다. 또한, 다수의 기업에서는 인플루언서 마케팅을 활용할 때 단시간에 많은 간접광고를 사용할 수 있는 영상콘텐츠 플랫폼을 선호하면서 유튜브를 활용한 인플루언서 마케팅이 각광 받고 있다. 기업과 인플루언서가 경제적 대가를 주고받지만, 그러한 경제적 이해관계를 명확하게 공개하지 않기 때문에 인플루언서 메시지의 신뢰도를 판단하는데 어려움을 겪는 현상이 발생한다.

2016년에 개정된 표시 · 광고 심사지침에 따르면 광고주와 추천 · 보증인 사이의 경제적 이해관계를 공개하지 않았을 경우 부당한 표시 · 광고에 해당될 수 있으며 “광고주와 추천 · 보증인과의 사이에 추천 · 보증 등의 내용이나 신뢰도 등에 영향을

미칠 수 있는 경제적 이해관계가 존재하는 경우에는 광고주 또는 추천・보증인은 이러한 경제적 이해관계를 공개하여야 한다."라고 명시하고 있다. 예를 들어 A기업으로부터 B상품 홍보에 대한 C대가를 받고 추천 혹은 홍보성 글을 본인의 블로그에 포스팅하거나 유튜브 영상을 업로드 할 경우, "A기업으로부터 해당제품을 홍보하기 위해 C대가를 받았다"고 명확하게 명시하여야 한다(김은재와 황상채, 2019).

(4) MCN(Multi Channel Network)과 파라소셜

① MCN

MCN은 1인 창작자에게 콘텐츠기획, 마케팅, 프로모션, 촬영 스튜디오, 방송 장비 등을 지원하고, 1인 창작자의 채널에서 광고와 저작권 수익을 얻고 이를 분배하는 서비스 사업 모델이다. MCN의 1인 미디어는 뉴스, 스포츠, 엔터테인먼트, 요리, 쇼핑, 패션 등 다양한 콘텐츠로 구성될 수 있기 때문에, 특정 브랜드의 광고 캠페인 활동에서부터 기업의 새로운 광고 비즈니스에 이르기까지 다양한 형태의 광고 산업의 기회로 발전하고 있다. 단지 동영상을 보게 하는 것뿐 아니라 소셜 미디어상에서 공유도 하도록 하는 차별된 특성을 가져 창조적인 생산 가치를 강조하는 MCN은 혁신적인 소셜 방송 형태로 매우 각광받고 있다(김주란과 강승욱, 2018).

해외 MCN 콘텐츠 제작자들은 수천 개의 동영상 채널, 거대 소셜 커뮤니티, 웹사이트를 유튜브와 함께 연계하며 성장하고 있다. 2013년 드림웍스가 1억 1700만 달러에 유튜브 중심의 어썸니스TV(AwesomenessTV)를, 2014년 디즈니가 약 10억 달러 규모의 거래로 메이커스튜디오(Makerstudio)를 각각 인수하여 MCN 서비스를 제공하고 있다. 메이커스튜디오는 5만5000개의 채널과 월간 55억의 동영상 뷰를 제공하는 거대 MCN으로, 이용자가 주로 13~34세이고 50% 이상이 미국이 아닌 전세계 글로벌 이용자들이다(Vollmer, Blum, & Bennin, 2014).

② 파라소셜 관계(parasocial relationship)

미디어를 이용하는 이용자들은 미디어상의 인물에 대해 친밀감과 인간적인 매력을 느끼며 실제 생활에서 만나는 친구와 같은 파라소셜 관계 즉, 의사 인간관계를 형성한다. 콘텐츠를 직접 만드는 1인 미디어의 MCN 진행자(Broadcasting Jockey:

BJ)는 유명인 못지않은 인기를 얻으며 영역을 확장해 나가고 있는데 MCN 이용자와의 의사소통은 현재 1인 소셜 방송이 젊은 타깃 소비자와 '먹방', '게임', '뷰티', '스포츠' 등과 같은 특정 주제에 편향되어 있기는 하지만, 앞으로 그 범위가 점점 넓어질 것으로 예상된다(김주란과 강승욱, 2018).

3) 온라인 프롤레타리아 보호

구글이나 페이스북 같은 IT 공룡들은 고객에게 무료로 서비스를 제공하는 대신 그들의 데이터를 수집한다. 사람들은 인터넷 검색이나 '좋아요' 누르기, 소셜미디어에 올린 포스트, 온라인 상점 구매 등과 관련된 서비스를 통해 일상을 살아가는데 이 과정에서 형성된 데이터들은 모두 기업에게 귀중한 자산이 된다. 사람들의 나이, 성별, 주거지 등의 정보를 담고 있을 뿐만 아니라 관심사나 욕망이 어떤지를 알려주기 때문이다.

공짜로 넘겨준 데이터로 IT 기업들이 부를 누리게 하는 지금의 데이터 거래법을 바꾸자는 주장이 확산되고 있다. 교수부터 경제학자 · 기술자 · 법률가까지, 중도진보주의자에서 자유시장을 옹호하는 보수주의자까지도, 직업군과 이념을 가리지 않고 이러한 주장을 하고 있다. 온라인 프롤레타리아들이 자신의 데이터를 놓고 더 나은 거래를 할 수 있도록 개인 데이터에 가치를 매기거나 데이터를 거래 가능한 자산이나 노동으로 인정하는 방안이 제시되고 있다. 이를 통해 효율적인 데이터 시장을 구축하고 개인과 사회에 더 많은 '디지털 부(富)'가 돌아가도록 하자는 것이다. 미국 의회에서는 거대 인터넷 기업들이 이용자들에게 어떤 개인 데이터를 수집했고 그 데이터의 가치는 얼마인지 정기적으로 알려주도록 하는 법안도 발의됐다.

그러나 이에 대한 반론의 목소리도 제기된다. 소비자가 광고와 데이터를 지불하고 공짜 인터넷 서비스를 누리는 게 그들에게 나쁜 거래만은 아니라는 주장이다. 매사추세츠공대 슬론경영대학원의 에릭 브린욜프슨 교수는 2012년 공짜인 인터넷 서비스가 소비자에게 주는 편익이 미국에서만 1,000억 달러(약 118조원)라고 추산했다.

그러나 더 많은 사람들이 거대 인터넷 기업들이 어떻게 개인정보를 이용하는지 알게 되면서 새로운 데이터 거래의 지지자들이 동력을 얻고 있다. 개인의 데이터가

구글이나 페이스북, 아마존에 단순히 관심사나 선호에 대한 정보일 뿐 아니라 타깃 광고나 얼굴 인식 같은 인공지능의 훈련을 위한 원천 자료가 되기 때문이다(서울경제, 2019년 7월 26일).

2. 뉴로 마케팅

1) 뉴로 마케팅의 정의

뉴로마케팅이라는 용어는 2002년 미국 애틀랜타의 한 광고회사인 'BrightHouse'가 마케팅 연구를 위해 기능성 자기공명영상(fMRI)을 활용하는 업무 조직을 신설함으로써 세상에 첫 선을 보였다. 뉴로마케팅은 살아 있는 인간의 기저를 이루고 있는 신경생물학을 분석함으로써 소비자의 구매의사결정에서 심리적 현상과 정서를 이해하고 광고, 소비자 경쟁 유발, 상품 진열과 같은 마케팅의 효율성을 종합적으로 평가하기 위해 마케팅에 신경과학 방법을 적용한 것이다(추병완, 2014).

2) 뉴로 마케팅의 활용

세계적으로 경제 불황이 장기화되고, 시장에서 기업 간의 무한경쟁 시스템이 심화될수록 소비자의 정확한 마음을 제대로 읽기 위한 기업의 투자와 노력은 증가하고 있다. 또한 감성 마케팅에 대한 관심이 폭발적으로 증가함에 따라 뉴로마케팅에 대한 기업의 수요가 더욱 커지는 추세다. 뉴로마케팅은 시제품 및 시안 평가, 커뮤니케이션 요소 분석, 경쟁 브랜드 분석, 브랜드 전략, 제품 패키지, 광고, 가격과 판매 촉진 전략 등의 제품 개념 기획 단계로부터 제품 디자인, 포장, 마켓 테스트, 제품 진열, 소비자 선택 예측, 제품 출시 후 반응 등 마케팅 전체 과정에서 다양하게 활용되고 있다. 뉴로마케팅은 소비자의 구매 결정의 개연성과 비개연성을 확증하기 위한 대중적인 기술로 부상하고 있다(Fortunato, Giraldi & Oliveira, 2014).

뉴로마케팅의 대표적인 활용 사례는 다음과 같다(이은주 · 양승은 · 신미주, 2013).

① 신제품 개발

혼다는 사람의 얼굴과 같은 디자인을 한 오토바이를 개발해 주목을 얻었다. 인간의 뇌에는 얼굴을 인식하는 신경 회로인 '얼굴 뉴론'이 있어 얼굴과 유사한 형태에 특별히 민감하게 반응한다. 이 원리를 이용해 충돌이 일어날 수 있는 상황에서 오토바이가 달려오고 있다는 사실을 보다 빨리 인지하여 사고를 미연에 방지하고자 한 것이다. 실제로 fMRI를 이용한 실험 결과, 얼굴 모양 디자인의 경우 인간의 얼굴을 봤을 때와 비슷한 뇌 반응을 일으켜 상대편 차량이 오토바이의 존재를 발견할 가능성이 43%나 향상되었음을 알 수 있었다.

② 신제품 출시 전의 시안 평가

기아자동차에서 신제품 자동차 브랜드 K7의 차 이름을 개발하기 위해 fMRI와 시선 추적시스템을 사용한 사례, 아모레퍼시픽에서 색조 화장품 시장으로 사업을 확장하면서 색조 화장품에 대한 소비자의 뇌 영상 촬영 결과를 활용한 것을 예로 들 수 있다(신현준과 이현주, 2011).

③ 광고에 대한 시청자 반응 조사

영국의 컨설팅 업체인 Neurosense는 민영 방송국인 GM TV와 협력해 6주일 동안 시청자 200명의 뇌를 스캔해 주의력, 집중력, 단기기억, 장기기억, 긍정적 감정 등에 관계되는 신경 회로망의 활동을 관찰했다. 그 결과 아침시간대의 광고가 저녁시간대의 광고보다 모든 점에서 더 효과가 높다는 사실을 밝혔다. 황금시간대의 광고가 더 이상 황금의 역할을 하지 못하고 있다는 사실을 발견할 수 있었다(장미화, 2007).

④ 광고 활용

Cheetos로 유명한 스낵 회사 Frito-Lay는 2008년에 Cheetos 광고를 다시 제작하며 치토스를 먹는 실험 참가자의 뇌파(EEG) 측정을 통해 소비자의 두뇌 중 어느 부분이 열광적으로 반응하는지를 확인했다. 그 결과 소비자는 치토스를 먹은 후 손가락에 남는 끈적끈적한 오렌지색 치즈 양념에 강렬하게 반응한다는 점을 확인했다. 치토스는 광고뿐만 아니라 제품 포장지도 소비자가 강렬하게 주목하는 오렌지색을 강조해 새로 출시했다. 이처럼 Frito-Lay는 제품 속성에도 소비자의 즐거움을 최대화하는 요인을 찾는 데 뉴로마케팅을 사용했다(이은주 양승은 신미주, 2013).

⑤ 매장관리

국내의 한 업체는 시선 추적 방식을 통해 매장 동선과 디스플레이 방식을 변경하여 성공을 거두었다. 이 업체는 쇼핑객에게 카메라가 달린 안경을 끼도록 하고, 매장을 자유롭게 쇼핑하도록 하였다. 쇼핑객이 동선을 따라 걸을 때 느끼는 편안함의 정도를 파악하고, 디스플레이를 바라보는 시선의 방향을 분석하였다. 업체는 실험결과에 근거하여 한 매장을 대폭 변경하였고, 변경 후 그 매장의 매출이 다른 매장에 비해 21%나 높았다는 사실을 확인하였다. 이러한 결과에 고무된 기업은 실험과정에서 얻은 노하우를 전 매장으로 확대하여 적용하였다(박정현, 2009).

3) 뉴로마케팅에 사용되는 기법

① fMRI(기능적 자기공명영상)

fMRI는 공간 해상도가 우수하여 뇌의 더욱 깊고 작은 뇌구조들을 측정할 수 있는 장점이 있으나, 비용이 많이 들고 실험을 위한 큰 공간을 필요로 하며 뉴런의 처리를 기록하는 데 있어서 6-10초의 지연이 발생한다는 단점이 있다(Fortunato, Giraldi & Oliveira, 2014). 그러나 마케팅 자극에 대해 뇌의 어느 부위에 피가 많이 흐르고 있는지, 즉 뇌 속의 어느 부위가 활발하게 반응하고 있는지를 비교적 정확하게 보여주므로 뉴로마케팅에서 널리 사용되고 있다(박병호, 2013).

②EEG(뇌전도)

뇌전도는 시간 해상도가 매우 높고, 장비의 이동이 가능하며, 비용이 저렴하다는 장점이 있다. 그러나 피상적인 전기신호를 기록할 수 있을 뿐 심층적인 뇌의 구조를 측정하는 데에는 한계가 있고, 공간 해상도도 낮다는 단점이 있다(민병경, 2012). 특히 뇌 활동의 80%는 무의식적으로 활동하기 때문에 특정한 광고 자극에 의해 생성된 뇌파가 그 자극에 의한 반응으로 나온 것인지를 단정할 수 없는 문제가 있다.

③ PET(양전자 단층 촬영)

인체 내에서 일어나는 다양한 생화학적 · 기능적 변화를 영상으로 관찰하고 질병을 진단하는 방법이다. fMRI와 마찬가지로 공간 해상도가 매우 높은 장점이 있으나, 결과를 수집하기 위해서는 방사성입자가 참가자의 몸에 스며들도록 해야 하는 매우 침습적인 기술이라는 한계가 있다(Fortunato, Giraldi & Oliveira, 2014).

④ MEG(뇌자도)

뇌전도와 마찬가지로 두피 밖에서 탐지 채널로부터의 전자기파 신호 정보만을 측정하기 때문에 신호원의 위치를 알 수 있는 공간 해상도가 만족스럽지 못하다. 하지만 자기적 성분이 전기적 성분보다 두개골 투과율이 좋아서, 뇌전도보다는 뇌자도가 공간 해상도 측면에서 유리하다. 전자기장 차폐 시설이 필요하고, 상대적으로 비싼 가격이나 유지비, 기기 규모가 크다는 문제가 있다(민병경, 2012).

⑤ Eye Tracking(시선 추적)

fMRI, EEG와 같은 다른 기기들과 함께 사용되는 빈도가 증가하는 추세에 있는 시선 추적은 참가자의 눈동자를 촬영해 조사대상자가 언제, 무엇을 보고 있었는가를 분석한다. 컴퓨터 화면이나 TV의 어느 위치를 보고 있었는가를 연구할 수도 있지만, 휴대용 장비를 이용하면 조사대상자가 이동 중에 무엇을 보고 있었는지, 예를 들어 슈퍼마켓 안을 걸어가면서 진열대의 어느 제품을 보고 있었는지를 연구할 수도 있다. 이 장비는 동공의 확장 상태 등의 관찰 및 분석에도 활용할 수 있다. 하지만 어떤 정서가 주의의 초점이 되었던 부위와 관련되었는지를 이해하기 어렵다는 단점이 있다(Fortunato, Giraldi & Oliveira, 2014).

⑥ GSR(피층 전기 반응)

이 기법은 정서적으로 관련된 자극에 의해 유발되는 객관적인 흥분도를 측정한다. 즉 GSR은 피부를 통해 측정되는 전기적 활동(반응)을 측정하여, 정서적인 각성 상태를 나타내는 지표로 활용한다. 중추신경계는 개인의 손에 기록된 반응에 직접적으로 연결되어 있기에, 이 기법은 행복, 슬픔, 공포, 화, 혐오, 무관심과 같은 특정 정서에 선행하는 신경 반응을 식별할 수 있다(Fortunato, Giraldi & Oliveira, 2014).

⑦ HR(심박수) & SC(땀 분비)

심장의 박동 속도는 주의의 척도로, 땀 분비량은 각성(흥분)의 척도로 사용될 수 있다(박병호, 2013).

⑧ Facial EMG(안면 근전도)

인간을 포함한 동물들은 무의식적으로 감정적 반응을 얼굴에 보인다. 이 때문에 감정 표현에 사용되는 주요 근육들이 있는 위치에 센서를 부착하면 그 순간의 감정 상태를 추정해 낼 수 있다(박병호, 2013).

4) 뉴로마케팅의 한계와 문제

뉴로마케팅의 한계와 윤리적 문제점은 다음과 같다(추병완, 2014).

(1) 뉴로마케팅의 한계

뉴로마케팅에 관한 연구 결과들이 출판된 경우가 매우 적다. 또한 정보의 대부분이 뉴로마케팅 회사와 그 회사의 연구 프로젝트에 참여하는 일부 학자들에 의해 제공되어 연구 결과가 회사 자체의 이득에 편향되어 있어 연구 결과의 신뢰성이 크게 문제가 되고 있다. 비용과 규제 때문에 실험을 수행하기가 매우 어렵다는 한계도 있다.

(2) 뉴로마케팅의 윤리적 문제

① 소비자의 프라이버시 침해

누군가가 나도 모르는 나의 무의식세계를 낱낱이 들여다본다는 것은 개인의 정체성에 대한 심각한 도전이자 위협이다. 개인의 정신적 프라이버시를 침해할 수 있다.

② 소비자의 자율성 침해

뉴로마케팅을 이용하여 소비자의 마음을 통제하는 방법들이 고안되어 활용된다면, 소비자의 자율성, 즉 우리가 승인하는 가치에 따라 우리의 삶을 영위할 수 있는 능력은 커다란 위험에 처하게 된다.

미국의 비영리 소비자단체인 'Consumer Alert'는 뉴로마케팅은 fMRI와 같은 의료기기를 치료가 아닌 제품 판매를 위해 사용하려는 논란이 많은 새로운 마케팅 분야라고 규정한다. 이 단체는 뉴로마케팅은 시장 관련 질병 빈도를 증가시키고, 더욱 효과적인 정치적 선전으로 악용되며, 저급한 가치들을 효과적으로 증진할 가능성이 높다는 점에서 심각한 문제점을 가진다. 뉴로마케팅의 증가는 대량 소비주의를 조장하고 궁극적으로는 자유의지의 종말을 초래할 것이라고 비판하였다(Madan, 2010).

3. 인공지능 마케팅

1) 인공지능의 진화

인공지능(AI, Artificial Intelligence)이란 인간처럼 사고하고, 감지하고, 행동하도록 설계된 알고리즘 체계이다. 인공지능의 진화에서 가장 중요한 요소는 학습(Learning)이다. 여기서 말하는 학습은 '어떤 식으로든 특성을 추출해서 분류하는 시스템을 만드는 일련의 과정'이다. 인공지능은 1997년 IBM의 인공지능 '딥블루'가 체스에서 인간을 이긴 것을 기점으로, 2000년 이후 컴퓨팅 기술이 발달하고 빅데이터가 등장하면서 기계 스스로 데이터를 통해 패턴을 찾아내는 방식, 이른바 '머신러닝(Machine Learning)'으로 진화한다.

머신러닝은 상관관계, 즉 특성을 잡아 패턴을 반복적으로 관찰해서 차이점을 알아내는 기술이다. 예를 들어 수많은 고양이, 개, 새의 이미지 데이터에서 인공지능은 이것들을 구분하기 위해 특성을 잡아 어떻게 다른지 확인하는 작업을 거치게 된다. 그렇기 때문에 머신러닝에서는 데이터가 없으면 의미가 없다. 그런데 현실은 머신러닝으로 해결할 수 있을 만큼 단순한 문제로만 둘러싸여 있지 않다.

이러한 점에 한계를 느낀 머신러닝 대신에 보다 인간에 가까운 사고를 할 수 있는 딥러닝(Deep Learning)이 2006년에 등장하게 된다. 딥러닝은 층마다 자율학습기법의 선행학습을 별도로 시킨 후 층층이 쌓아 통합훈련을 통해 미세 조정하는 방식으로, 적은 데이터로도 학습이 가능하다. 알파고도 이러한 딥러닝 기술이 적용된 것으로, 알파고의 심층신경망에는 약 3000만 개의 기보가 입력돼 있고 이런 방대한 데이터를 기본으로 24시간 내내 강화학습과 지도학습을 반복한다.

앱 경제가 성숙해가면서 마케팅 성과를 측정하는 기준이 앱 설치수가 아닌 인앱(in-app) 지출로 넘어가면서 딥러닝에 많은 관심이 일고 있다. 아태지역(APAC) 인앱 지출은 2021년까지 105% 증가할 것으로 전망되며(앱애니 예측), 마케터는 수익 창출을 위해 점점 더 사용자들의 인앱 구매에 의존하고 있다. 딥러닝은 모든 인앱 이벤트를 "이 사용자는 다채로운 색상의 이미지를 선호한다." 등의 추상적 의미까지 고려해 사용자에 대하여 보다 정확하게 예측을 하고, 궁극적으로 가장 가치 있는 사용자를 찾아낼 수 있다.

애피어(Appier)는 2018년 3월부터 10월까지 딥러닝 알고리즘을 통해 사용자가 향후 인앱 구매 또는 등록 완료 등의 행동을 취할 가능성을 예측하는 테스트를 진행했다. 한국을 포함한 아태지역의 13개시장, 240개 이상의 모바일앱 캠페인, 5억개의 데이터 포인트를 대상으로 딥러닝 기술을 적용하고, 그 결과를 딥러닝이 배제된 머신러닝 기반 캠페인 결과와 비교했다. 딥러닝을 적용한 경우 기존 AI나 머신러닝기술만 적용한 경우에 비해 유지율 7%, 등록률 35%, 구매율 9%, 전반적인 광고지출 대비 수익(ROAS) 10% 등, 모든 측정치에서 더 좋은 효과가 나타났다(차재턱, 2019).

발전과 쇠퇴를 거듭하면서 진화해 온 인공지능은 빅데이터, IoT, 5G와 연계해 다양한 서비스로 구체화되고 있다. 인공지능은 앞으로 모든 산업 영역에서 전기나 IT처럼 인프라로서 활용되고, 인간에게는 스마트폰만큼이나 혁신적이고 새로운 가치를 제공해 줄 것이다. 인공지능은 우리의 삶을 윤택하게 하는 데 많은 기여를 할 것으로 기대된다(김재필, 2016).

2) 소비자의 감정과 취향 분석

(1) Watson Tone Analyzer

인공지능이 글을 통해 글쓴이의 감정과 특징까지 판단할 수 있다. Watson Tone Analyze를 활용하면 이용자는 이메일을 보내기 전이나 홍보 마케팅 용어 선택, 프레젠테이션 및 블로그 게시물 등에서 보다 효율적인 글쓰기를 할 수 있다. 이 인공지능 프로그램은 3가지 영역으로 분석한다.

첫 번째는 감정적 톤으로 분노, 두려움, 기대, 놀람, 기쁨, 슬픔, 신뢰와 혐오를 분석한다.

두 번째는 사람의 성격, 사회적 성향의 측면을 포함한 사회적인 톤으로 개방성, 동정심, 사려 깊은 행동을 하는 양심을 분석한다.

마지막은 글쓰기 스타일인 추론과 확신, 절제 등을 분석한다.

(2) 노스페이스의 온라인 구매 어드바이저

노스페이스는 온라인으로 옷을 구매하려는 이용자에게 인공지능을 활용해 실제 판매 직원이 도와주는 것과 흡사한 느낌을 준다. 이 인공지능 프로그램은 답을 주는 것이 아니라 재킷을 사려는 고객에게 먼저 다음과 같은 질문을 한다.

- 이 재킷을 언제 어디서 입을 것인가?
- 활동 시 강수량은 어느 정도인가?
- 어떤 종류의 활동에서 이 재킷을 입을 것인가?

이러한 질문 등에 고객이 답을 하면 그 답변을 참고해 재킷 섹션을 검색해 최적의 제품을 찾아준다. 잘 몰랐던 기능성 전문 재킷의 판매가 프로그램 도입 이후 급증했고, 이 프로그램을 사용해본 고객들의 75%가 재사용 의사를 보일 정도로 마케팅 측면에서 인공지능은 큰 기여를 했다.

(3) Sentient Technologies

미국의 스타트업으로 인공지능 기술인 딥러닝을 활용해 온라인 쇼핑 시스템을 연구하고 있는 이 회사는 자사의 기술을 소비자들에게 전달하기 위해 온라인 신발 판매업체 슈즈닷컴(Shoes.com)과 협력하고 있다. 감성인식(Sentient Aware)이라 불리는 이 기술은 슈즈닷컴 사이트를 방문한 온라인 쇼퍼 개개인에게 실제 매장에서 점원이 고객의 신발 선택을 돕는 것과 비슷한 방식으로 각 쇼퍼에게 맞는 추천 제품 정보를 제공한다. 예를 들어 고객이 노란색의 하이힐 형태 구두 사진을 클릭하면, 인공지능은 이와 유사한 색과 형태의 신발을 고객이 맘에 들어 할 때까지 계속 보여준다. 방대한 신발 리스트에서 고객은 인공지능의 도움으로 제품의 검색이나 관련 정보 확인에 필요한 시간과 노력을 줄일 수 있고, 최종적으로 마음에 드는 신발을 구매하게 된다.

(4) 미국의 T모바일

미국의 통신사업자인 T모바일은 초기 머신러닝 단계나, SNS를 통한 소비자의 민원을 빅데이터로 분석해 즉각 처리하고 서비스로까지 구현하는 혁신적인 시스템을 구축했다. 앞으로는 고객의 음성 상태를 분석해 인공지능이 직접 상황별로 응대하는 고객센터가 등장할 수도 있을 것이다.

3) 하이퍼 커넥티드 AI 마케팅

디지털 시대의 하이퍼 커넥티드된 마케팅은 모든 컨텐츠가 나로부터(of me), 나에 의한(by me), 나를 위한(for me) 환경이다. 음원 스트리밍 서비스에서 듣는 음악과 여행 사이트에서 검색한 항공권 등이 유기적으로 결합돼 온라인 환경에서 내가 필요한 다양한 제품과 서비스를 추천하는 식이다. 인지-고려-구매(전환)이라는 세가지 마케팅 프로세스에서 AI를 통해 적절한 타깃을 찾아내고, 적당한 타이밍에 고객이 원하는 형태의 메시지를 선보이는 것이 관건이다.

(1) 크리테오의 AI 기반 신규고객타겟팅(CCA) 솔루션

현재 크리테오의 경우 AI를 통해 월 19억명의 온라인 구매자와 일 600테라바이트(TB)의 데이터, 연 880조원의 거래액을 분석하고 있다. 이를 통해 단순한 광고노출

보다는 자사 AI 엔진 추천을 통한 제품 추천 및 구매로 전환하고 있다는 설명이다.

대표적인 고객사례가 LF몰이다. LF몰은 크리테오의 솔루션을 통해 캠페인 이후 15일 만에 신규 고객에게서 매출이 발생했다. 월 평균 신규 구매자는 500여명으로 신규 매출도 8% 향상되는 결과를 얻었다.

(2) 어도비 익스피리언스 플랫폼

고객경험관리를 주목적으로 하고 있는 이 플랫폼은 어도비 인공지능 프레임워크인 '어도비 센세이'를 기반으로 기업 전반의 데이터를 결합해 실시간으로 개인화된 고객경험을 전달할 수 있다고 회사는 설명했다(아이뉴스24, 2019년 9월 24일). 모든 마케팅 기술을 한곳에 통합해 콘텐츠 관리, 이메일 캠페인 제공, 광고 구매 자동화, 성과 측정 등의 업무를 처리할 수 있도록 한다(ZDNetKorea, 2019년 7월 31일).

(3) 구글 유니버셜 앱 캠페인(UAC)

인공지능을 도입해 적절한 마케팅 타깃을 찾아주는 UAC가 등장한 이후 클릭 몇 번으로 마케팅을 학습한 AI 알고리즘이 자동으로 마케팅 캠페인을 만들기 시작했다. 마케팅 목표와 예산을 설정하고 영상 등 광고 소재 몇 개만 입력하면, 나머지는 전부 인공지능이 책임진다. 데이터가 많은 앱 프로모션은 100% AI가 한다. 사용자 인터넷 검색 쿠키 데이터를 보고 결정하는 것을 넘어, 사용자의 인터넷 시그널까지 파악해 어떤 움직임으로 인터넷을 활용하는지도 분석해 맞춤 광고를 보여주고 제안하는 식이다(블로터, 2019년 8월 14일).

(4) 오라클 CX클라우드

오라클 CX클라우드는 데이터와 사용자 경험(UX), 비즈니스 성과를 연결하는 고객관계관리(CRM) 플랫폼이다. 데이터폭스 통합 기능을 이용하면 영업팀은 기업 데이터와 고객 정보를 바탕으로 신규 고객을 추가로 발굴할 수 있고, AI 기반 세일즈 플래닝 기능을 통해 송장에 기입된 실제 세일즈 데이터를 분석함으로써 판매 계획과 실적 예측을 할 수 있다.

Chapter 3

소비자 의사결정 과정

지각, 판단, 차별적 감정, 정신활동, 나아가 도덕적 기호까지도 포함하는 인간의 능력은 선택하는 과정에서만 발휘될 수 있다.
관습에 따라 행동할 때는 선택이 끼어들 틈이 없다.
이 경우, 사람들은 최고를 분별하거나 탐하는 것에서 경험을 쌓을 수 없다.
정신과 도덕도 근력과 마찬가지로 사용해야 좋아진다.

- 마이클 샌델의 《정의란 무엇인가》 중에서 -

우리 삶은 선택의 연속입니다.
스스로 한 선택에 만족할 때도 있고, 돌이킬 수 없는 선택에 후회를 하기도 합니다.
선택의 결과가 어떠했든, 그 결과는 마음의 근력을 튼튼하게 하고, 더 좋은 선택을 하도록 도와줄 것입니다.

- 고도원의 아침편지-

소비자의사결정과정은 ① 문제인식 → ② 정보탐색 → ③ 대안평가 → ④ 구매선택 → ⑤ 구매 후 행동(만족과 불만족)의 5단계로 이루어진다.

1. 문제인식과 정보탐색

1) 문제인식

(1) 문제인식과 구매의사결정과정

소비자의사결정과정의 첫 번째 단계인 문제인식은 소비자가 해결해야 할 문제 또는 충족되어야 할 욕구가 생기면 나타난다. <그림 3-1>에 의하면 소비자는 모든 문제와 욕구를 해결하기 위하여 의사결정과정을 시작하는 것은 아니다. 우리는 살아가면서 수많은 문제를 경험하고 다양하고 역동적인 욕구를 가지고 있으나, 문제를 해결하고 욕구를 충족시키기 위한 자원과 시간은 한정되어 있다. 그러므로 소비자가 실제 상태와 바람직한 상태 간에 차이를 지각하게 되면 문제인식을 하게 된다. 문제인식이 의사결정과정을 거쳐 구매로 이어지기 위해서는 실제 상태와 바람직한 상태간의 차이가 크고 문제가 매우 중요한 것이어야 하며, 문제를 해결하기 위한 수단이 경제적으로나 시간적으로 가능해야 한다.

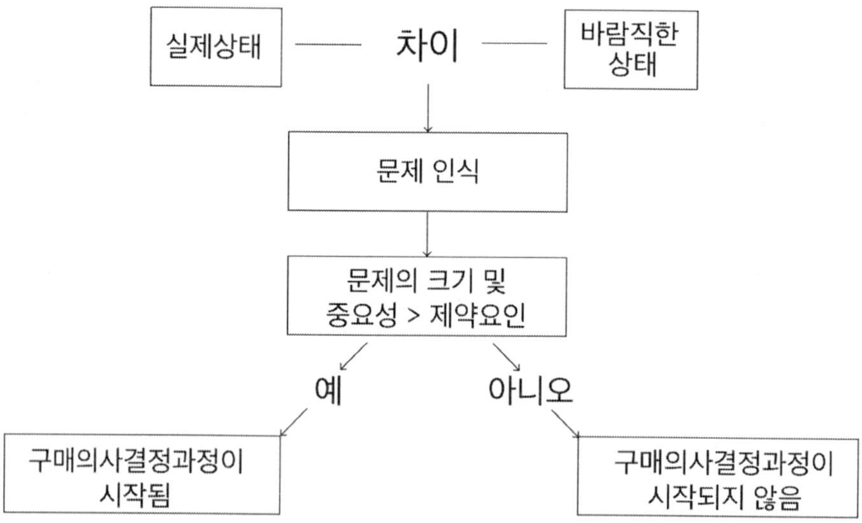

출처: 이학식 외 (2015), 소비자행동 p.58

〈그림 3-1〉 문제인식과 구매의사 결정

(2) 문제인식의 유형

<표 3-1>에 의하면 문제인식은 문제발생의 예상 여부와 해결의 긴급성에 따라 네 가지 유형으로 나눌 수 있다.

〈표 3-1〉 문제인식의 유형

문제발생의 예상 여부	해결의 긴급성	
	즉각적 해결이 요구됨	즉각적 해결이 요구되지 않음
문제발생이 예상됨	일상적	계획적
문제발생이 예상되지 않음	긴급적	점진적

출처: 이학식 외 (2015), p.59

① 일상적 문제

실제 상태와 바람직한 상태간의 차이가 발생할 것이라고 예상할 수 있고, 문제가 발생하면 즉각적으로 해결해야만 하는 문제이다. 가정에서 일상적으로 구매하는 다양한 형태의 편의품을 예로 들 수 있다. 식료품, 치약, 휴지 등은 다 쓰게 되면 즉시 사야 할 필요성을 인식하는 문제가 된다.

② 계획적 문제

문제발생이 예상되지만 즉각적인 해결이 필요치 않은 문제이다. 2-3년 후에 아파트를 새로 구입해서 이사를 하려고 계획하고 있는 사람은 어느 지역에 있는 아파트를 살까, 기존의 아파트를 살까 아니면 분양을 받을까 등과 관련된 다양한 정보를 찾고 아파트에 대한 주의와 관심을 많이 기울일 것이다.

③ 긴급한 문제

문제발생을 예상하지도 못하였을 뿐 아니라 즉각 해결해야만 하는 문제이다. 전혀 바꿀 생각이 없던 승용차를 운전하다가 큰 사고를 당했는데, 차를 수선하는 비용이 너무 커서 폐차를 해야 하는 경우에 즉각적으로 차를 다시 구입해야 하는 경우를 예로 들 수 있다. 이 때도 즉시 신차를 구입하기가 어려운 경우에는 일시적으로 중고차를 사거나 렌터카를 이용하기로 결정을 할 수도 있다. 이렇게 즉각적으로 한 결정은 일시적이고 임시적 해결책이 되고 나중에 보다 근원적인 해결책으로 바뀌게 되고 이렇게 바뀐 문제는 계획적 문제가 된다.

④ 점진적 문제

문제발생이 예상되지도 않고 즉각적인 해결이 필요하지도 않은 문제이다. 방송과 SNS에서 매우 자주 등장하는 맛집이 있다고 가정해 보자. 처음에는 그 맛집과 음식에 대하여 별로 관심이 없었으나 시간이 흐르면서 많은 사람들이 점점 더 관심을 가지고 있고, 그 집에서 음식을 먹기 위하여 오랜 시간을 줄서서 기꺼이 기다리는 사람들을 보면서 나도 한번 그 맛집에서 먹어봐야겠다고 결심하는 경우를 예로 들 수 있다.

2) 정보탐색

소비자가 인식한 문제가 반드시 해결되어야 한다고 결정하면 그 다음 단계로 소비자는 정보를 탐색해야 한다. <그림 3-2>에는 문제인식부터 정보탐색과정이 제시되어 있다.

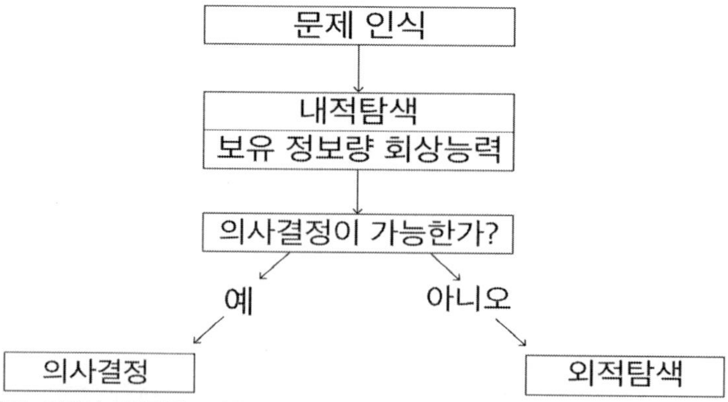

출처: 이학식 외(2015), p.65

〈그림 3-2〉 정보탐색과정

(1) 정보탐색의 유형과 비용

① 내적 탐색

소비자는 자신이 해야 할 구매의사결정과 관련하여 과거에 직접 경험했거나, 다른 사람이 경험했던 사실, 기업의 광고, 다양한 기사, SNS에 올라와 있는 다양한 댓글이나 '좋아요'와 조회에 관한 기록 등과 관련된 정보를 기억하고 있는 경우가 매우 많다. 이렇게 소비자가 자신의 기억 속에 저장된 정보를 회상하는 것을 내적 탐색이라고 한다. 이때 의사결정을 할 만큼 충분한 정보가 저장되어 있고 회상할 수 있으며 또한 상당히 만족스러운 대안이 있으면 바로 그 대안을 구매하게 된다. 그러나 이러한 내적탐색이 충분한 정보를 제공하지 못한다면 추가적인 정보를 수집하기 위하여 외적 탐색을 수행하게 된다.

② 외적 탐색

보통 어떤 제품을 처음으로 구매하거나, 또는 구매간격이 너무 길어서 그동안 알던 것을 잊어버렸다거나, 신제품이 시장에 나왔을 경우에는 내적 탐색만으로는 불충분하다. 외적탐색은 소비자가 현재 가지고 있는 지식이나 정보만으로는 충분하지 못하다고 느껴서 광고, 기사, SNS 등에서 제공하는 정보를 추가로 얻는 과정이다. 외적 탐색을 통해 입수하려는 정보는 네 가지로 분류할 수 있다(Bearry & Smith, 1987).

- 대안상표에 관한 정보
- 대안상표들을 비교할 수 있는 평가기준에 관한 정보
- 평가기준의 중요도에 관한 정보
- 상표의 속성과 속성들이 제공하는 혜택에 관한 정보

소비자는 정보탐색을 통하여 자신의 욕구를 가장 저렴하게 충족시켜줄 수 있는 상표를 선택할 수 있는데 이를 정보탐색의 혜택이라고 한다. 그러나 소비자는 정보탐색을 하면서 자신의 귀중한 시간을 할애하고 또 특정 정보의 경우에는 돈을 주고 구입해야 하는 등 다양한 비용이 있다. 그러므로 정보탐색의 정도는 외적 탐색에 의하여 기대되는 혜택과 비용을 비교하여 혜택이 비용보다 커야만 외적 탐색을 하게 된다. 외적 탐색을 많이 할수록 의사결정이 지연되고, 시간적 금전적 기회비용이 커지고, 정보과부하 문제가 발생한다. 정보가 너무 많고 소비자가 정확한 정보인지 가짜정보인지를 명확하게 알 수 없는 경우 소비자는 혼란스러워서 부적절한 의사결정을 할 수도 있고, 정보를 분석하고 이해하려는 노력을 포기할 수도 있다.

③ 의사결정유형과 정보탐색

소비자의사결정은 외적 탐색을 하려고 노력하는 정도에 따라 4가지로 구분된다.

- 포괄적인 문제해결

상당한 시간과 노력을 투입하여 정보를 탐색하고 신중하게 의사결정을 하는 경우.

- 제한적 문제해결

문제가 비교적 간단하거나 어려운 경우라도 소비자가 어느 정도 정보를 가지고 있고 회상할 수 있는 경우

- 일상적 문제해결

소비자가 과거에 직접 경험한 것을 최선 또는 적어도 수용할 수 있는 대안을 알고 있어서 문제인식을 한 후에 곧 의사결정을 하는 경우

- 회상적 문제해결

소비자가 직접 경험하지 않았지만 광고, SNS, 다른 소비자, 상품비교테스트 등으로부터 얻은 정보를 기억속에 저장했다가 회상해서 의사결정을 하는 경우

〈표 3-2〉 의사결정유형별 정보탐색 정도

탐색의 성격	의 사 결 정 유 형		
	소비자의 관여도 고 ←------→ 저		
	포괄적 문제해결	제한적 문제해결	일상적 및 회상적 문제해결
1. 상표수	다수	소수	한개
2. 점포수	다수	소수	모름
3. 제품의 속성수	다수	소수	한개
4. 외적 정보원수	다수	소수	없음
5. 정보탐색	내적, 외적	주로 내적	내적
5. 탐색시간	장시간	단시간	최단시간
6. 대안의 수	다수	소수	1개
7. 비용	많음	중간	적음

출처: 이학식 외(2015), 고민정, 김용진(2017) 활용하여 저자 작성

(2) 정보의 원천

소비자정보의 원천은 다음과 같이 네 가지로 구분할 수 있다.

① 기업제공 원천

광고, 판매원, 포장, 가격, 점포 내 정보, 유통경로와 같은 수단 등이 포함한다. 이런 정보는 적은 노력으로 경제적 비용을 부담하지 않고 즉시 얻을 수 있고 기업에서 제공하는 정보이기 때문에 상품의 단점보다는 장점만을 일방적으로 제공한다는 점에서 피상적이고 온전히 믿을 수 없다는 단점이 있다.

② 개인적 원천

가족, 친지, 동료 등 마케터의 직접적인 통제를 받고 있지 않은 모든 개인간 정보 원천이 포함된다.

③ 경험적 원천

상품을 직접 써보거나 시험조작을 해서 얻는 정보이다.

④ 중립적 원천

정부산하 기관이나 언론기관의 발행물, 신문, 잡지, 방송뉴스, 통신정보 등에서 제공하는 정보이다. 우리나라에서는 한국소비자원의 소비자시대와 소비자단체협의회의 월간소비자에서 제공하는 정보가 포함된다. 미국의 소비자정보지인 Consumer Reports는 상품비교테스트 결과를 제공하는데, 가장 좋은 선택안인 'Best Buy'와 가장 나쁜 선택안인 'Worst Buy'로 구매추천을 하고 있어서 소비자가 쉽게 선택을 할 수 있게 해준다.

2. 구매전 대안평가

1) 평가기준

소비자는 평가기준에 의하여 각 대안을 평가하는데 평가기준은 다음과 같은 특성을 가지고 있다(이학식 외, 2015).

(1) 평가기준은 소비자의 구매 목적과 동기를 반영하는 경우가 많다.

평가기준은 제품을 구매하는 중요한 목적이나 제품으로부터 어떤 편익을 얻으려고 하는가에 따라 다르다. 스마트폰의 다양한 기능을 자주 사용하는 젊은 소비자는 다양한 기능이 중요한 평가기준이 될 것이고, 전화와 문자만을 주로 사용하는 고령 소비자는 가성비가 중요한 평가기준이 될 것이다. 소비자의 구매동기는 실용적 동기와 쾌락적 동기로 구분할 수 있다.

(2) 평가기준은 상황에 따라 달라진다.

다이어트를 하는 소비자는 주중에는 고단백, 저칼로리, 저염식이 중요한 음식을 선택하는 기준이 된다. 그러나 다이어트를 오랜 기간 지속하기 위하여 1주일에 한 번은 다이어트에 방해가 되지만 자신이 좋아하는 고탄수화물과 고칼로리의 소위 단짠음식을 섭취하는 경우를 예로 들 수 있다.

(3) 평가기준은 객관적일 수도 있고 주관적일 수도 있다.

커피 구매자는 맛과 가격 같은 객관적 평가기준을 중요하게 여길 수도 있고, 특정 커피 브랜드가 주는 사회계층적 이미지 같은 주관적 평가기준을 중시할 수도 있다.

(4) 각각의 평가기준의 중요성은 다르다.

소비자는 여러 개의 평가기준을 고려하지만 평가기준의 중요성은 다르다. 가성비를 중요하게 생각하는 소비자는 가격과 성능이 중요하겠지만, 제품이 주는 즐거움을 중요하게 고려하는 소비자는 그 제품을 통하여 얼마나 많은 쾌락을 경험할 수 있는가가 중요할 것이다.

(5) 평가기준의 수는 제품에 따라 다양하다.

가격이 비싸고 관여도가 높고 일생동안 구매할 기회가 몇 번 되지 않는 집이나 자동차 같은 내구재의 경우는 상대적으로 많은 평가기준을 고려하지만 편의품이나 일상적으로 자주 사용하는 관여도가 낮은 제품의 경우는 평가기준의 수가 적다. 일반적으로 소비자의사결정을 할 때 고려되는 평가기준의 수는 6개 이하인 경우가 대부분이다.

2) 대안평가 방법

(1) 비보상적 결정원칙

비보상적 결정원칙은 한 평가기준에서의 약점이 다른 평가기준에서의 강점에 의하여 보완이 되지 않는 평가방식이다. <표 3-3>은 소비자가 스마트밴드를 구매할 때 평가기준과 평가기준의 중요도, 4종류의 브랜드에 대한 가상적 평가점수가 제시되어 있다. 중요도와 평가점수는 최하 1점에서 최고 5점까지 표시한 것이다.

〈표 3-3〉 스마트밴드의 가상적인 속성점수표

평가기준	중요도	상표			
		A스마트밴드	B스마트밴드	C스마트밴드	D스마트밴드
가격	5	4	5	3	5
칼로리 소모량 측정정확도	4	5	3	5	2
운동거리 측정정확도	3	1	2	4	5
배터리 사용시간	2	3	3	4	5
배터리 충전시간	1	2	4	3	3

① 사전편찬식

사전편찬식은 소비자가 가장 중요하게 고려하는 평가기준에서 가장 높은 점수를 받은 상표를 선택하는 것으로, 이때 최상의 상표가 2개이면 두 번째로 중요하게 고려하는 평가기준으로 선택한다. <표 3-3>의 경우 가격이 가장 중요한 평가기준인데 B와 D 스마트밴드가 선정되고, 두 번째로 중요하게 생각하는 칼로리 소모량 측정정확도에서 B스마트밴드가 C보다 높은 점수를 받아 최종적으로 소비자는 B스마트밴드를 선택할 것이다.

② 순차제거식

순차제거식은 중요한 속성에서 높게 평가되지 못한 대안들을 줄이기 위해 소비자가 고려하는 모든 속성에 대해 수용기준을 설정하고 수용기준을 만족시키지 못하는 상표를 순차적으로 제거하고 끝까지 살아남는 상표를 선택한다. <표 3-3>에서 소비자가 수용기준을 각 속성에 대하여 3점 이상으로 한다면 칼로리 소모량 측정정확도에서 D스마트밴드가, 운동거리 측정 정확도에서 A와 B스마트밴드가, 배터리 충전시간에서 A스마트밴드가 제거되어 소비자는 결국 C스마트밴드를 선택하게 될 것이다.

③ 결합식

결합식은 소비자가 상표를 수용하기 위한 최소한의 기준을 모든 속성에 대하여 마련하고 각 상표별로 모든 속성이 최소한의 수용기준을 만족시키는가에 따라 평가한다. <표 3-3>에서 소비자가 각 속성에 대한 수용기준을 3점으로 둔다면 A스마트밴드는 운동거리 측정정확도와 배터리 충전시간에서, B스마트밴드는 운동거리 측정정확도에서, D스마트밴드는 칼로리 소모량 측정정확도에서 수용기준에 못 미치므로 C스마트밴드를 선택하게 될 것이다.

(2) 보상적 결정원칙

보상적 결정원칙은 어떤 상표의 속성에는 약점과 강점이 함께 있기 때문에 이를 종합적으로 평가하는 것이다. 이 방법은 각 속성의 중요도에다 각 속성의 평가치를 곱한 각 속성의 값을 모두 합한 값이 가장 큰 상표를 선택하게 된다. <표 3-3>의 경우는 다음과 같이 계산한 결과 D스마트밴드가 61점으로 가장 높기 때문에 이 제품을 선택하는 것이 최상이 된다.

예) A스마트밴드 = 5×4 + 4×5 + 3×1 + 2×3 + 1×2 = 51
B스마트밴드 = 5×5 + 4×3 + 3×2 + 2×3 + 1×4 = 53
C스마트밴드 = 5×3 + 4×5 + 3×4 + 2×4 + 1×3 = 58
D스마트밴드 = 5×5 + 4×2 + 3×5 + 2×5 + 1×3 = 61

3. 구매와 구매후 행동

1) 구매행동의 유형

〈표 3-4〉 소비자 구매행동의 유형

	고관여	저관여
최초 구매	복잡한 의사결정	다양성 추구
반복 구매	브랜드 충성도	관성적 구매

출처: 이학식 외(2015),p112

① 복잡한 의사결정

관여도가 높고 새로운 제품을 처음으로 구매하는 것으로 포괄적 문제해결을 의미한다. 브랜드 대안들에 대한 정보를 충분하게 탐색하고 다양한 평가기준에 의하여 상세하게 비교하고 평가한 후에 가장 선호하는 브랜드를 구매한다.

② 브랜드 충성도

고관여 소비자가 자신이 구매한 브랜드에 만족하면 그 브랜드에 대하여 호의적인 태도를 형성하게 되고 동일한 브랜드를 반복해서 구매하게 된다. 이러한 현상을 브랜드 충성도라고 한다. 브랜드 충성도에 의한 구매는 대안평가와 신념 형성이라는 인지적 과정을 생략한다.

③ 다양성 추구

관여도가 낮은 제품의 경우 과거에 구매한 브랜드에 싫증이 나거나 새로운 브랜드에 대한 관심이나 호기심 때문에 다양한 브랜드를 구매하는 것이다.

④ 관성적 구매

제품을 사용해 본 경험이 많은 저관여소비자가 복잡한 의사결정을 피하기 위해 동일한 브랜드를 반복 구매하는 것이다. 관성적 구매는 브랜드 충성도와 나타나는 현상은 같으나 단지 구매노력을 덜하기 위한 것이라는 점에서 가식적 충성도라고 할 수 있다.

2) 구매후 행동

(1) 소비자 만족과 불만족

① 기대와 지각된 제품성과의 비교

구매 후 만족과 불만족은 제품에 대한 기대수준과 제품성과의 차이인 불일치 정도에 의해 결정된다. 만족은 성과가 기대수준보다 높을 때 나타나며, 소비자가 동일한 상표를 재구매할 가능성을 더 크게 함으로써 그 상표에 대한 긍정적인 태도를 강화한다. 그러나 불만족은 소비자의 기대가 충족되지 못하였을 때 나타나고, 부정적인 상표태도를 형성하게 하며 동일한 상표를 다시 구입할 가능성을 줄인다.

② 구매후 부조화

소비자가 특정 상표를 구매한 뒤에 느끼는 심리적 불안을 구매후 부조화라하는데, 구매후 부조화가 감소되면 만족하게 되고 증가하면 불만족하게 된다.

③ 귀인과정

소비자가 구매한 제품에 대하여 만족하거나 불만족하게 되면 의식적이든 무의식적이든 그 원인을 인과적으로 추론하는 것이다. 일반적으로 결과의 원인을 소비자가 자신의 탓으로 돌리는 내적 귀인과 제조업자나 판매업자에게 돌리는 외적 귀인으로 구분할 수 있다.

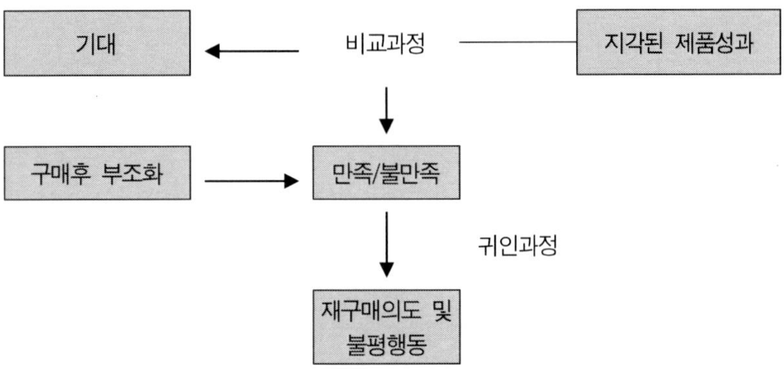

출처: 이학식 외(2015),p112

〈그림 3-3〉 구매후 행동과정

(2) 소비자 불만호소행동

소비자는 구매행동에서 불만족하게 되면 다양한 형태의 불만호소행동을 한다. <그림 3-4>에는 소비자 불만호소행동의 유형이 무행동, 사적 행동 및 공적 행동으로 나누어서 제시되어 있다.

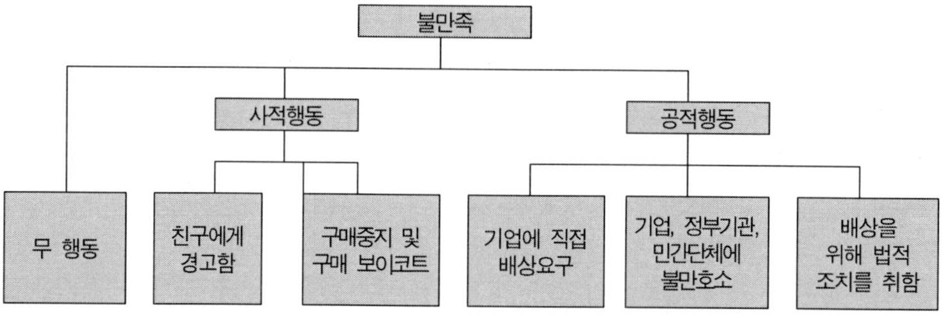

출처: Bearden & Teel(1983), p112

〈그림 3-4〉 소비자 불만호소행동의 유형

(3) 처분행동

처분행동이란 제품을 통한 욕구를 충족시킨 후의 처리행동(Nicocia, 1976)이며 소비자들이 구매한 제품을 처리하는 방법은 <그림 3-5>와 같이 다양하다(Jacoby et al. 1977). 환경문제가 심각해지면서 소비자의 처분행동이 중요한 사회문제가 되었다.

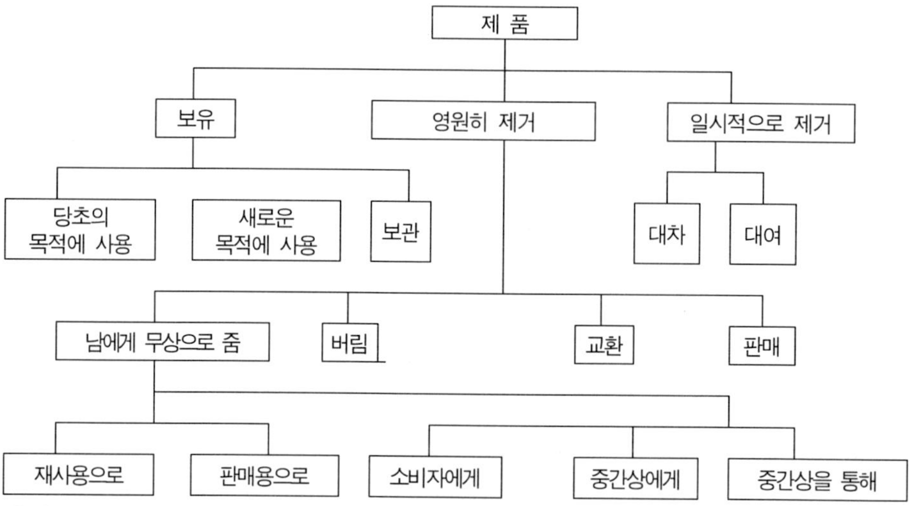

출처: Jacoby et al(1977), p112

〈그림 3-5〉 제품의 처분 대안

Chapter 4

초연결사회와 소비자정보

디지털로 인해 세상의 가치가 물질에서 정보로 이동되었고, 인터넷으로 정보를 연결하면서 구글, 알리바바와 같은 혁신적 비즈니스와 서비스가 만들어졌다. 그 후로도 유무선통신과 센서, 스마트 기기 등이 비약적으로 발전하였고 마침내 시공간을 초월하여 세상의 만물을 촘촘히 연결하는 초연결시대가 되었다. 4차 산업혁명을 촉발시킨 초연결은 연결의 수적 의미를 넘어 새로운 가치를 창출하면서 사회, 경제, 문화 등 다양한 면에서 커다란 변화를 초래하고 있다. 물리적 환경과 사이버환경을 서로 연결한 사이버물리시스템(Cyber-physical System)은 생산공정에서 시작되었지만 지금은 교통, 물류, 에너지, 환경, 보건 등 사회의 모든 부문에서 스마트의 핵심이 되고 있다(사공호상, 2018).

1. 초연결사회의 특성

초연결사회는 다음과 같은 특성을 가진다(김기옥, 김난도, 이승신, 황혜성, 2015).

1) 초연결사회의 연결성

① Internet of People(IoP)의 확대

사회구성원들 간의 의사소통이 기술을 매개로 극대화된 상태

② Internet of Thing(IoT)의 발전

인간의 개입이 없거나 최소화된 상태에서 사물간의 통신이 이루어지는 네트워크 환경

2) 초연결사회의 가치

① 가치창출의 근원

인간의 창의력으로부터 창출되는 무한한 가능성의 사회이므로 가치창출의 근원이 자본에서 뇌본(腦本)으로 바뀌고 있다.

② 가치창출의 한계

정보와 지식은 나눌수록 가치가 커진다는 점에서 가치창출의 한계가 유한에서 무한으로 바뀌고 있다.

③ 가치의 흐름

정보와 지식은 보유가 아니고 활용을 통하여 고부가가치가 창출되고 흘러가는 정보를 집어내는 능력이 중요하기 때문에 가치의 흐름이 저량에서 유동으로 변화하고 있다.

3) 초연결사회의 질서

① 시공의 제약에서 초월로

초연결사회는 물질과 공간과 시간을 초월하는 새로운 시공질서를 탄생시켰다.

② 뉴턴역학에서 양자역학으로

초연결사회는 뉴톤역학이 지배하는 결정론과 인과론의 세계에서 양자역학의 불확정성의 원리가 지배하는 예측불능의 복잡계로 모든 사물이 비선형적으로 불규칙하게 움직인다.

③ 생존논리

초연결사회는 정보와 지식은 합치고 나눌수록 더 커지는 역설의 세계이므로 대립과 투쟁에서 융합과 포용으로 생존논리가 바뀐다.

4) 산업사회와 초연결사회의 비교

〈표 4-1〉 산업사회와 초연결사회의 비교

	산업사회	초연결사회
경제	상품의 경제	관심의 경제
공간	real space	cyber space
거래대상	상품	정보
가치창출의 근원	자본	뇌본
가치창출의 한계	유한	무한
가치의 흐름	저량	유동
시공	제약	초월
지배 역학	뉴톤역학	양자역학
생존논리	대립과 투쟁	융합과 포용
주된 소유양식	사적 소유	공적 소유
자산	상품	관심
거래의 목적	욕망	관심
무한한 것	욕망	정보
희소한 것	상품	관심

박지웅(2018)과 김기옥 등(2015)을 참고로 하여 저자가 작성

2. 소비자정보의 디지털화

1) 디지털 소비자정보의 의의

(1) 디지털 소비자정보의 특성

- 디지털 소비자정보는 지속성을 갖는다.
- 디지털 소비자정보는 형태와 존재방식이 다양하고 유연하다.
- 디지털 소비자정보는 네트워크를 통해 소비자능력이 결합될 수 있는 연결성과 연계성을 갖는다.
- 정보처리비용이 획기적으로 감소하여 디지털 소비자정보의 순환성과 소통성이 증가한다.
- 디지털 소비자정보는 시간과 공간을 자유롭게 이동할 수 있다.

(2) 소비자주권의 실현

공급자와 대등한 수준의 디지털 소비자정보를 소비자가 거의 비용을 지불하지 않고 보유하게 되면 다음과 같은 긍정적 효과가 나타난다.

- 시장의 효율성이 높아져 경제시스템의 효율화가 달성된다.
- 소비자는 자신의 취향에 맞는 공급자를 선택하게 되고, 공급자는 이윤을 낮추고 소비자에게 유리한 가격을 제시하여 가격이 낮아지는 효과가 있다.
- 진입장벽을 낮추어서 완전시장에 근접할 수 있다.
- 시장의 주도권이 소비자중심으로 전환되어 소비자주권이 실현된다.

(3) 스마트 디바이드

① 디지털 디바이드 (정보격차)

정보격차는 정보접근과 정보이용이 가능한 사람과 그렇지 못한 사람 사이에 경제적 사회적 격차가 심화되는 현상을 의미한다. 정보접근은 새로운 정보기술에 접근할 수 있는 여건을, 정보이용은 정보기술을 통해 원하는 정보를 획득, 가공, 처리해 새로운 부가가치를 창출할 수 있는 환경을 의미한다.

중산층 이상 가정의 자녀들은 인터넷 환경에 노출돼 있는 반면, 저소득층 가정에서는 인터넷을 배울 기회가 부족하기 때문에 정보격차는 소득, 교육, 지역에 따라 점점 심화되고 있다. 정보사회가 고도화됨에 따라 지식과 정보의 장악에 있어 선진국과 후진국간, 사회 주류와 소외계층간 격차는 더 커지고, 권력의 편중현상은 심화되고 있다. 우리나라에서도 이러한 문제를 해결하기 위해 정보격차해소에 관한 법률이 2001년 제정되었으며, 정보격차해소를 위한 전담기관으로 한국정보문화진흥원이 설립되었다(시사상식사전, pmg 지식엔진연구소).

② 스마트 디바이드

디지털 디바이드에서 파생된 용어인 스마트 디바이드는 스마트폰 등 스마트 기기를 적극적으로 활용해 정보를 빠르게 습득하는 사람과 그러지 못하는 사람 사이에 발생하는 정보 활용의 격차를 의미한다. 스마트 기기의 보유 여부뿐만 아니라 스마트 기기의 활용정도까지 포함되는 스마트 디바이드로 인해 기존에 정보격차를 겪던 사람이 모바일기기나 SNS활용에서 뒤처지면서 이중 격차로 인해 사회적으로 완전히 배제될 가능성이 높아지고 있다(박영민과 남기범, 2016).

2) 가짜뉴스의 확산

가짜뉴스는 2016년 미국 대통령 선거를 기점으로 페이크 뉴스(fake news)가 관심사로 떠오르면서 주목받기 시작했다. 대부분 국내 언론은 ‘fake’를 ‘가짜’라고 번역하여 표기하면서 이 개념을 다루기 시작했다. 미국 대선에서 가짜뉴스는 실질적인 파괴력을 보여주었다. 미국의 주류 언론들이 도널드 트럼프 당시 후보에 대해 융단폭격에 가까운 비판 보도를 쏟아냈지만, 트럼프는 자신의 지지층을 결집시키는 극단주의 전략을 통해 대통령에 당선되었다. 이 과정에서 힐러리 클린턴을 공격하는 가짜뉴스가 양산되어 주류 언론의 비판 보도를 흐리게 만들었다.

(1) 가짜뉴스와 유사 개념

① 풍자적 가짜뉴스

풍자적 가짜뉴스는 정치의 진지함을 벗기고 사실을 유머와 함께 변형시켜 논의하는 정치담론의 한 양식으로 주로 텔레비전 프로그램을 중심으로 발전되어 왔다.

② 소문 또는 루머

소문 또는 루머는 사람들 사이에 확산된 정보로서 그 진위여부가 확인되지 않은 진술이다.

③ 오보

오보는 언론보도의 포괄적인 실수를 의미하며, 넓은 의미에서 오보는 보도내용이 다루는 사실이 왜곡된 것으로서 잘못된 정보의 범주에 들어간다.

④ 협의의 가짜뉴스

가짜뉴스 사이트들은 가짜라는 것을 공개하지 않고 언론의 외양(보도형식 등)을 빌려와 위조된 기사를 만든다.

- 상업적 또는 정치적 목적에서 타자를 속이려는 의도가 담긴 정보
- 수용자가 허구임을 오인하도록 언론보도의 양식을 띤 정보
- 사실검증이라는 저널리즘의 기능이 배제된 가운데 검증된 사실처럼 허위포장한 정보

(2) 가짜뉴스 관련 규제

① 언론중재법

정보통신망에서 인격권을 침해했을 경우, 그 주체가 언론매체냐 아니냐에 따라 적용되는 규율이 달라진다. 언론의 지위를 갖는 매체의 경우, 보도한 내용이 기만적 의도를 갖고 사실을 왜곡했더라도 보도 또는 매체발간물로서의 공적 속성을 인정받는다. 따라서 언론중재법에 의한 분쟁조정기구와 민사형법 상의 책임의 대상이 된다.

언론중재법은 “사실적 주장에 관한 언론보도 등이 진실하지 아니함으로 인하여

피해를 입은 자는 해당 언론보도 등이 있음을 안 날부터 3개월 이내에 언론사, 인터넷뉴스서비스사업자 및 인터넷 멀티미디어 방송사업자에게 그 언론보도 등의 내용에 관한 정정보도를 청구할 수 있다"(14조)고 명시하고 있다.

② 정보통신망법

언론이 아닌 자가 생산한 가짜뉴스로 인해 피해가 발생할 경우 정보통신망법의 제재를 받는다. 정보통신망법 제70조 제2항은 "사람을 비방할 목적으로 정보통신망을 통하여 공공연하게 거짓의 사실을 드러내어 다른 사람의 명예를 훼손한 자는 7년 이하의 징역, 10년 이하의 자격정지 또는 5천만원 이하의 벌금에 처한다"고 규정하고 있다. 덧붙여 동조 제1항은 "사실을 드러내어" 명예를 훼손한 자까지도 처벌을 규정하고 있다.

③ 공직선거법

언론중재법과 정보통신망법에 중첩해 정치인과 연관된 가짜뉴스의 경우 공직선거법을 통해서도 규제가 된다. 공직선거법 제250조 제1항은 "당선되거나 되게 할 목적으로 연설 · 방송 · 신문 · 통신 · 잡지 · 벽보 · 선전문서 기타의 방법으로 후보자에게 유리"하게 "허위의 사실을 공표한 자"에 대해 "5년 이하의 징역 또는 3천만원 이하의 벌금에 처하도록"하고 있다. 덧붙여 동법 제251조은 "사실을 적시하여" 공표한 자까지 처벌을 규정하고 있다. 다만, 형법의 명예훼손죄와 마찬가지로 "진실한 사실로서 공공의 이익에 관한" 사실을 밝힌 경우에 대해서만 예외를 두고 있다(황용석과 권오성, 2017).

3) 온라인 맞춤형 광고의 행태정보 규제

(1) 행태정보의 개념

방송통신위원회의 「온라인 맞춤형 광고 개인정보보호 가이드라인」에서는 행태정보를 "웹 사이트 방문 이력, 앱 사용 이력, 구매 및 검색 이력 등 이용자의 관심, 흥미, 기호 및 성향 등을 파악하고 분석할 수 있는 온라인상의 이용자 활동정보 "로 정의하였다.

행태정보의 예로는 대표적으로 '쿠키(cookies)'가 있다. 쿠키란 웹사이트의 서버가 컴퓨터의 웹 브라우저에 위치시키는 작은 텍스트파일을 말한다. 쿠키는 컴퓨터 이용자의 브라우징 활동에 대한 정보를 다시 웹사이트의 서버로 전송하는데, 이에는 이용한 페이지 및 콘텐츠, 방문 시간 및 기간, 검색 엔진에 입력된 검색어, 컴퓨터 이용자의 광고 클릭 여부와 같은 정보가 포함된다. 쿠키는 이용자가 인터넷을 보다 편리하게 이용할 수 있게끔 도와주며, 특정 개인과 관련된 데이터를 유지하는데도 사용될 수 있다. 예를 들어, 특정 웹사이트에 접속한 후 다시 재방문 하는 경우, 그 접속 속도를 향상시켜주거나 ID와 비밀번호 등의 로그인 정보를 기억해두어 자동으로 제공해준다. 또한, 온라인 쇼핑몰에서 장바구니에 담아만 두고 구매하지 않았던 상품을 재방문 시까지 그대로 장바구니에 보존해주는 기능도 한다. 일반적으로 쿠키에는 웹사이트의 이름, 쿠키의 이름과 존속기간, 쿠키 값에 대한 정보가 포함되는데, 특히 쿠키 값에는 인터넷 이용자의 성명, 웹사이트에 사용한 이메일 주소나 전화번호, 주민등록번호, 신용카드번호, IP주소, 방문의 횟수, 시간, 기간, 장바구니, 이전에 방문한 다른 웹사이트의 리스트와 같은 정보들이 저장된다(강태욱, 2016). 행태정보의 대표적인 예인 쿠키조차도 개인정보에 해당하는지 여부에 대하여 논의가 진행 중이다. 과거에는 쿠키가 웹 사이트를 보다 편리하게 이용하도록 하는 단순 파일에 불과하였지만, 빅 데이터 시대를 맞아 다양한 정보와 연결되어 개인을 식별할 수도 있게 되면서 개인정보 규제 대상의 포함 여부에 대한 논쟁이 생겼기 때문이다. 사회적으로 쿠키정보의 활용이 활발히 이루어지고 이에 대한 규제 논의도 대두되면서 행태정보 규제 현황과 시사점에 대한 분석은 더욱 중요해졌다(정수연, 2018).

(2) Do Not Track(DNT)

Do Not Track(DNT)은 웹사이트와 광고 네트워크 사업자에게 이용자를 추적하지 말라는 메시지를 요청할 수 있는 웹 브라우저 설정이다. Do Not Track은 이용자가 그들이 방문하지 않은 웹사이트(또는 분석 서비스, 광고 네트워크 사업자)에 의하여 추적되는 것을 사후규제(Opt-out) 할 수 있게 해주는 기술적 · 정책적 방안이라는 점에서 중요한 의미가 있다.

(3) 우리나라의 규제

① 정보통신망법 및 개인정보보호법

정보통신망법은 제27조의 2에서 “정보통신서비스 제공자 등은 이용자의 개인정보를 취급하는 경우에는 개인정보 취급방침을 정하여 이용자가 언제든지 쉽게 확인할 수 있도록 대통령령으로 정하는 방법에 따라 공개하여야 한다.”고 규정하며 개인정보 취급방침에 포함되어야 하는 사항들을 열거하고 있다. 그 중 제6호에 기재되어 있는 “인터넷 접속정보파일 등 개인정보를 자동으로 수집하는 장치의 설치 · 운영 및 그 거부에 관한 사항”이 바로 쿠키와 관련된 규제라고 볼 수 있다.

개인정보보호법 제30조에서도 “개인정보처리자는 다음 각 호의 사항이 포함된 개인정보의 처리 방침을 정하여야 한다.”고 규정하고, 마찬가지로 제7호에서 “인터넷 접속정보파일 등 개인정보를 자동으로 수집하는 장치의 설치 · 운영 및 그 거부에 관한 사항”을 두어 쿠키를 개인정보 처리방침의 적용 대상에 포함시키고 있다.

② 온라인 맞춤형 광고 개인정보보호 가이드라인

광고 사업자가 개인정보보호를 위해 준수해야 할 4가지 원칙을 제시하고 있다.

- 행태정보 수집 · 이용의 투명성

  광고 사업자 또는 매체 사업자는 이용자가 온라인상에서 자신의 행태정보가 수집 · 이용되고 있다는 사실 등을 언제든지 쉽게 확인할 수 있도록 온라인 맞춤형 광고와 관련된 사항을 상세히 안내하여야 한다. 광고 사업자는 온라인 맞춤형 광고에 필요한 범위에서 최소한의 행태정보를 수집하여야 하고, 행태정보를 개인 식별정보와 결합하여 사용할 경우 이용자에게 사전 동의를 획득하여야 한다.

- 이용자의 통제권 보장

  광고 사업자는 이용자가 행태정보의 제공 및 맞춤형 광고 수신 여부를 선택할 수 있는 통제수단과 이용방법을 제공하여야 한다.

- 행태정보의 안전성 확보

  광고 사업자는 행태정보를 유 · 노출, 부정사용 등의 위험으로부터 보호하기 위하여 기술적 · 관리적 보호조치를 취하여야 한다.

- 인식확산 및 피해구제 강화

  광고 사업자는 이용자나 광고주 등에게 온라인 맞춤형 광고와 행태정보 보호 등에 관한 사항을 적극적으로 안내하여야 한다. 광고 사업자는 온라인 맞춤형 광고로 인한 이용자의 문의와 개인정보 침해 관련 요구를 처리하기 위한 피해구제 기능을 운영하여야 한다.

③ 개인정보 비식별 조치 가이드라인

행태정보를 개인과 관련된 개인정보이기는 하나 그 자체로서 개인 식별성을 가지기 보다는 다른 정보와 쉽게 결합되는 경우에 개인을 식별하는 것이 가능한 정보로 판단하고 있는 것으로 보인다. 또한, 이러한 행태정보는 비식별 조치만 적절히 이루어진다면 정보주체의 동의 없이도 이용이 가능하다는 점을 표명했다.

3. 전자상거래 관련 소비자정보

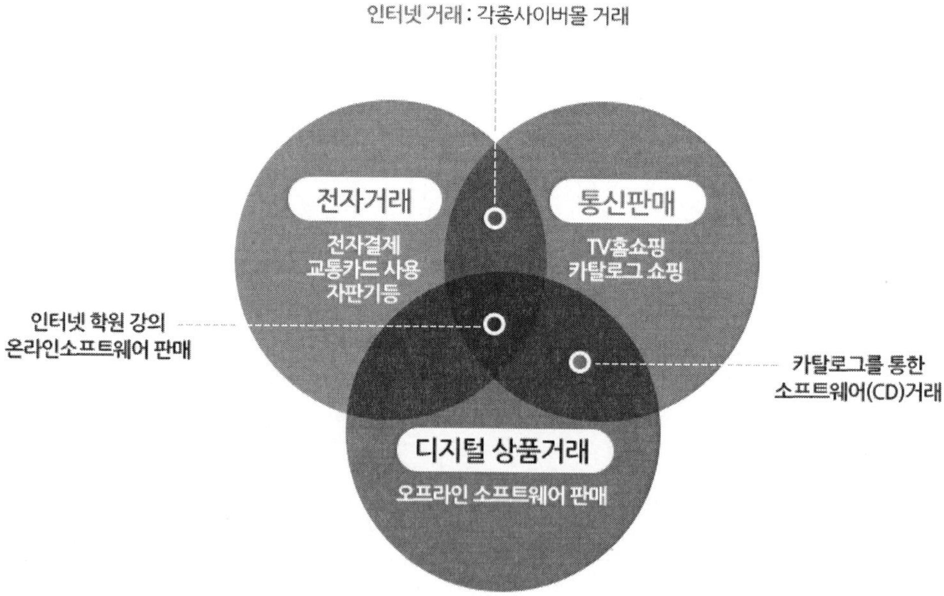

출처: 서울시전자상거래센터

〈그림 4-1〉 다양한 특수거래

1) 구매안전서비스

전자상거래 등에서의 소비자보호에 관한 법률에 의하면 구매안전서비스는 소비자가 결제대금예치의 이용 또는 통신판매업자의 소비자피해보상보험계약 등의 체결을 선택하는 경우, 사기성 거래 등으로부터 소비자의 구매안전을 보장해주는 서비스이다. 통신판매업자는 소비자가 결제대금예치 등 구매안전서비스 이용을 선택할 수 있도록 구매안전서비스를 제공하는 금융기관 등과 관련 계약을 의무적으로 체결해야 한다. 에스크로 사업자 또는 보험사에 따라 약간의 차이는 있으나 일반적으로 거래금액의 0.2%~0.4% 금액 수준의 수수료를 통신판매업자는 부담한다.

그러나 다음과 같은 경우에는 구매안전서비스를 적용하지 않는다.

- 신용카드로 구매하는 거래나 배송이 필요하지 않은 재화 등을 구매하는 거래(예:인터넷 게임, 인터넷 학원 수강 등)와 분할되어 공급되는 재화 등을 구매하는 거래
- 국가기관 및 지방자치단체
- 공공기관의 운영에 관한 법률에 따른 공공기관
- 특별법에 의하여 공익적 목적으로 설립된 법인
- 초중등교육법 및 고등교육법 기타 다른 법률에 의하여 설치된 각급 학교

(1) 결제대금예치(ESCROW)

소비자가 물품을 구입 시 결제대금이 판매자에게 직접 입금되지 않고, 공신력있는 제3기관이 예치하고 있다가, 배송이 완료되고 소비자가 구매확인을 한 후에 판매자에게 입금이 되는 제도이다. 결제대금예치제도 절차는 <그림 4->에 제시되어 있다.

(2) 소비자보상보험(전자상거래(쇼핑몰)보증보험)

인터넷 쇼핑몰에서 상품을 구매하는 소비자가 대금을 지불하고 상품을 인도받지 못하거나, 반품사유에 해당하여 반품을 요청하였음에도 불구하고 쇼핑몰업체가 상품대금을 환불하지 않는 경우 소비자가 반환해야 할 상품대금에 대해 보증하는 보험

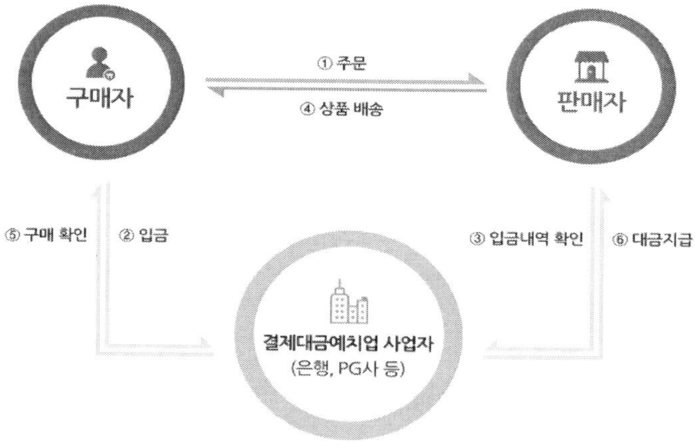

출처: 서울시전자상거래센터

〈그림 4-2〉 결제금예치제도 절차

(3) 채무지급보증

은행이 배송 상품에 대한 지급보증을 서는 계약

2) 안전한 전자상거래를 위한 Tip

(1) 구매전

- 현금으로 결제하는 경우 피해발생 시 환급이 어려울 수 있으니 가능하면 카드로 결제한다. 신용카드 결제 시 수수료 부과, 할인제외 등 현금결제를 유도하거나 신용카드 결제에 불이익을 주는 것은 불법이다.
- 쇼핑몰 연락처가 결번은 아닌지, 게시판에 판매자가 성실하게 답변을 주고 있는지 확인한다. 거래나 가격조건에 관한 정보를 비밀댓글, 쪽지, DM 등으로 문의하게 하는 것은 탈세 등 불법적인 거래 가능성이 있으므로 주의한다.
- 쇼핑몰에 공개된 사업자정보를 확인하고 해당 마켓의 연락두절 · 폐업 · 폐쇄를 대비해 사업자 정보를 보관한다.
  (공정위 홈페이지(http://ftc.go.kr/info/bizinfo/communicationList.jsp)에서 가능
- 서울시전자상거래센터에서 제공하는 쇼핑몰 정보(서울시 등록업체), 피해다발업체 등록 여부를 확인한다.

(2) 구매후

① 주문 상세페이지 보관

- 주문 후 상품정보 미흡 · 오기 · 정보 변경 등으로 인한 분쟁이 발생하는 경우에 대비하여 주문 당시 상세페이지를 사진자료로 보관

② 배송누락

- 주문한 제품의 수량이 맞게 배송되었는지 확인하여 만약 누락된 제품이 있다면 빠른 시간 안에 판매자에게 알리고, 추후 분쟁을 대비하여 운송장과 포장지(비닐, 박스)를 버리지 말고 보관

③ 오배송과 파손

- 태그tag를 제거하기 전 정상적인 제품이 배송되었는지 사이즈, 색상, 하자 여부 등을 꼼꼼히 확인하여 하자, 파손 등 훼손된 부분이 있다면 사진자료를 확보하여 판매자에게 알림(원천적인 하자가 아닌 오염, 스크래치 등 2차적인 훼손으로 인한 분쟁 시 태그가 제거 되었다면 판매자가 소비자의 부주의로 인한 훼손을 주장하며 처리를 거부하는 경우가 있음)
- 조립가구 구매 시 제품을 수령하면 조립 전 구성품이 모두 포함되었는지, 스크래치, 파손 등이 없는지 꼼꼼히 확인

④ 청약철회

- 판매자와 전화 연락이 되지 않는다면 7일 이내 요청하였다는 입증이 가능하도록 쇼핑몰 게시판을 통해 처리를 요청하고, 만약 쇼핑몰 게시판에 날짜가 표기되지 않는다면 판매자의 이메일로 요청하고 필요한 경우 요청 사실에 대해 사진자료로 확보.
- [7일 이내]의 기산점: 민법 제157조 초일 불산입의 원칙에 따라 배송 받은 날은 산입하지 않음. 예를 들어 9월 1일에 제품을 수령하였다면 1일은 제외하고 7일째 되는 날인 9월 8일까지 단순 변심으로 인한 청약철회를 요청할 수 있음

⑤ 교환, 환불 규정 확인

- 공동구매, 1:1주문 등으로 환불을 제한하는 것은 불법.
- 제품이 표시 · 광고 또는 계약 내용과 다른 경우, 물품 수령 후 3개월 이내, 그 사실을 안 날로부터 30일 이내에 환불 가능.

⑥ 제품 반송

- 단순한 시착 만으로도 착용 흔적이 남을 수 있으므로 주의하여 시착하고 흰 옷 등과 같이 쉽게 오염될 수 있는 의류는 반송 전 제품 상태에 대해 사진자료 또는 동영상 확보. 예를 들어 향수 등 특정 냄새, 화장품 오염, 신발 밑창 오염, 시착으로 인한 주름이 있을 경우 재판매가 불가능하여 판매자가 처리를 거부하는 경우 있음
- 브랜드 제품의 경우 비닐 포장, 상자 등 포장 훼손으로 인해 판매자가 재판매 불가를 이유로 청약철회를 거부하여 분쟁이 발생되고 있으니 배송 받은 상태 그대로 포장하여 반송. 예를 들면 브랜드 상자 자체에 테이핑하거나 운송장을 부착하지 않도록 함
- 소비자는 반품 신청 후 빠른 시일 내로 업체로 제품을 반송하여야 하며 개인적인 사정, 택배사 수거지연으로 인해 반송이 지연된다면 판매자에게 반송 지연 사유를 알리고 양해를 구해야 함

⑦ 배송비 동봉

- 제품 반송 시 판매자의 안내에 따라 택배비를 동봉할 경우 종종 분실로 인한 분쟁이 발생하고 있어 가급적 판매자의 계좌로 입금하거나 환급 시 배송비 차감 후 처리하도록 요청

3) 해외구매관련 Tip

한국소비자원 국제거래 소비자포털에서는 다음과 같은 피해예방정보를 제공하고 있다.

- 상담사례
- 피해예방정보
- 사기의심사이트
- 국제거래동향
- 소비자상담 분석정보
- 해외소비자기관

(1) 해외구매 유형

① 직접배송(직구)

소비자가 해외사이트에서 직접 주문하고 국내로 배송 받는 방식

② 배송대행

소비자가 직접 구매한 제품을 현지 물류창고로 배송 받아 국내로 배송만 대신해 주는 서비스

③ 구매대행

주문부터 배송까지 대행해주는 서비스

(2) 해외구매 전 점검사항

① 해외구매가 가능한 품목인지 확인 (수입금지 여부 확인)

- 국내 수입이 금지된 상품이 포함된 제품 등 통관이 불가능한 제품의 경우, 수수료만 발생하고 물건을 받지 못할 수 있으므로 사전에 금지품목 및 제품성분을 확인.
- 해외제품의 특성(국내사용가능 여부 등)을 정확히 파악
- 전자제품은 국내에서 사용하는 전압, 주파수 등 규격 및 사이즈를 확인해보고

구매 결정.

- 의류나 신발의 경우 치수를 표시하는 단위나 기준이 국내와 다른 경우가 있으므로 꼭 비교한 후 구입

② 제품의 통관조건 및 그에 따라 발생하는 관세기준 따져보기

- 목록통관 대상제품은 물품가액이 미화 150달러(미국의 경우 200달러) 이하면 면세대상이고, 일반통관 제품의 경우 미화 150달러 이하일 때 면세대상이며, 목록통관 제외 제품이 한 품목이라도 포함돼 있는 경우, 전체가 일반통관이 적용되므로 주의해야 함.
- 현재 목록통관 허용품목이 대부분의 품목으로 확대되었으며, 물품을 구매하기 전 목록통관배제 대상여부를 꼭 확인.

③ 지속적인 A/S가 필요한 고가품은 신중히 구입

- 동일제품이라도 공식수입품과 품질보증, 고객서비스에 차이가 있을 수 있으므로 국제품질보증(World Warranty) 유무 확인.

④ 결제수단 점검

- 비자(VISA), 마스터(MASTER) 등의 로고가 있으면 해외 결제가 가능하지만, 일부 카드의 경우에는 제한이 있을 수 있기 때문에 결제 전 카드사와 해당 쇼핑몰 등을 통해 해외사용이 가능한지 확인.
- 결제수단으로 신용카드(뒷면참조), 체크카드, 결제대행(페이팔 등) 등이 있지만 반품 · 취소 시 지급정지를 요청할 수 있는 신용카드 이용이 유리.
- 특히 송금 등 현금거래를 유도하는 경우가 있는데 사기 등 문제가 발생했을 때 피해보상을 받기 어려울 수 있기 때문에 가급적 이용하지 않는 것이 좋고, 신용카드 결제라 하더라도 문제발생에 대비해 구매 및 결제내역을 캡처하는 등 증빙자료를 남김.

(3) 주요 피해유형

해외 결제(직구)	배송대행	구매대행
▸ 주문했던 상품과 다른 상품이 배송되거나 정품이 아닌 상품으로 배송 ▸ 해외 쇼핑몰에서 구입한 상품에 대해 해당 브랜드 국내 고객센터에서 수리(A/S)해주지 않는 경우 ▸ 의류의 경우 국내제품과 사이즈 기준이 다르거나 전자제품의 경우 전압, 주파수가 국내와 달라 발생하는 피해, 피해 보상제도 및 교환/환불 조건 (반품배송비 등)이 국내와 달라 발생하는 피해 ▸ 언어문제 등으로 인한 주문 취소나 반품/환불 어려움 ▸ 해외쇼핑몰 판매자와 연락두절	▸ 운송 중 상품이 분실되거나 파손되는 경우 ▸ 배송 대행 수수료 비용을 너무 과다하게 청구 ▸ 업체로부터 배송대행 수수료를 안내받은 후, 일정기간 동안 결제를 하지 않아 업체가 제품을 폐기처분하고 그 대금을 환급하지 않는 피해 ▸ 주문 시 실제 제품의 정확한 무게를 알 수 없어 예상 보다 배송비가 과다하게 청구되는 경우 ▸ 검수절차가 없는 배송대행업체 이용 시, 제품이 오배송되었거나 하자일 때 배송대행업체에 책임을 물을 수 없어 소비자가 직접 반품하면서 비용이 발생하는 경우(검수절차가 있는 배송대행업체의 경우 검수 시 오배송이나 하자가 발견되면 바로 반품처리) ▸ 향수나 화장품의 경우 성분에 따라 배송대행지 또는 배송대행업체마다 허용가능 여부가 다른데, 소비자가 정보를 사전에 알 수 없어 제품은 받지 못하고 대행수수료 및 반품수수료까지 부담해야 하는 경우	▸ 반품이나 환불을 요청할 때, 큰 금액의 수수료와 위약금을 요구하거나 미리 고지했던 내용과 다른 수수료를 요구 ▸ 해외배송을 이유로 배송을 지연하면서, 취소를 거부하거나 취소수수료를 요구하는 경우 ▸ 판매자와 연락 두절 ▸ 판매자가 해외구매대행을 이유로 주문취소나 반품/환불을 거부하는 경우 ▸ 구매대행 업체에서 단순히 구매만 대행해주는 것이라며 국내법 적용이 안되므로 청약철회를 거부하는 경우

출처: 서울시전자상거래센터

(4) 해외구매 피해예방 방법

① 해외 직접배송(직구)를 이용하는 경우

- 해외유명 브랜드 제품을 지나치게 싼 가격으로 판매하거나, 잘 알려지지 않은 쇼핑몰은 이용 자제.
- 가급적 구매는 대형 해외유명 인터넷 쇼핑몰을 이용.
- 피해보상제도 및 교환/환불조건이 국내와 다르기 때문에 미리 확인하고 구매.
- 해외 쇼핑몰은 국내법의 적용을 받지 않기 때문에 해당 쇼핑몰의 고객센터에 직접 문의해야 할 경우를 대비해 주문번호와 영문 이름 알아둠.

② 배송대행업체를 이용하는 경우

- 배송대행업체 이용 시 구매할 제품에 적합한 배송대행지 선택(동일 국가라

도 지역에 따라 세금기준이 다르기 때문에 구매할 제품의 특성에 맞게 부피, 무게, 세금, 서비스 등의 조건을 꼼꼼히 따져본 후 업체 선택)

- 배송대행업체를 통한 거래 시 운송 중 사고로 인한 제품누락, 파손 또는 분실 등과 관련해 분쟁이 발생할 수 있기 때문에 사전에 배송조건과 보상내용을 확인하고 이용.
- 제품 수령 후 박스포장 상태 등이 불량한 경우에는 개봉 과정을 촬영하여 오배송 또는 파손 등에 따른 분쟁 대비.

③ 구매대행업체를 이용하는 경우

- 해외배송 등을 이유로 주문취소, 반품, 환불이 되지 않는다고 안내하는 경우가 많이 있으나 국내소재의 구매대행은 국내법 적용(7일 이내 청약 철회 가능 등).
- 교환 및 반품, 환불규정을 사전에 고지하고 있는지 여부와 구매 당시의 배송비용과 차이가 있는지 등을 꼼꼼히 확인.
- 단순히 마음이 바뀌어 제품반환을 할 때 그 비용은 소비자가 부담하지만 이에 대해 위약금이나 손해배상을 청구할 수는 없으므로 반품 수수료에 대한 사항을 미리 고지하는지 확인.
- 배송이 지연되거나, 배송 중 파손 또는 분실 등과 같은 피해에 대한 보상 내용, 배송 조건 등을 확인.
- 인터넷 쇼핑몰 사업자 신고여부, 에스크로 또는 소비자피해보상보험 가입 여부확인하고 가급적 신용카드 할부결제를 이용.

④ 해외 결제 시 유의사항

결제 시 화폐단위를 확인하고 가급적이면 현지 통화로 결제한다. 원화(KRW)로 결제할 경우 이중환전에 의해 현지 통화로 결제할 때보다 불리한 환율로 청구되는 경우가 있기 때문이다. 신용카드의 경우 해외원화결제 사전차단을 카드회사 홈페이지에서 설정하거나 전화로 신청한다.

(5) 해외구매 피해 시 대처방법

- 해외 쇼핑몰의 경우 국내법 적용을 받지 않으므로 해당 쇼핑몰 고객센터로 직접 문의. 'Contact Us' 또는 'Help'메뉴에서 이메일, 라이브채팅, 유선전화 등을 통해 문의가능하며, 주문번호와 영문이름 미리 준비.
- 구매대행의 경우 해외배송 등을 이유로 주문취소, 반품, 환불이 되지 않는다고 안내하는 경우가 많이 있으나 국내소재의 구매대행은 국내법 적용(7일 이내 청약철회 가능 등)
- 구매대행이나 배송대행의 경우 국내소재의 쇼핑몰을 이용했다면 쇼핑몰에 직접 문의하고, 원만한 해결이 어려운 경우 소비자상담기관을 통해 피해구제 방법 등을 상담.

(6) 관/부가세환급방법

- 유니패스 [관세청전자통관시스템,http://portal.customs.go.kr/main.html]에서 신고인 부호 신청(제품 구매 시 개인통관고유부호와 다름)
- 관할 세관에 방문하여 신청자 본인이 맞는지 확인 후 신고인 부호 발급(신분증 지참)
- 유니패스 사이트에서 수출신고서 작성(작성시 문의 : 1544-1285) 작성 후 서류제출통보를 받으면 세관에 방문인 보이스, 패킹리스트, 수입신고 필증, 수출신고서, 판매자측 반품허가 서류, 사유서, 제품을 가지고 세관에 방문(현품검사)
- 수출신고 필증을 교부받은 후 DHL/EMS 등을 통해 제품 해외로 발송
- 유니패스 사이트에서 과오납 및 위약환급 신청서 작성. 작성 후 서류제출통보를 받으면 세관에 방문환급신청서, 통장사본, 수입신고필증, 수출신고 필증(수출신고서 제출 후 발급)을 환급 신청한 세관에 제출
- 세관에서 해당 물품이 외국무역선이나 항공기에 적재된 것을 확인하고 환급금 지급

4) 쇼핑몰정보

서울시에 신고 된 인터넷쇼핑몰의 사업자 정보와 소비자보호관련 정보이다. 사업자 정보에서는 대표자, 통신판매신고번호, 사업자등록번호, 소재지, 연락처 등을 포함한 사업자정보를 확인할 수 있다. 소비자보호관련 정보는 전자상거래에서 소비자 피해를 사전에 예방하기 위한 정보로 청약철회 관련, 결제방법, 이용약관, 구매안전서비스 실시 여부 등에 대한 사항이다. 쇼핑몰평가(★★★)는 법적(권고)사항에 대한 기준을 근거로 제공하는 정보이다. 쇼핑몰정보 제공을 위한 전체모니터링은 년 2회 실시된다. 중도에 변경사항이 있는 쇼핑몰은 업체정보를 수정할 수 있다.

〈표 4-2〉 서울시전자상거래센터 쇼핑몰 평가기준

구분	기준	등급
전체정보	14 ~ 15점	★★★
	10 ~ 13점	★★
	6 ~ 9점	★
	0 ~ 5점	☆
사업자정보표시	모두표시(9개)	★★★
	일부표시(6~8개)	★★
	일부표시(3~5개)	★
	표시미흡(0~2개)	☆
청약철회	청약철회 가능(소비자피해보상기준 제시)	★★★
	가능하나 일부품목 제외/기간축소	★
	청약 철회 안됨	☆
결제방법	현금, 신용카드 결제, 구매안전서비스 있음	★★★
	현금, 신용카드 결제, 구매안전서비스 있음	★
	현금 결제만 가능, 구매안전서비스 없음	☆
이용약관	표준약관	★★★
	자체약관	★
	약관없음	☆
개인정보보호	회원탈퇴 가능, 개인정보취급방침 있음	★★★
	회원탈퇴 가능, 개인정보취급방침 없음	★
	회원탈퇴 불가능, 개인정보취급방침 있음	★
	회원탈퇴 불가능, 개인정보취급방침 없음	☆

출처: 서울시전자상거래센터

★★★법적(권고) 사항준수 ★★일부준수 ★ 미흡 ☆ 미준수

5) 쇼핑몰평가100

본 조사는 순위사이트 정보를 기준으로 소비자 이용이 빈번한 100개의 인터넷쇼핑몰에 대한 이용평가 결과이다. 평가기준은 청약철회 가능 여부, 구매안전장치 제공 여부, 초기화면표시 필수항목 등 [전자상거래등에서의 소비자보호에 관한 법률]에서 요구하는 소비자보호평가 이행 여부 50점, 소비자서비스, 쇼핑의 편의성, 제품정보, 속도 등 실제 쇼핑몰을 이용한 소비자들의 이용만족평가 40점, 서울시전자상거래센터에 접수된 피해발생평가를 10점으로 해서 100점 기준으로 환산한 결과이다. 2014년부터 2018년까지 해마다 평가결과를 제시하고 있다. 2018년의 경우 피해발생평가는 2018년 기준이며, 소비자보호평가와 이용만족평가 조사기간은 11월 26일부터 12월 19일까지 3주간 실시했다.

Chapter 5

소비자 문제

1. 소비자문제의 원인과 특성

1) 소비자문제의 원인

(1) 소비자역할의 다양화

소비사회가 복잡해지고 다양해짐에 따라 소비자 역할도 더 세분화되고 다양해지면서 소비자문제의 중요한 원인의 하나가 되었다. 소비자는 다음과 같은 역할을 수행하고 있다(정순희, 2007).

① 구매자 역할

소비자는 생활자로서 자신이 생활하는데 필요한 여러 가지 재화와 서비스를 구매하는 역할을 수행하고 있다. 소비자는 자신이 필요한 상품이나 서비스를 합리적이고 효율적으로 구매하기 위하여 필요한 정보를 수집하고 선택함으로써 자신이나 가족의 욕구를 충족한다.

② 사용자 역할

소비자는 자원의 유용성, 접근 가능성, 대체 가능성 등을 인식하여 제품과 서비스를 효율적으로 사용해야 한다. 현대사회에서 소비재는 사용가치와 상징적 가치를 함께 가지고 있기 때문에 개인의 소비행위는 일종의 문화행위의 일부가 된다.

③ 배분자 역할

소비자는 소득 중에서 저축과 지출을 어느 정도로 할 것인가를 배분하고, 개인이나 가족의 가치관, 욕구, 라이프 스타일에 따라 다양한 지출비목에 배분하고 지출의 우선순위를 결정한다. 소비자는 또한 화폐자원 뿐 아니라 시간과 자신을 둘러싸고 있는 다양한 환경자원도 배분한다.

④ 처분자 역할

환경문제가 심각해지면서 더 이상 쓰지 않거나 쓸모가 없는 물건을 어떻게 처분할 것인가가 매우 중요한 소비자문제가 되었다. 소비자는 환경을 오염시키는 일회용품이나 플라스틱 등을 가능한 적게 사용하고 재활용하거나 다른 사람들과 나누어 사용함으로써 친환경적인 처분자 역할을 해야 한다.

⑤ 프로슈머 역할

생산자(producer)와 소비자(consumer)의 합성어인 프로슈머는 소셜미디어의 상호작용 가능성을 활용하여 소비자의 협업이나 집단지성을 이끌어 생산에 직접 관여할 수 있다. 프로슈머의 역할이 강해지면서 기업과 소비자의 관계에서 과거보다는 소비자의 힘이 강화되고 있다(김기옥, 김난도, 이승신, 황혜선, 2015).

(2) 소비자와 사업자의 비대등성

현대 경제구조에서 소비자와 사업자는 다음과 같은 면에서 대등하지 못한 관계를 가질 수밖에 없다는 점에서 가장 중요한 소비자문제의 원인이 되었다(권오승, 2005).

① 정보의 비대등성

소비자는 개인이 여러 가지 품목을 소량으로 소비생활을 위하여 구입하기 때문에 복잡한 생산과정을 거친 수많은 상품이나 서비스에 대한 정보를 사업자만큼 충분하게 가질 수 없다. 그러나 사업자는 소량의 품목을 대량으로 이윤을 얻기 위하여 생산하고 판매하기 때문에 소비자와는 비교할 수 없을 정도로 정확하고 많은 정보를 가지고 있다.

② 기술조작에서의 비대등성

생산자는 현대 과학기술의 발전에 따른 거대하고도 전문적인 기술조직을 가지고 있으나, 소비자는 생산자와는 비교도 될 수 없는 한국소비자원이나 소비자단체 등이 제공하는 평가나 비교시험 정보에 전적으로 의지하고 있다.

③ 조직력과 시장지배력에서의 비대등성

기업은 강력한 조직력과 시장지배력으로 소비자에게 불이익을 주는 행위를 하고 있다. 분산되어 있고 기업에 비하여 조직화하기가 어려운 소비자는 사업자에게 대항할 만한 힘을 갖지 못하고 있다.

④ 부담전가에서의 비대등성

사업자는 원가상승이나 임금상승과 같은 부담을 제품가격에 반영시켜 소비자에게 전가시킬 수 있으나, 거래 단계의 마지막에 있는 소비자는 부담을 전가할 수 없다.

2) 소비자문제의 특성

(1) 경제구조에 따른 특성

현대 자본주의 시장경제체제에서 소비자문제는 대량생산, 대량판매, 대량소비라는 현대 경제사회의 구조 때문에 발생하는 구조적 문제로, 다음과 같은 특성을 가지고 있다(권오승, 2005).

① 보편적 발생

극도로 세분화된 생산공정과 복잡해진 유통시스템에서 모든 제품을 개별적으로 검사할 수 없기 때문에 표본을 추출하여 검사하는 것이 일반화되고 있다. 그 결과 생산부터 유통의 어느 단계에서나 결함상품이 발생할 가능성이 있다.

② 피해의 광범위한 파급

대량생산과 대량판매 시스템에서 발생한 소비자문제는 광범위하게 파급된다. 특히 고도의 기술집약적인 과정에 의하여 생산된 상품의 경우 문제의 원인을 발견하기가 매우 어렵기 때문에 예방이 힘들고, 피해가 미치는 범위는 크게 확산된다. 예를 들면 생활필수품에 부당한 표시가 되어있거나 식품에 유해물질이 첨가된 경우에 피해는 전 국민에게 파급된다.

③ 피해원인 규명의 곤란성

오늘날의 상품과 서비스는 생산과 유통에서 여러 단계를 거칠 뿐만 아니라 생산과 유통의 각 단계마다 많은 사업자들과 관계를 맺고 있다. 따라서 소비자문제가 발생한 경우에 원인이 무엇이며, 어느 단계에서 발생했으며, 누가 책임을 져야하는지를 확정하기 어려운 경우가 많다.

④ 당사자간의 지위의 불평등성에 기인

소비자는 상품과 서비스에 대하여 정확한 정보를 가지고 있지 않고, 기술과 정보를 기업의 비밀로 독점하고 있는 기업과 대등하지 못한 상태에서 거래를 시작하게 된다. 소비자는 또한 자신이 원하는 가격이나 거래조건을 제시하고 교섭할 여지는 거의 없고, 기업이 제시하는 조건에 따를 수밖에 없다.

⑤ 피해의 심각성

소비자문제는 경제적인 피해에 그치는 경우도 있으나, 결함상품이나 유해식품 등의 경우는 소비자의 생명을 위협하거나 신체에 중대한 위해를 끼치는 경우도 있다. 의료사고, 교통사고, 위락시설의 안전사고, 호텔 등의 화재사고 등 서비스로 인한 피해도 심각하다.

⑥ 경제적 효율성 추구에 따른 문제 예방의 곤란성

사업자는 상품의 안전성이나 품질향상보다 경제적 효율성을 먼저 추구하는 경우가 있기 때문에 소비자문제를 예방하기 어려운 경우가 발생하게 된다.

(2) 사회경제적인 변화에 의한 특성

① 기술혁신에 따른 소비자 지식 및 정보의 진부화

상품과 서비스의 생산과 유통에 관한 기술혁신이 매우 빠르게 이루어짐에 따라 소비자는 새로운 상품의 품질과 사용에 관한 지식과 정보를 제때 정확하게 습득하기가 매우 어렵게 되었다. 그 결과 기존에 소비자가 가지고 있던 지식과 정보는 진부하게 되어 쓸모없게 되고, 불필요한 지식과 정보를 지나치게 보유하게 되면 정보과부하가 발생할 수 있다.

② 마케팅의 고도화와 복잡화

기술혁신과 대량생산 시스템은 과잉생산을 초래하게 되었고, 이를 해결하기 위해, 제품차별화, 시장세분화, 제품다양화, 신제품개발, 제품의 평균수명 단축 등과 같이 제품을 계획적으로 진부하게 만들고 폐기하려는 마케팅전략이 일반화되었다. 그 결과 허위 · 과장광고를 통한 부정 · 부당한 정보, 불공정한 판매, 과대포장, 자원낭비, 생활환경의 파괴, 인간소외, 광고와 현실의 차이 등으로 건전한 생활가치가 침해되었다.

③ 빈번한 신제품, 유행과 모델의 변경

기업은 상품수명주기(도입기, 성장기, 성숙기, 쇠퇴기)를 의도적으로 단축하거나, 과도한 모델의 변경, 제품의 계획적인 진부화 등으로 사용할 수 있는 제품을 사장시키고, 새로운 제품을 구입하도록 강요하고 있다. 상품수명주기를 단축하고 새로운 유행속성이 빠르게 접목된 의류를 싸게 구입할 수 있는 패스트패션 비즈니스모델은 세계적으로 환경불평등 현상을 야기했다(권경숙, 이규혜, 2018).

④ 디지털사회와 가짜정보의 확산

페이스북, 유튜브, 트위터, 카카오톡 등으로 대표되는 소셜 네트워크 서비스의 중요한 부작용의 하나로 가짜정보가 쉽게 생성되고 확산되어 소비자가 합리적이고 효율적으로 의사결정을 하는 것을 방해하고 있다. 특히 일반적인 정보보다는 뉴스의 형태를 더 공정하고 정확하다고 판단하는 소비자의 일반적인 통념을 이용하여 가짜뉴스의 형태로 제공되는 경우도 많아 사회적으로 큰 문제가 되고 있다.

⑤ 독과점과 불공정거래행위로 인한 소비자불이익의 증대

독과점과 불공정거래행위는 소비자가 자신이 원하는 상품이나 서비스를 자신이 원하는 가격으로 자유롭게 선택할 수 있는 권리를 제한하고, 독과점에 의하여 형성된 가격은 통상적으로 경쟁가격보다 높다.

2. 소비자문제의 유형

1) 광고 문제

광고는 호의적인 소비자반응을 통하여 다음과 같은 기업의 마케팅 기능을 수행하고 있다.

- 광고는 제품에 대한 인지도를 형성하게 한다.
- 광고는 제품정보를 제공한다.
- 광고는 자사제품을 경쟁사 제품과 차별화시킨다.
- 광고는 제품에 대한 선호도와 상표충성도를 높인다.

광고는 거시적인 면에서 다음과 같은 기능을 수행하고 있다.

① 소비자교육

광고는 상품광고를 통하여 소비자에게 새로운 정보를 제공하고, 공익광고를 통하여 사회적으로 바람직한 운동을 전개할 수 있다.

② 경제적 기능

광고는 유효수요를 창출하여 대량생산을 가능하게 하고 제품의 생산단가를 낮추어 물질적으로 풍요로운 사회를 만들 수 있다.

③ 오락적 기능

광고는 대중매체를 지원하여 언론기관을 유지하고 다양한 문화활동을 지원하여 많은 사람들이 저렴한 비용으로 즐길 수 있게 한다(안광호와 유창조, 2002).

그러나 기업이 제공하는 부당한 표시 · 광고는 소비자를 속이고 소비자로 하여금 비합리적이고 잘못된 선택을 하게 하여 경제적 손해를 당하게 하고 나아가 국민경제를 왜곡시키는 결과도 초래한다. 소비자를 속이거나 소비자로 하여금 잘못 알게 하는 부당한 표시 · 광고를 방지하고 소비자에게 바르고 유용한 정보의 제공을 촉진함으로써 공정한 거래질서를 확립하고 소비자를 보호하기 위하여 제정된 '표시 · 광고의 공정화에 관한 법률'은 다음과 같은 부당한 표시 · 광고 행위를 금지하고 있다.

- 거짓 · 과장의 표시 · 광고
  사실과 다르게 표시 · 광고하거나 사실을 지나치게 부풀린 표시 · 광고
- 기만적인 표시 · 광고
  사실을 은폐하거나 축소하는 등의 방법으로 하는 표시 · 광고
- 부당하게 비교하는 표시 · 광고
  비교 대상 및 기준을 분명하게 밝히지 않거나 객관적인 근거 없이 자기 또는 자기의 상품이나 용역을 다른 사업자 또는 사업자단체나 다른 사업등의 상품등과 비교하여 우량 또는 유리하다는 표시 · 광고
- 비방적인 표시 · 광고
  다른 사업자등 또는 다른 사업자등의 상품등에 관하여 객관적인 근거가 없는 내용으로 표시 · 광고하여 비방하거나 불리한 사실만을 비방한 표시 · 광고

2) 정보문제

정보문제는 다음과 같은 특성을 가지고 있다.

- 정확성 부족 : 정보를 생산 또는 제공하는 주체의 전문성과 신뢰성 부족

– 객관성 부족 : 독립적이고 객관적인 정보 부족
– 적시성 부족 : 최신의 정보를 적합한 시기에 제공하지 못함
– 포괄성 부족 : 시장 상황을 최대한 반영하지 못하고, 소비자가 필요로 하는 정보를 사용하기 쉬운 형태로 제공 못함
– 이용 용이성 부족
– 접근성 부족
– 이용가치성 부족
– 비교가능성 부족

김모씨는 B사 직원이 500만 원을 1년 내에 5배로 만들어준다며 주식투자정보서비스 가입을 권유해 1년 이용계약을 하고 300만원을 할부 결제했다. 이후 10% 이상의 투자 손실이 발생하는 등 신뢰가 가지 않아 B사에 계약해지를 요청 하였으나 환급이 불가능하다며 거부했다. 이처럼 주식투자정보서비스 이용 피해가 급증하자 한국소비자원과 서울특별시가 2019년 4월 3일 소비자 피해예방주의보를 발령했다.

2018년 1372소비자상담센터에 접수된 주식투자정보서비스 관련 상담 건수는 7625건으로 2017년(1855건) 대비 4.1배 증가했다. 소비자원과 서울시는 유사투자자문업자가 난립한 게 원인이라고 분석했다. 유사투자자문업자는 불특정 다수인을 대상으로 대가를 받고 주식정보를 휴대전화, 방송, 인터넷 등으로 제공하는 사업자로 금융위원회에 신고만 하면 영업을 할 수 있다. 유사투자자문업자는 2017년 1596개에서 2018년 2032개까지 늘었다(아주경제 2019년 4월 3일).

3) 가격문제

소비자는 자신이 거래하는 상품이나 서비스의 가격이 합리적이고 공정한 절차를 통하여 책정되었는지를 객관적으로 판단하기가 어렵다. 또한 소비자는 제품 특성을 평가하기 위한 과학적 도구를 가지고 있지 못하기 때문에 품질도 객관적으로 평가하기 어렵다. 이러한 상황에서 소비자는 품질을 평가할 때 가격을 중요한 지표로 사용하는 경우가 많아 소비자문제가 되고 있다. 현실 시장에서 가격-품질 관계를

연구한 많은 연구결과를 종합하면 제품의 특성에 따라 차이는 있으나 가격-품질 관계가 약한 것으로 나타났고(이학식, 박지은, 윤나라, 2014), 특정 제품의 경우는 부적 상관간계를 보였다(이기춘, 송인숙, 1988). 소비자는 제품이나 서비스의 유형과 관계없이 품질이 뛰어나다고 인지하면 더 높은 가격을 지불하려는 경향이 있으며, 더 높은 가격은 다시 소비자들에게 상품의 품질이 뛰어나다고 유추하게 하여 더 높은 프리미엄 가격을 지불하게 한다는 연구결과도 있다(이지선, 2017).

4) 품질문제

품질은 다양한 속성으로 구성되어 있고 구매하기 전에 소비자가 객관적으로 판단할 수 있는 품질속성은 일부분에 불과하고 대부분의 품질속성은 구매해서 사용한 후에야 판단이 가능한 경우가 많다. 가구, 가전제품, 자동차 등과 같은 내구재는 고도의 과학기술에 의해서 생산되기 때문에 소비자의 상품지식으로는 품질을 정확하게 판단하기 어렵다. 또한 평균 사용연한이 길기 때문에 거래가 끝난 후에도 그 품질을 평가할 수가 없다.

한국소비자원에 2018년 피해구제 사건의 신청이유 중에서 품질 · A/S 관련이 12,805건으로 34.6%를 차지해 19,275건으로 52.1%로 1위를 차지한 계약 관련에 이어 두 번째로 많은 것으로 나타났다(한국소비자원, 2019).

5) 안전문제

우리나라의 소비자안전에 관한 표시와 광고 심사지침에서는 소비자안전이란 소비자가 상품을 사용하는 것과 관련하여 소비자에게 생명 및 신체상의 위험이나 위해가 없는 상태라고 규정하고 있다. 안전문제의 원인은 다음과 같다(한국소비자원, 2006).

- 설계상의 결함 : 제품 설계의 문제
- 제조상의 결함 : 제품 원료의 결함
- 표시상의 결함 : 제품 자체로는 문제가 없으나 제조자가 그 제품의 사용 또는 소비에 있어서 생길 수 있는 안전을 지적하지 않았거나 주의사항을 표시하지 않아서 발생하는 문제

- 개발과정에서 나타나는 결함 : 제조 당시 지식수준에서는 안전하다고 판단되었던 제품이 새로운 연구 후에 위험하거나 유해하다고 판명되는 경우
- 유통과정상의 결함 : 제품출고시점에는 결함이 없던 제품이 유통과정상의 잘못으로 소비자에게로 인도되는 시점에서 결함이 생기는 피해
- 사용상의 부주의 : 소비자들이 사용상 주의의무를 충분히 하지 못하여 발생하는 위해

1994년 11월 ㈜유공(現SK케미칼)은 미국에서 개발된 CMIT/MIT를 희석하여 가습기살균제를 제조하여 판매하였다. 이후 ㈜유공이 '항균 카페트 첨가제' 용도로 유해성 심사를 받은 물질인 PHMG, PGH를 이용하여 ㈜옥시가 2001년부터 가습기살균제를 제조하여 2011년 11월 제품을 우선 수거할 때까지 국내에 판매되어왔다. 이 기간 동안 원인 미상의 폐손상 환자들이 영유아, 임산부 등을 중심으로 발생하였으며 2006년 3월에 아산병원과 서울대병원, 2008년 3월 질병관리본부 등을 중심으로 원인규명을 시도했으나 실패하였다. 2011년 보건복지부는 영유아를 중심으로 원인 미상 폐손상의 발생과 역학조사를 통해 2012년 가습기살균제가 폐손상 환자 발생의 주요원인임을 최종적으로 밝혔다(이호중, 2016).

또한 살충제 계란, 생리대 유해성 화학물질, 공기청정기 항균필터, 차량용 워셔액, 섬유탈취제, 심지어 신소재 유아용매트 등에서 생활화학제품과 관련된 사고가 지속적으로 발생하고 있다. 이러한 문제가 지속되는 이유는 2018년 현재 국내 유통되고 있는 화학물질이 4만 4천여 종이 넘고 신규화학물질도 매년 300종씩 증가하고 있으나 국내에 유통된 화학물질 중 유해정보가 확인된 물질은 약 15%에 불과하다. 특히 생활화학제품으로 인한 피해가 복합적으로 작용하기 때문에 사고의 원인규명이 어려운 실정이다(김홍주, 박상철, 2018).

6) 구매 후 문제

구매 후 문제는 소비자불만으로 나타나고 소비자불만을 해결하기 위하여 소비자는 불만호소행동을 하게 된다. 일반적으로 사적 불만호소행동에 비하여 공적 불만

호소행동이 경제적 비용을 포함한 여러 가지 비용이 많이 드는 경우가 많다. 따라서 보상에 대한 기대를 거의 안 할 경우에는 불만호소행동을 하지 않고, 약간 있다고 기대할 경우에는 사적 불만호소행동을 하고, 아주 클 경우에만 공적 불만호소행동을 하는 경우가 많다.

3. 초연결사회의 소비자문제

1) 사이버공간의 유해정보 확산

사이버공간에서는 음란, 엽기, 사기, 폭력, 자살 및 사행성 도박과 관련된 수많은 유해정보들이 범람하고 있어 중요한 사회문제가 되고 있다. 방송통신심의위원회에 의하면 2018년 인터넷을 통해 유통된 불법 · 유해정보 23만8246건에 대해 삭제, 이용해지, 접속차단 등 시정요구가 이뤄졌다. 시정요구 건수는 위원회 구성으로 심의 공백이 있었던 2017년을 제외하면, 2014년 13만2884건, 2015년 14만8751건, 2016년 20만1791건으로 해마다 증가하고 있다.

불법유해정보 유형에는 성매매 · 음란정보가 7만9710건(33.4%)으로 가장 많았으며, 도박정보 6만3435건(26.6%), 불법 식 · 의약품정보 4만9250건(20.7%) 등이었다. 상대방의 동의 없이 성적 욕망 또는 수치심을 유발할 수 있는, 사람의 신체를 촬영한 불법촬영물, 이를 동의 없이 유포하는 등의 디지털 성범죄 관련 영상에 대한 시정요구도 1만7371건이나 이뤄졌다.

온라인상에 사제폭발물 · 연막탄을 제조 · 시연하는 영상을 올리거나 유독물질을 불법 유통하는 일도 만연해 있다. 환경부 소속 화학물질안전원이 지난해 일반시민들로 구성된 화학물질 사이버감시단을 운영한 결과, 9,101건의 유해정보가 신고됐다. 이 가운데 화학물질안전원이 관련 법규를 위반한 것으로 의심해 사이트 운영자에게 자체 삭제를 요구하거나 방심위에 시정요구를 한 사례가 절반에 가까운 4,198건에 달했다. 이 외에도 폭발물 제조나 총포 · 화약류 제조, 유해화학물질 불법 유통이 수천 건에 달했다.

한국방송통신위원회와 한국정보화진흥원은 해마다 사이버폭력 실태를 조사하여 발표하고 있다. 2018년 10월 2일부터 11월 23일까지 총 7,562명을 대상으로 사이버폭력 가해 및 피해 경험에 대해 8개 유형별로 구분해 조사하였다. 학생은 29.5%, 성인은 43.1%가 사이버폭력 경험이 있다고 응답해 2017년 대비 학생 4.7%p, 성인 13.3%p가 증가하여 성인의 증가 폭이 더 높게 나타났다. 학생의 경우 중학생이, 성인의 경우는 특히 20대가 사이버폭력 경험이 상대적으로 많았다.

<표 5-1>에 의하면 학생과 성인의 가해와 피해 경험 모두에서 '언어폭력'이 가장 높았다. 학생의 경우, 언어폭력의 가해 경험 19.3%, 피해 경험 18.7%을 제외한 다른 유형의 경험은 5% 정도로 나타났다. 그러나 성인은 언어폭력 외의 유형에 대한 가해 또는 피해 경험이 10%-20%로 나타나 상대적으로 더 다양한 유형의 사이버폭력을 경험하고 있었다. 가해행동 공간은 학생과 성인 모두 채팅과 메신저로 학생은 53.1%, 성인은 34.0%로 가장 많았다. 피해를 경험한 공간 역시 가해 경험 공간과 비슷하나 성인은 이메일과 문자 메시지를 통한 피해 경험이 더 많았다.

가해 이유는 상대방이 먼저 그런 행동을 해서가 학생은 43.1%, 성인은 30.4%로 나타났고, 상대방에게 화가 나서는 학생 35.7%, 성인 31.2%로 나타났다. 가해 후 심리는 미안하고 후회스러움이 학생 53.2%, 성인 53.6%로 나타났고, 문제가 생길까봐 걱정됨이 학생 48.9%, 성인 54.1%로 나타났다. 그러므로 가해 행동을 문제가 있다고 인식하고 있는 수준은 높다는 점에서 사이버폭력 예방 및 올바른 인터넷 이용 교육을 통해 가해행동을 개선할 수 있다.

〈표5-1〉 폭력 유형별 경험률 (학생 성인)

구분		전체	사이버폭력 유형							
			언어폭력	명예훼손	스토킹	성폭력	신상정보유출	따돌림	갈취	강요
학생 (n=4,662)	가·피해 경험률	29.5	27.0	8.9	4.6	3.6	3.9	3.4	2.3	2.4
	가해 경험률	20.8	19.3	4.6	2.1	1.5	2.2	1.9	1.2	1.5
	피해 경험률	20.8	18.7	6.1	3.3	2.7	2.5	2.4	1.7	1.6
성인 (n=1,500)	가·피해 경험률	43.1	27.7	17.6	25.3	21.6	15.2	14.5	13.1	14.3
	가해 경험률	24.1	18.3	12.3	12.0	10.8	11.3	12.1	10.5	11.9
	피해 경험률	36.8	22.4	13.2	22.2	18.5	11.5	9.9	9.9	10.3

출처: 방송통신위원회, 한국정보화진흥원(2019)

2) 디지털중독

디지털중독은 디지털 사회에서 생활하는 현대인들이 디지털기기에 지나치게 의존하여 나타나는 질병으로 다양한 형태로 나타나고 있다.

(1) 디지털치매

디지털기술을 지나치게 사용해서 일상적인 인지능력이 심각하게 떨어지는 것을 의미한다. 자동차 운전을 할 때 네비게이터 등에 의존하다보니 예전에는 쉽게 찾아가던 길을 기기가 없으면 찾아가지 못하거나 자주 통화하는 전화번호를 외우지 못하는 경우를 예로 들 수 있다.

(2) 디지털중독

디지털중독은 디지털기기를 활용한 게임중독, 인터넷중독, 스마트폰중독, 소셜미디어중독 등의 문제가 있다. 세계보건기구 WHO는 2019년 5월 28일에 전체회의를 열어 게임중독을 질병으로 분류하기로 결정했다. 미래창조과학부 및 한국정보화진흥원(2016)의 조사에 의하면 2015년 기준으로 만 3세에서 59세사이의 이용자를 대상으로 조사한 결과를 보면 인터넷 이용자 중 고위험군은 1.2%(약 48만명)이나 스마트폰 이용자는 2.4%(약 86만명)로 두 배가 많았다. 잠재적 위험군도 인터넷 이용자는 5.6%(약 220만명)이나 스마트폰 이용자의 위험군은 13.8%(약 490만명)로 두 배가 넘었다.

전국 17개 광역시도에 설치되어 있는 한국정보화진흥원의 스마트쉼센터(http://www.iapc.or.kr)는 스마트폰 과의존을 예방하고 해소하기 위한 전문 상담기관으로 스마트폰을 건강하게 사용해서 삶의 균형을 회복할 수 있도록 다음과 같은 활동을 하고 있다.

- 스마트쉼캠페인

  건강한 디지털문화를 조성하고 스마트폰 과의존을 예방하기 위해 종교단체, NGO, 기업, 학회 등으로 구성된 스마트쉼문화운동본부와 함께 스마트 휴데이(休day), 실

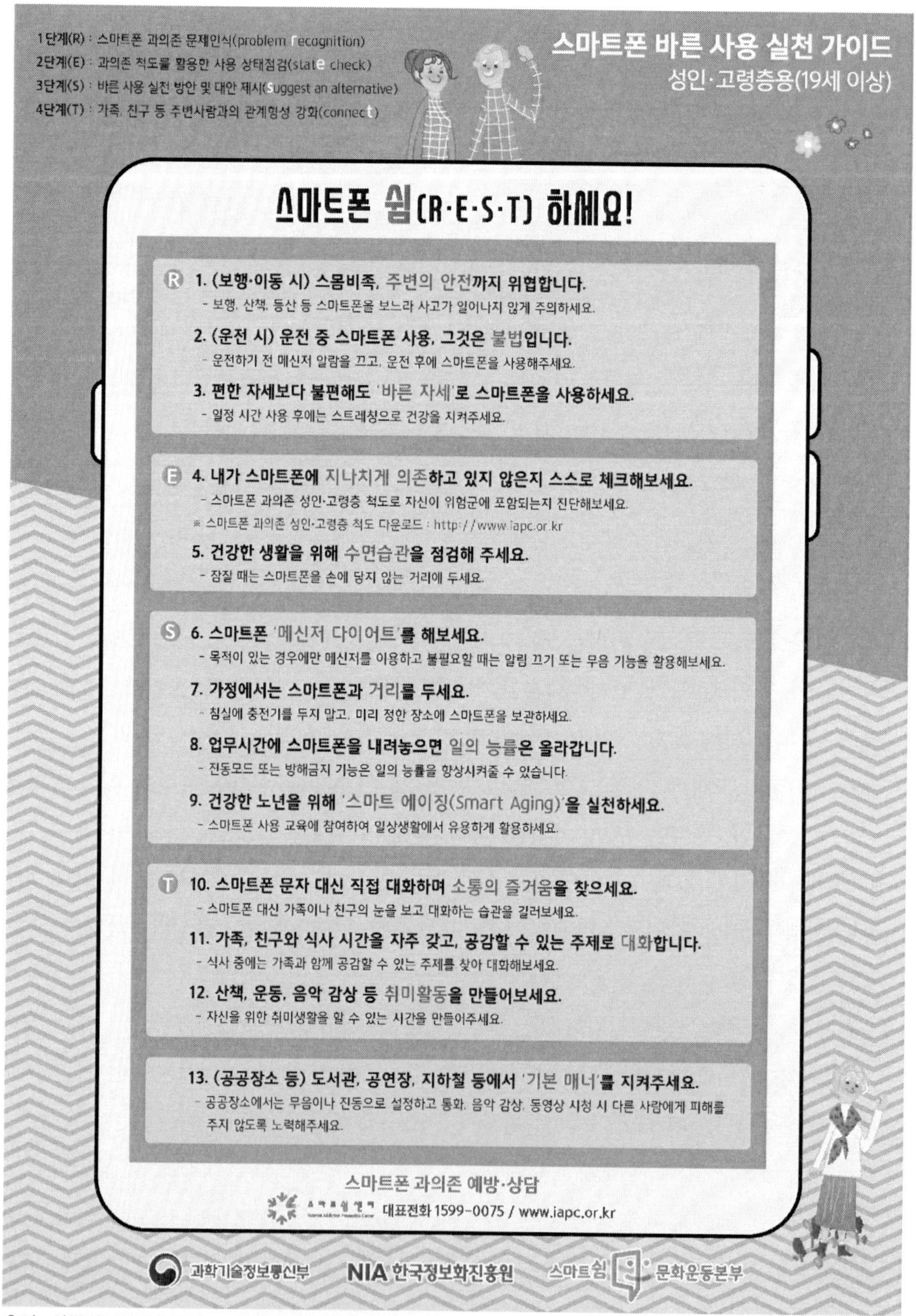

출처: 한국정보화진흥원의 스마트쉼센터(http://www.iapc.or.kr)

천수칙 보급 등 다양한 캠페인 활동을 전개하고 있다.

- 전문상담

  스마트폰 과의존과 관련하여 학교 부적응, 학업 및 진로, 부모와의 갈등 등 다양한 심리적 어려움을 극복할 수 있도록 전문상담을 실시하고 있다.

- 전문인력양성 및 보수교육

  상담사 · 예방교육강사 · 교사를 대상으로 스마트폰 과의존에 대한 상담이론과 실제 접근법들을 교육하여 스마트폰 과의존 문제에 체계적으로 대응할 수 있도록 전문역량을 강화하고 전문상담사 자격검정제도를 통한 체계적인 상담 전문인력을 확보하고 있다.

- 예방교육

  학교, 기관, 시설에 전문강사를 파견하여 유아, 청소년, 성인(대학생, 학부모, 교사, 고령층 등) 전 국민을 대상으로 스마트폰 과의존 예방교육을 지원하고 있다.

- 찾아가는 가정방문상담

  스마트폰 과의존 문제로 심각한 어려움을 겪고 있어 도움이 필요한 취약계층 가정은 물론 일반가정(고위험 사용자군, 잠재적 위험사용자군 해당자)으로 직접 방문하여 상담을 실시하고 있다.

- 거버넌스 구축 및 운영

  스마트폰 과의존 문제에 효과적으로 대처하기 위해 전국 17개 스마트 쉼센터와 전문상담 · 치료기관을 연계하여 상담서비스를 제공하고 있다.

- 조사 및 연구

  스마트폰 과의존 문제에 대처하기 위해 매년 스마트폰 과의존 실태조사와 상담 프로그램 개발, 뉴미디어 과의존과 관련한 연구를 실시하고 있다.

(3) 디지털 디톡스

디지털 디톡스는 스마트폰이나 컴퓨터와 같은 전자기기를 사용하지 않는 기간으로 현실 세상에서 사회적 교류로 인한 스트레스와 주목을 줄일 수 있는 기회가 될 수 있다(www.oxforddictionaries.com). 디지털 디톡스는 무조건 전자기기를 사용하지 않는 것이 아니라 사용자 스스로 과의존이나 중독의 문제점을 자각하고 해결 방안을 모색하는 것이다(변현수, 2017).

3) 저작권문제

사이버공간에서 온라인 이용자들은 삶의 양식으로서 정보를 생산, 소비, 분배 및 활용하고 있다. 온라인 사용자들이 이 과정에서 건전한 시민의식을 기초로 사이버공간에서 저작권에 대한 가치와 제반 보호조치를 긍정적으로 받아들이고, 존중해야 사이버공간에서의 저작권보호가 효율적으로 이루어질 수 있다. 중국은 '어벤져스: 엔드게임'이 개봉 전부터 불법 유출로 곤혹을 치르는 등 불법복제의 천국으로 유명했으나, 지식재산권에 대한 관리감독을 강화하고 관련 법규와 제도를 보완하고 있다. 우리나라도 저작권은 제도적으로 상당히 강화되었지만 사이버공간에서 저작권침해는 많고, 저작물 이용자들의 대부분이 저작권에 대한 명확한 인식이 부족하며, 저작권 보호 문화도 아직은 취약하다(이기식, 2013).

4) 사이버범죄

경찰청 사이버안전국(www.police.go.kr)에서는 사이버범죄를 다음과 같이 분류하고 있다.

(1) 정보통신망 침해 범죄

정당한 접근 권한 없이 또는 허용된 접근 권한을 넘어 컴퓨터 또는 정보통신망(컴퓨터 시스템)에 침입하거나 시스템과 데이터 프로그램을 훼손, 멸실, 변경한 경우 및 정보통신망(컴퓨터 시스템)에 장애(성능저하와 사용불능)를 발생하게 한 경우

▸ 해킹

정당한 접근 권한 없이 또는 허용된 접근 권한을 초과하여 정보통신망에 침입하는 행위

▸ 계정도용

정당한 접근 권한 없이 또는 허용된 접근 권한을 넘어 타인의 계정(ID, Password)을 임의로 이용한 경우

▸ 단순침입

정당한 접근 권한 없이 또는 허용된 접근 권한을 넘어 컴퓨터 또는 정보통신망에 침입한 경우

▸ 자료유출

정당한 접근 권한 없이 또는 허용된 접근 권한을 넘어 컴퓨터 또는 정보통신망에 침입 후, 데이터를 유출하거나 누설한 경우

▸ 자료훼손

정당한 접근 권한 없이 또는 허용된 접근 권한을 넘어 컴퓨터 또는 정보통신망에 침입 후, 타인의 정보를 훼손(삭제, 변경 등)한 경우(홈페이지 변조 포함)

(2) 서비스거부공격(DDoS등)

정보통신망에 대량의 신호와 데이터를 보내거나 부정한 명령을 처리하도록 하여 정보통신망에 장애(사용불능, 성능저하)를 야기한 경우

(3) 악성프로그램

정당한 사유 없이 정보통신 시스템, 데이터 또는 프로그램 등을 훼손, 멸실, 변경, 위조하거나 그 운용을 방해할 수 있는 프로그램을 전달 또는 유포하는 경우

(4) 기타 정보통신망 침해형 범죄

5) 정보통신망 이용 범죄

정보통신망(컴퓨터 시스템)을 범죄의 본질적 구성요건에 해당하는 행위를 행하는 주요 수단으로 이용하는 경우

(1) 인터넷 사기

정보통신망(컴퓨터 시스템)을 통하여, 이용자들에게 물품이나 용역을 제공할 것

처럼 기망하여 피해자로부터 금품을 편취(교부행위)한 경우

- 직거래사기
- 쇼핑몰사기
- 게임사기
- 기타 인터넷 사기

(2) 사이버금융범죄(피싱, 파밍, 스미싱, 메모리해킹, 몸캠피싱 등)

정보통신망을 이용하여 피해자의 계좌로부터 자금 이체받거나, 소액결제가 되게 하는 신종 범죄로 전기통신금융사기 피해방지 및 피해금 환급에 관한 특별법에 의거 지급정지가 가능하다.

① 피싱(Phishing)

개인정보(Private data)와 낚시(Fishing)의 합성어

- 금융기관을 가장한 이메일 발송
- 이메일에서 안내하는 인터넷주소 클릭, 가짜 은행사이트로 접속 유도
- 보안카드번호 전부 입력 요구 등의 방법으로 금융정보 탈취
- 피해자 계좌에서 범행계좌로 이체

② 파밍(Pharming)

악성코드에 감염된 피해자 PC를 조작하여 금융정보를 탈취하는 경우

- 피해자 PC가 악성코드에 감염
- 정상 홈페이지에 접속하여도 피싱(가짜) 사이트로 유도
- 보안카드번호 전부 입력 요구 등의 방법으로 금융정보 탈취
- 피해자 계좌에서 범행계좌로 이체

③ 스미싱(Smishing)

문자메시지(SMS)와 피싱(Phishing)의 합성어

- ‘무료쿠폰 제공’등의 문자메시지 내 인터넷주소를 클릭하면,
- 악성코드가 스마트폰에 설치되어
- 피해자가 모르는 사이에 소액결제 피해 발생 또는 개인.금융정보 탈취

④ 메모리해킹

피해자 PC 메모리에 상주한 악성코드로 인하여 정상 은행사이트에서 보안카드 번호 앞.뒤 2자리만 입력해도 부당 인출하는 수법

- 피해자 PC가 악성코드에 감염
- 정상적인 인터넷 뱅킹 절차(보안카드 앞, 뒤 2자리) 이행 후, 이체 클릭
- 오류 반복 발생(이체정보 미전송)
- 일정시간 경과 후, 범죄자가 동일한 보안카드 번호 입력, 범행계좌로 이체

⑤ 몸캠피싱

음란화상채팅(몸캠) 후, 영상을 유포하겠다고 협박하여 금전을 갈취하는 행위

- 타인의 사진을 도용하여 여성으로 가장한 범죄자가 랜덤 채팅 어플 또는 모바일 메신저를 통해 접근
- 미리 준비해둔 여성의 동영상을 보여주며, 상대방에게 얼굴이 나오도록 음란 행위 유도
- 화상채팅에 필요한 어플이라거나, 상대방의 목소리가 들리지 않는다는 등의 핑계로 특정파일 설치를 요구하고, 다양한 명칭의 apk파일로 스마트폰의 주소록이 범죄자에게 유출
- 지인의 명단을 보이며, 상대방의 얼굴이 나오는 동영상을 유포한다며 금전 요구

⑥ 기타 전기통신금융사기

(3) 개인·위치정보 침해

정보통신망(컴퓨터 시스템)을 통하여, 디지털 자료화되어 저장된 타인의 개인정보를 침해, 도용, 누설하는 범죄로, 정보통신망(컴퓨터 시스템)을 통하여, 이용자의 동의를 받지 않거나 속이는 행위 등으로 다른 사람의 개인 · 위치정보를 불법적으로 수집.이용.제공한 경우도 포함

(4) 사이버 저작권 침해

정보통신망(컴퓨터 시스템)을 통하여, 디지털 자료화된 저작물 또는 컴퓨터프로그램저작물에 대한 권리를 침해한 경우

(5) 스팸메일

정보통신망(컴퓨터 시스템)을 통하여, 법률에서 금지하는 재화 또는 서비스에 대한 광고성 정보를 전송하는 경우 및 이와 관련 허용되지 않는 기술적 조치 등을 행한 경우

(6) 기타 정보통신망 이용형 범죄

6) 불법콘텐츠 범죄

정보통신망(컴퓨터 시스템)을 통하여, 법률에서 금지하는 재화 · 서비스 또는 정보를 배포, 판매, 임대, 전시하는 경우

(1) 사이버음란물

정보통신망(컴퓨터 시스템)을 통하여, 음란한 부호 · 문언 · 음향 · 화상 또는 영상을 배포, 판매, 임대하거나 공공연하게 전시하는 경우

① 일반음란물

정보통신망(컴퓨터 시스템)을 통하여, 일반 보통인의 성욕을 자극하여 성적 흥분을 유발하고 정상적인 성적 수치심을 해하여 성적 도의 관념에 반하는 내용의 표현물을 배포, 판매, 임대, 전시하는 경우

② 아동음란물

정보통신망(컴퓨터 시스템)을 통하여, 아동.청소년 또는 아동 · 청소년으로 명백하게 인식될 수 있는 사람이나 표현물이 등장하여 성교 행위, 유사 성교 행위, 일반인의 성적 수치심이나 혐오감을 일으키는 행위, 자위 행위를 하거나 그 밖의 성적 행위를 하는 내용의 표현물을 배포, 판매, 임대, 시하는 경우

(2) 사이버도박

정보통신망(컴퓨터 시스템)을 통하여, 도박사이트를 개설하거나 도박행위(또는 사행행위)를 한 경우

① 스포츠토토

정보통신망(컴퓨터 시스템)을 통하여, 체육진흥투표권이나 이와 비슷한 것을 발행하는 시스템을 이용하여 도박을 하게 하는 경우 (도박행위 포함)

② 경마, 경륜, 경정

정보통신망(컴퓨터 시스템)을 통하여, 경마 · 경륜 · 경정 등의 경주를 이용하여 도박을 하게 하는 경우(도박행위)

③ 기타 인터넷 도박

(3) 사이버 명예훼손·모욕, 사이버스토킹

① 사이버 명예훼손·모욕

- 사이버 명예훼손 : 정보통신망(컴퓨터 시스템)을 통하여, 다른 사람의 명예를 훼손하는 경우
- 모욕 : 정보통신망(컴퓨터 시스템)을 통하여, 공연히 사람을 모욕하는 경우

② 사이버스토킹

정보통신망(컴퓨터 시스템)을 통하여, 공포심이나 불안감을 유발하는 부호, 문언, 음향, 화상 또는 영상을 반복적으로 상대방에게 도달하도록 하는 경우

(4) 기타 불법 콘텐츠 범죄

Chapter 6

소비자권리와 소비자피해구제

1. 소비자의 권리와 의무

우리나라의 소비자기본법은 소비자의 권익을 증진하기 위하여 소비자의 권리와 책무, 국가 · 지방자치단체 및 사업자의 책무, 소비자단체의 역할 및 자유시장경제에서 소비자와 사업자 사이의 관계를 규정하고 소비자정책을 종합적으로 추진하여 소비생활을 향상시키고 국민경제를 발전시키기 위하여 제정되었다. 이법에서는 소비자를 정의하고 소비자의 기본 권리와 책무를 규정하고 있다.

1) 소비자의 정의

소비자는 사업자가 제공하는 물품 또는 용역(시설물을 포함한다. 이하 같다)을 소비생활을 위하여 사용(이용을 포함한다. 이하 같다)하는 자이다. 생산활동을 위하여 사용하는 자는 개념적으로는 소비자라고 규정할 수는 없으나 영세사업자를 보호하기 위하여 제공된 물품 등을 농업과 축산업 및 어업활동을 위하여 사용하는 자는 소비자의 범위에 포함시키고 있다. 다만, 「원양산업발전법」 제6조 제1항에 따라 해양수산부장관의 허가를 받아 원양어업을 하는 자는 제외한다.

2) 소비자권리

소비자권리는 1962년 미국의 케네디대통령이 의회에 보낸 '소비자의 이익 보호에 관한 특별 교서'에서 처음으로 선포되었다. 이 교서에서는 소비자는 안전의 권리, 선택의 권리, 정보를 제공받을 권리, 소비자의 의견이 반영될 권리 등과 같은 4대 권리를 제시하였다. 우리나라의 소비자기본법에서는 다음과 같이 8대 권리를 명시하고 있다.

- 안전의 권리

  소비자가 물품 또는 용역을 구입하거나 사용하는 과정에서 발생하는 소비자의 생명 · 신체 또는 재산에 대한 위해로부터 안전을 보호받을 권리
- 정보를 제공받을 권리

  물품 등을 선택함에 있어서 필요한 지식 및 정보를 제공받을 권리
- 선택할 권리

  물품 등을 사용함에 있어서 거래상대방 · 구입장소 · 가격 및 거래조건 등을 자유로이 선택할 권리
- 의견을 반영시킬 권리

  소비생활에 영향을 주는 국가 및 지방자치단체의 정책과 사업자의 사업활동 등에 대하여 의견을 반영시킬 권리
- 피해보상을 받을 권리

  물품 등의 사용으로 인하여 입은 피해에 대하여 신속 · 공정한 절차에 따라 적절한 보상을 받을 권리
- 소비자교육을 받을 권리

  합리적인 소비생활을 위하여 필요한 교육을 받을 권리
- 단체를 조직하고 활동할 권리

  소비자 스스로의 권익을 증진하기 위하여 단체를 조직하고 이를 통하여 활동할 수 있는 권리
- 안전하고 쾌적한 소비생활 환경에서 소비할 권리

3) 소비자의무

(1) 소비자기본법

① 올바른 선택

소비자는 사업자와 함께 자유시장경제를 구성하는 주체라는 사실을 인식하고 합리적이고 효율적인 선택을 할 의무가 있다.

② 정당한 권리 행사

소비자권리를 남용하거나 포기하지 말고 정당하게 행사해야 한다.

③ 자립역량 강화

소비자 스스로 소비자권익을 증진시키는데 필요한 지식과 정보를 습득하기 위하여 노력해야 한다.

④ 합리적 행동

소비자는 자신의 판단에 따라 행동하고, 자신의 결정에 스스로 책임을 지고 미시적인 면과 거시적인 면에서 합리적으로 행동해야 한다.

⑤ 환경친화적 소비

소비자는 자원을 절약하고 환경친화적인 소비생활을 하여 자신의 소비가 환경에 미치는 나쁜 영향을 최소화할 수 있어야 한다.

(2) 국제소비자기구(Consumers International)

국제소비자기구는 영국 · 미국 등 선진국의 소비자단체가 중심이 되어 1960년 4월에 설립한 소비자 보호를 위한 국제단체이다. 소비자의 이익을 증진하기 위하여 세계 소비자단체의 자립을 돕고, 상품의 비교 테스트, 소비자 정보 · 교육 · 보호 등에 관한 국제적 협력을 촉진하며, 국제연합 등 국제기구를 통하여 저개발국의 소비자 교육 및 보호를 위해 실제적 원조를 하는 것이 이 기구의 중요한 목적이다.

초기에는 상품 비교 테스트를 소비자운동 전개의 중심수단으로 삼는 미국소비자동맹과, 영국 및 벨기에의 소비자협회 등이 중심이 되었으나, 현재는 보다 폭넓게 소비자교육을 행하는 세계의 소비자단체가 가입해 있다. 1968년 4월 기구가 개편되면서 국제적인 지위 확립에 노력하여 국제연합경제사회이사회 · 국제연합아동기금 · 국제연합교육과학문화기구 · 국제연합식량농업기구 등의 자문기관으로서의 지위를 획득하였고 비정부기구 중 중요성이 A급 기구로 등록되었다.

① 비판의식

소비자는 시민으로서 모든 재화와 서비스의 유용성, 가격과 품질에 관하여 비판적인 질문을 할 수 있어야 한다.

② 적극적 참여

소비자는 시민으로서 살아가는데 필요한 지식과 의식을 터득하고 자신들의 정당한 요구가 받아들여질 수 있도록 확실하게 행동해야 한다.

③ 생태학적 책임

소비자는 무분별한 자원과 에너지의 사용이 생태계에 미치는 심각한 영향을 인식해야 한다.

④ 사회적 책임

경제적 이익을 우선으로 하는 소비자는 자신의 선택이 문화적으로 사회적으로 미치는 영향도 고려해야 한다.

⑤ 단결

소비자는 공공의 관심과 지지를 받기 위해서 소비자단체를 조직해서 활동할 의무가 있다.

2. 소비자피해구제 절차와 소비자분쟁해결기준

1) 소비자피해구제 절차

소비자피해구제는 소비자가 사업자가 제공하는 물품 또는 용역을 사용하거나 이용하는 과정에서 발생하는 피해를 구제하기 위하여 사실조사와 전문가 자문 등을 거쳐 관련 법률 및 규정에 따라 양 당사자에게 공정하고 객관적으로 합의를 권고하는 제도이다.

다음과 같은 경우에는 피해구제 대상에서 제외된다.

- 사업자의 부도 , 폐업 등으로 연락이 불가능하거나 소재파악이 안 되는 경우
- 신청인(소비자)의 주장을 입증(입증서류 미제출 포함)할 수 없는 경우
- 영리활동과 관련하여 발생한 분쟁, 임금 등 근로자와 고용인 사이의 분쟁, 개인간 거래 등 소비자와 사업자 사이의 분쟁이 아닌 경우
- 국가 또는 지방자치단체가 제공한 물품 등으로 인하여 발생한 피해인 경우
- 소비자분쟁조정위원회에 준하는 분쟁조정기구에 피해구제가 신청되어 있거나 피해구제절차를 거친 경우
- 법원에서 소송 진행 중인 경우 등

한국소비자원에서는 사건번호와 비밀번호(본인등록)로 로그인 하면 컴퓨터, 스마트폰으로 사건 진행상황 확인, 피해구제 담당자와 의견 교환, 자료제출 등을 손쉽게 할 수 있는 온라인 피해구제를 시행하고 있다. 온라인 피해구제에서 할 수 있는 일은 다음과 같다.

- 피해구제 사건 및 진행사항 조회 기능
- 사건진행 취하 요청 기능
- 담당자에게 의견 문의 등록 기능(파일 첨부 가능)
- 담당자가 통보한 내용 조회 기능
- 담당자가 문의한 내용에 대한 답변등록 기능

- 합의권고 내용 조회 및 합의권고에 대한 동의/미동의 처리 기능

누구에게 어떤 내용의 문서를 발송했다는 사실을 우체국이 보증하는 특수우편인 내용증명우편은 서면내용의 정확한 전달은 물론 보낸 사실에 대한 증거로 활용된다. 예를 들면 방문판매, 전화권유판매, 통신판매, 할부거래 등에서 계약 해지를 요구할 때는 서면으로 알려야 한다. 이 때 일반우편을 발송할 경우에는 분실되거나 수신자가 받은 사실을 부인하거나 수취를 거절하는 경우가 있기 때문에 이러한 문제를 예방하기 위해서는 내용증명우편을 이용한다.

내용증명우편을 이용하면 효율적인 경우를 구체적으로 제시하면 다음과 같다.

- 전화권유에 의해 회원권, 어학교재, 학습지, 월간지 등을 구입 또는 이용계약을 한 후 철회기간 이내(14일)에 청약의 철회를 요구할 때
- 방문판매로 자격증 교재, 건강식품, 유아용 교재, 가전제품 등을 구입 또는 스포츠센터 이용계약을 한 후 철회기간 이내(14일)에 청약의 철회를 요구할 때
- 인터넷 쇼핑몰, TV홈쇼핑, 통신판매를 이용하여 물품이나 서비스상품을 구입한 후, 철회기간 이내(7일)에 청약의 철회를 요구할 때,할부로 물품을 구입한 후, 철회기간 이내(7일)에 청약의 철회를 요구할 때
- (상행위를 목적으로 할부계약을 체결한 경우 제외)물품 등을 할부로 구입 후, 아래와 같은 사유로 매도인과 신용제공자에게 항변권을 행사하고자 할 때
- 할부계약이 무효 · 취소 또는 해제된 경우
- 목적물이 약속된 날짜까지 인도되지 않은 경우
- 매도인이 하자담보책임을 이행하지 않은 경우
- 기타 매도인의 채무불이행으로 할부계약의 목적을 달성할 수 없는 경우
- 기타 서면에 의한 의사표시 및 이에 대한 증빙자료가 필요할 때
- 정기간행물 구독, 스포츠센터 이용, 피부관리실 이용 등 일정기간 동안 구독 또는 이용계약을 하고 그 기간 중에 구독 또는 이용을 중단하거나 계약을 해지하고자 할 때

내 용 증 명 서

수신 1 : OO 사 대표 귀하
서울시 OO 구 OO 동 OO 번지

수신 2 : OO 신용카드사 대표이사 귀하
서울시 OO 구 OO 동 OO 번지

수신 3 : OO 결제대행업체 대표이사 귀하
서울시 OO 구 OO 동 OO 번지

발송인 : 서울시 서초구 염곡동 OO 번지 홍길동

1. 상품명 :

2. 계약일 :

3. 계약금액 :

4. 기지급액 :

5. 전화번호 :

6. 내용 (아래의 내용을 포함 기록하되 본인의 요구사항에 대하여 구체적으로 기재)
가. 계약경위(당시상황) :

나. 청약철회 또는 해지를 통보하는 사유 :

다. 기타 내용 :

년 월 일 홍길동

〈그림 6-1〉 내용증명서 작성 양식

내용증명서는 <그림 6-1>과 같은 내용증명작성 발송양식을 참조하여 작성한 후 3부를 복사하여 우체국에서 직접 발송하거나, 인터넷(http://www.epost.go.kr)으로 직접 신청하면 된다. 작성된 내용증명은 사업자에게 1통을 발송하고 1통은 발신인에게, 나머지 1통은 우체국에서 보관한다. 다만, 신용카드로 결제하였거나 통신회사에서 대금을 청구한 경우에는 신용카드사 또는 통신회사에도 내용증명을 발송해야 하고 이 결제 과정에 중간결제대행업체를 통해 결제한 경우 결제대행업체에도 발송한다.

내용증명우편은 민법의 규정에 따라 일반적으로 도달된 때로부터 효력이 발생하나 통신판매, 방문판매, 할부거래에 있어 청약철회를 요청하는 경우에는 발송한 날부터 효력이 발생한다. 내용증명으로 발송한 우편물은 3년간 우체국에서 보관하며, 이 기간 내에는 해당 우체국에 특수우편물수령증과 주민등록증 등을 제시해 본인임을 입증하면 보관중인 등본의 열람을 청구할 수 있으며 필요한 경우에는 복사를 요청할 수도 있다.

소비자피해구제 절차는 다음과 같은 과정으로 이루어진다.

출처: 한국국소비자원(www.kca.go.kr)

〈그림 6-2〉 1372소비자상담센터의 절차

(1) 소비자상담

소비자상담은 소비생활을 위해 사업자가 제공하는 물품 등을 사용(또는 이용)하는 과정에서 불편을 겪거나 피해를 입은 경우, 1372소비자상담센터 전문상담원이

상담 · 정보 제공 등 소비자불만을 처리 하는 절차이다. 소비자상담 단계에서 원활하게 해결되지 않을 경우, 피해구제(또는 피해처리) 단계로 이관될 수 있다. 그러므로 소비자는 피해구제를 신청하기 전에 먼저 소비자상담을 받아야한다.

(2) 피해구제 신청

소비자상담으로 문제가 해결되지 않을 경우 방문, 우편, 팩스, 인터넷을 통하여 피해구제를 신청할 수 있다. 접수된 피해구제는 30일 이내에 처리하며 사안에 따라 90일까지 연장이 가능하다(토 · 일요일 및 법정공휴일 제외).

(3) 사업자 통보

피해구제가 접수되면 해당 사업자에게 피해구제 접수사실이 통보된다. 접수사실을 통보 받은 사업자는 사건 발생 경위 등에 대한 해명과 합의 의사를 전달하는 경우도 있다.

(4) 사실조사

소비자의 주장과 사업자의 해명을 토대로 '서류검토', '시험검사', '현장조사', '전문가자문' 등을 통해 사실조사를 한다.

(5) 합의권고

사실조사를 바탕으로 관련 법률 및 규정에 따라 공정하고 객관적으로 양당사자에게 합의를 권고하며 합의가 이루어질 경우에 사건은 종결된다. 사실조사 결과 사업자에게 귀책사유가 없는 것으로 판명된 때에는 합의권고 없이 사건이 종결된다.

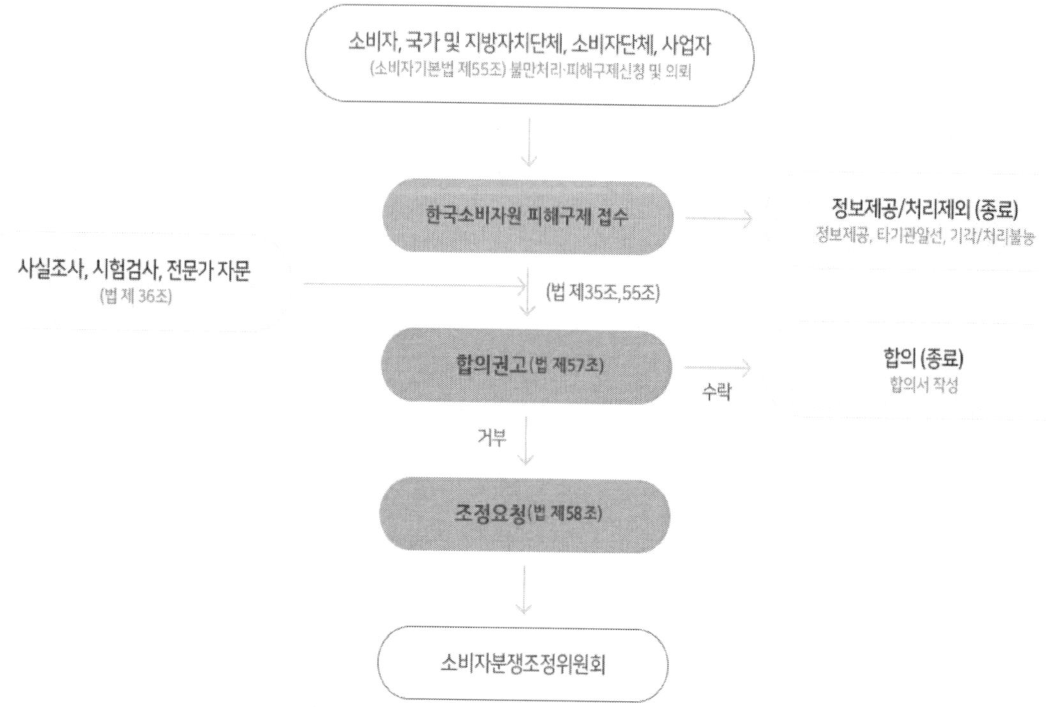

출처: 한국소비자원(www.kca.go.kr)

〈그림 6-3〉 소비자피해구제 절차도

(6) 소비자분쟁조정위원회 조정

원만한 합의가 이루어지지 않은 경우 소비자분쟁조정위원회에 조정을 신청한다. 민사 분쟁은 원칙적으로 소송을 통해 해결해야 한다. 그러나 재판은 상당한 시간과 비용이 소요되고 절차가 복잡하기 때문에 피해 금액이 크지 않은 소비자 피해 사건에는 적절하지 않은 경우가 많다. 분쟁조정제도는 재판절차의 시간과 비용을 절약할 수 있는 소송대체적 분쟁해결 방법의 하나다.

소비자분쟁조정위원회는 소비자 · 사업자단체 대표, 법조계, 의료 · 자동차 · 금융 등 전문가 150인으로 구성되어 있으며 준사법적 기능을 수행한다. 소비자와 사업자로부터 증거와 관련 자료를 제출 받아 시험 검사, 전문위원회 의견 등을 참고하여 공정한 조정결정을 한다. 양 분쟁 당사자가 조정결정을 수락할 경우 재판상 화해와 동일한 효력을 갖는다.

2) 소비자분쟁해결기준

소비자기본법 제16조에 의하면 국가는 소비자와 사업자 사이에 발생하는 분쟁을 원활하게 해결하기 위하여 대통령령이 정하는 바에 소비자분쟁해결기준을 제정할 수 있다. 소비자분쟁해결기준은 소비자가 상품.용역을 사용하는 과정에서 사업자와 분쟁이 발생할 경우 그 분쟁의 실질적인 해결기준이 된다. 이 기준은 보장 당사자 사이에 분쟁해결 방법에 관한 별도의 의사 표시가 없는 경우에 한해 적용하고, 다른 법령에 의한 분쟁해결 기준이 소비자 분쟁해결 기준보다 소비자에게 유리한 경우에는 그 분쟁 해결 기준을 우선하여 적용한다. 동일한 피해에 대한 보상 해결 기준을 두 가지 이상 정하고 있는 경우에는 소비자가 선택하는 기준에 따른다. 분쟁당사자간에 합의가 이루어지지 않을 경우 분쟁당사자는 중앙행정기관의 장, 시·도지사, 한국소비자원장 또는 소비자단체에게 피해구제를 청구할 수 있다.

소비자분쟁해결기준은 법적 강제력이 없는 임의규정의 성격을 가진다. 그러나 많은 사업자들이 소비자분쟁해결기준의 규정에 따라 상품·용역의 A/S 기준을 설정하거나 소비자 피해를 배상하고 있고, 한국소비자원, 소비자단체 등에서 분쟁조정기준으로 적용하고 있다. 공정거래위원회는 약관의 불공정성 여부를 판단할 때 일반적으로 해당 약관조항이 소비자분쟁해결기준보다 소비자에게 불리한지 여부를 주요 위법성 판단기준의 하나로 삼고 있다.

이 기준은 1985년에 처음으로 제정되어 62개 업종, 670여개 품목별로 수리·교환·환급의 조건, 위약금의 산정 등 분쟁해결을 위한 세부기준을 제시하고 있고, 세부품목별로 품질보증기간 및 부품보유기간, 내용연수를 규정하고 있다. 공정거래위원회는 이 고시에 대하여 2016년 1월 1일을 기준으로 매 3년이 되는 시점(매 3년째의 12월 31일까지를 말한다)마다 그 타당성을 검토하여 개선 등의 조치를 하여야 한다.

2019년에는 스마트폰 및 노트북(메인보드)의 품질 보증 기간 연장, 태블릿의 품질 보증 기간 및 부품 보유 기간 명시, KTX 외 일반 열차에 대한 보상 기준 강화 등 소비자 생활과 밀접하게 연관된 4개 항목을 개정하였다.

(1) 스마트폰 품질보증기간 연장

대부분의 소비자가 약정으로 인해 스마트폰을 2년 이상 사용해야 함에도 품질 보증 기간은 1년에 불과하여, 이에 대한 국민 제안 및 국회 국정 감사 지적, 관계 부처의 요구 등이 있었다. 배터리의 경우에는 소모품으로서 제품 주기가 짧은 점을 감안하여 현행 기준을 유지하되, 나머지 스마트폰 전체는 품질 품증 기간을 2년으로 연장했다.

(2) 노트북 메인보드의 품질 보증 기간 연장

데스크탑 컴퓨터의 핵심 부품인 메인보드는 품질 보증 기간 2년을 적용하고 있지만, 노트북 메인보드는 품질 보증 기간 1년을 적용하고 있었는데, 데스크탑과 제품 특성, 사용 환경 등이 비슷한 노트북도 품질 보증 기간을 2년으로 연장했다. 태블릿에 대한 품질 보증 기간 및 부품 보유 기간 기준이 별도로 없어 컴퓨터의 품질 보증 기간 · 부품 보유 기간 기준을 준용하고 있었다. 그러나 개정에서는 데스크탑 및 노트북과 동일하게 품질 보증 기간은 1년, 부품 보유 기간은 4년이 적용되도록 명시했다.

(3) 철도 여객 보상 · 환불 기준 개선

현재는 일반 열차가 지연했을 때 보상 기준이 KTX와 다르게 규정하고 있었으나, KTX가 탑승 요금에 따라 일정 비율로 보상 금액이 정해지는 점을 감안하여, 일반 열차 지연도 KTX와 동일한 수준으로 보상되도록 개선했다. 소비자가 이미 출발해 버린 열차에 대해 환불을 원하는 경우, 그 기준이 불명확하게 규정되어 있었는데, 열차 출발 시각으로부터 어느 정도의 시간이 경과하였는지를 기준으로 환불 기준을 구체화했다.

〈표 6-1〉 열차지연에 따른 환급금액에 관한 소비자분쟁해결기준 신구 비교

<table>
<tr><th colspan="2">현 행</th><th colspan="2">개 정</th></tr>
<tr><th>분쟁유형</th><th>해결기준</th><th>분쟁유형</th><th>해결기준</th></tr>
<tr><td colspan="2">□ 열차 지연 / 환급금액
<table>
<tr><th>지연시간</th><th>KTX</th><th>일반열차</th></tr>
<tr><td>20분 이상 40분 미만</td><td>12.5%</td><td>-</td></tr>
<tr><td>40분 이상 60분 미만</td><td>25%</td><td rowspan="2">12.5%</td></tr>
<tr><td>60분 이상 80분 미만</td><td rowspan="3">50%</td></tr>
<tr><td>80분 이상 120분 미만</td><td>25%</td></tr>
<tr><td>120분 이상</td><td>50%</td></tr>
</table></td>
<td colspan="2">□ 열차 지연 / 환급금액
<table>
<tr><th>지연시간</th><th>KTX</th><th>일반열차</th></tr>
<tr><td>20분 이상 40분 미만</td><td>12.5%</td><td>12.5%</td></tr>
<tr><td>40분 이상 60분 미만</td><td>25%</td><td>25%</td></tr>
<tr><td>60분 이상 80분 미만</td><td rowspan="3">50%</td><td rowspan="3">50%</td></tr>
<tr><td>80분 이상 120분 미만</td></tr>
<tr><td>120분 이상</td></tr>
</table></td></tr>
<tr><td>□ 승차권 반환
- 역에서 반환하는 경우

▸ 출발시각 경과 후</td>
<td>▸ 영수액에서 승차권에 표시된 열차가 도착할 다음 정차역까지 운임·요금을 공제 후 환급</td>
<td>□ 승차권 반환
- 역에서 반환하는 경우

▸ 출발시각 경과 후 20분 미만

▸ 출발시각 경과 후 60분 미만

▸ 출발시각 경과 후 도착시각까지</td>
<td>▸ 영수액에서 15% 공제 후 환급

▸ 영수액에서 40% 공제 후 환급

▸ 영수액에서 70% 공제 후 환급</td></tr>
<tr><td></td><td></td><td colspan="2">비고 : 다만, 도착시각 이후에는 환불불가</td></tr>
</table>

3. 집단적 소비자피해의 효율적 구제

1) 소비자집단분쟁조정

소비자기본법에 의하면 집단분쟁조정제도는 다수의 소비자에게 같거나 비슷한 유형의 피해가 발생한 경우, 소비자분쟁조정위원회에서 일괄적으로 분쟁조정을 할 수 있다. 집단분쟁조정은 국가, 지방자치단체, 한국소비자원, 소비자단체, 소비자 또는 사업자가 의뢰하거나 신청할 수 있다. 집단분쟁조정의 대상은 피해를 입은 소비자

의 수가 50인 이상이다. 조정위원회는 동일한 피해를 입은 소비자가 분쟁조정의 당사자로 추가로 참여할 수 있는 기회를 제공하기 위하여 한국소비자원 홈페이지 및 전국을 보급지역으로 하는 일간 신문에 14일 이상 그 절차의 개시를 공고하여야 한다. 그 절차에 참가하려는 소비자는 개시공고기간 내에 서면으로 참가신청을 해야 한다. 조정이 성립된 경우, 그 조정내용은 재판상 화해와 동일한 효력이 있다.

2) 소비자단체소송

독일에서 시작된 단체소송제도는 일정한 공익적 목적을 위하여 설립된 단체로 하여금 소비자보호 등 공공의 이익을 위하여 소송의 형태로 사업자를 상대로 금지청구 등을 할 수 있게 하는 제도이다. 우리나라 소비자기본법에서는 소비자단체소송의 대상을, ① 사업자가 소비자의 권익 증진과 관련된 기준을 위반하는 행위로서, ② 소비자의 생명 · 신체 또는 재산에 대한 권익을 직접적으로 침해하고 그 침해가 계속되는 경우로 제한하고 있다. 그리고 소비자단체소송은 사업자의 위법한 소비자권익침해행위에 대하여 금지나 중지와 같은 부작위를 구하는 형식으로 제기된다. 소비자기본법상의 소비자단체소송은 피해를 입은 소비자가 직접 소를 제기할 수 없는 문제점이 있고, 또한 단체소송으로 인하여 위법한 소비자권익침해행위의 중지 및 금지를 청구할 수 있을 뿐 손해배상을 청구할 수 없는 한계가 있다.

3) 증권관련집단소송

증권관련 집단소송법에 따르면, 증권관련집단소송이란 증권의 매매 또는 그밖의 거래과정에서 다수인에게 피해가 발생한 경우 그 중의 1인 또는 수인(數人)이 대표당사자가 되어 수행하는 손해배상청구소송을 의미한다. 구성원이 50인 이상이고, 청구의 원인이 된 행위 당시를 기준으로 그 구성원이 보유하고 있는 증권의 합계가 피고 회사의 발행 증권 총수의 1만분의 1 이상이어야 한다.

4) 미국의 소비자집단소송

미국의 집단소송(class action)은 다수의 피해자가 집단적으로 발생할 경우 그 피해 집단의 구성원 중 1인(또는 수인)이 다른 피해자들의 개별적 수권없이 가해자를 상대로 모든 피해자들의 손해를 일시에 청구하는 소송제도이다. 집단인증 후 제외신고를 한 구성원을 제외하고 소송에 참가 여부를 묻지 않고 모든 피해자에게 효력을 미치게 하는 특색이 있다(최광선, 2018).

5) 독일의 단체소송

독일은 일찍이 대표당사자소송이 아닌 단체소송제도를 도입하여 시행하고 있다. 소비자의 이익을 제한적이고 개별적으로만 보호받을 수 있는 공공의 이익으로 보아 민사소송절차에서 보호하기 위한 모델로 단체소송을 선택했다. 단체소송에서는 개인의 주관적 권리를 실현하는 것보다는 객관적 권리, 즉 공공의 이익을 실현하는데 주안점을 두고 있다. 단체소송에 관한 독립된 법률은 존재하지 않고 부정경쟁방지법, 경쟁방지법, 금지청구권법 경쟁제한금지법, 상표법 등에서 개별적으로 규정하고 있기 때문에 각 법률마다 약간의 차이가 있다(최광선, 2018).

6) 징벌적 손해배상제도

징벌적 손해배상제도는 가해자의 불법행위로 인한 손해를 피해자에게 배상할 때, 일정한 가중 사유가 존재하는 경우 피해자에게 발생한 실질적인 손해를 넘는 손해배상을 하는 제도이다. 징벌적 손해배상은 피해자의 손해를 보상하는 것을 목적으로 하는 것이 아니라 가해자의 악의적 또는 의도적 고의에 대하여 징벌을 함으로써 가해자 및 제3자가 동일하거나 유사한 행위를 반복하지 않도록 예방하는 것을 목적으로 한다. 징벌적 손해배상제도는 다음과 같은 기능을 가지고 있다(김명엽, 2016).

(1) 처벌적 기능

처벌기능은 그 본질이 위법행위를 한 자에 대한 응보로써 이루어지는 형사상 제재이다.

(2) 법준수 기능

법준수 기능이란 실제 손해 이상의 배상액을 피해자에게 취득하게 함으로써 피해자로부터 불법행위를 고발하도록 유인하는 기능 또는 불법행위를 적발하도록 촉진시키는 기능이다.

(3) 만족적 보상기능

피해자가 소송에서 자신에게 발생한 모든 손해를 주장하고 입증하기는 현실적으로 불가능하다. 징벌적 손해배상을 통하여 완전히 만족하는 배상을 받음으로써 일반적으로 포함되지 않는 정신적 고통에 대한 보상과 변호사비용, 소송비용 등을 보상해주는 기능이 있다.

Chapter 7

소비자문제 해결 기구

1. 소비자단체

출처: 한국소비자단체협의회(www.consumer.or.kr)

〈그림 7-1〉 한국소비자단체협의회 구성단체

소비자는 소비자의 건전하고도 자주적인 조직활동을 촉진하고 권익을 보호하기 위하여 소비자단체를 결성할 수 있다. 한국소비자단체협의회는 소비자보호 활동을 하고 있는 단체를 결합한 협의회를 구성하여 회원단체의 발전을 도와 소비자보호 운동을 효과적으로 전개하기 위하여 만들어졌다. 한국소비자단체협의회는 1976년 4개의 발기단체를 시작으로 현재는 10개의 회원단체와 전국 255개 지역단체들이 목적을 함께하며 소비자운동을 전개하고 있다. 한국소비자단체협의회의 주요 기능은 다음과 같다.

1) 소비자상담과 피해 구제 총괄

회원단체의 소비자상담실 및 전국의 소비자상담실에서는 소비자가 부정불량상품이나 부당한 거래, 서비스 등으로 인해 피해를 입었을 때 이를 보상해주고 개선하기 위한 고발과 상담 활동을 하고 있다. 한국소비자단체협의회에서는 전국의 소비자상담을 총괄하여 실생활에서 발생하는 소비자문제를 정리하고, 소비자에게 유용한 정보를 제공하며, 소비자를 위한 정책수립 및 시행을 위한 자료로 활용될 수 있도록 관리한다.

2) 정보화 사업

인터넷 시대에 소비자들이 다양한 정보의 홍수 속에서 소비자에게 필요한 정보를 탐색하여 합리적이고 안전한 생활을 영위할 수 있도록 전국의 소비자상담실에서 접수되는 소비자고발상담을 데이터베이스로 구축하여 자료의 활용도를 높이고 있다.

3) 소비자운동 자원지도력, 실무지도력 강화

전국의 소비자운동 실무자들의 실무지도력을 강화하기 위하여 해마다 실무자교육을 실시하고, 소비자운동에 참여하는 자원지도력의 양성 및 강화를 위하여 자원지도자 및 자원봉사자 교육 및 소비자를 대상으로 교육을 진행한다.

4) 월간소비자 발간 및 홍보활동

1978년 9월부터 소비생활정보를 모아 월간으로 '소비자'를 발행하고 있다. 상품테스트, 실태조사, 고발처리 등의 결과를 비롯한 각종 소비자 정보를 담은 '소비자'는 소비자에게 생활정보를 주는 한편 소비자 주권의식을 높이는 역할도 한다.

5) 정책 연구 및 제안활동

소비자관련 법률 및 제도를 만들기 위한 각종 정책연구와 정책제안활동을 한다. 소비자보호법, 제조물책임법, 약관규제법, 전자상거래보호법, 식품위생법, 주택임대차보호법, 방문판매 등에 관한 법률 등의 제정 및 개정에 소비자 단체의 의견을 적극 반영하고 있으며 소비자의 의견을 최대한 수렴하여 정책 및 법률제정에 반영하기 위하여 세미나 및 공청회를 개최하고 있다.

6) 물가조사 및 감시활동 총괄

전국에서 활동하고 있는 물가감시원들과 함께 기초생활필수품 및 개인서비스요금에 대한 정기물가조사와 특별물가조사를 실시하고 있다.

7) 캠페인

합리적인 소비문화 캠페인을 꾸준히 벌여 소비자의 물가 불안 심리로 인한 충동구매, 사재기 등을 억제하고 낭비적인 소비생활태도의 개선을 유도해왔다. 각 회원단체별로 다양한 주제에 따라 캠페인을 전개하고 있으며 단체의 연대가 필요한 경우에는 회원단체들이 함께 캠페인을 전개하기도 한다.

8) 국제 협력

세계 각국의 소비자 단체가 서로 정보를 교환하기 위해 정보를 제공하며 악질적 수출에 제재를 가하고 소비자 국제경찰기구를 설치하여 국제무역의 악성거래를 감시/감독하며 벌칙을 두고 있다. 국제소비자기구(CI)는 1960년에 설립되어 이러한 목적으로 운영되며 현재 100여 개국 200단체가 참여하고 있다. 한국은 1970년에 처음으로 가입하였으며, 현재 한국소비자단체협의회, 한국소비자연맹, 소비자시민모임 등 5개 단체가 가입되어 있으며 CI에서 개최하는 세미나, 워크숍, 회의 등에 단체들이 참여하고 있다. 또한 세계시장의 단일화에 따라 나타나는 여러 소비자문제의 해결 및 사전예방 등을 위하여 CI 뿐 아니라 다양한 분야에서 국제 연대와 협력을 위해 노력하고 있다.

2. 정부와 지방자치단체

1) 공정거래위원회

(1) 기능

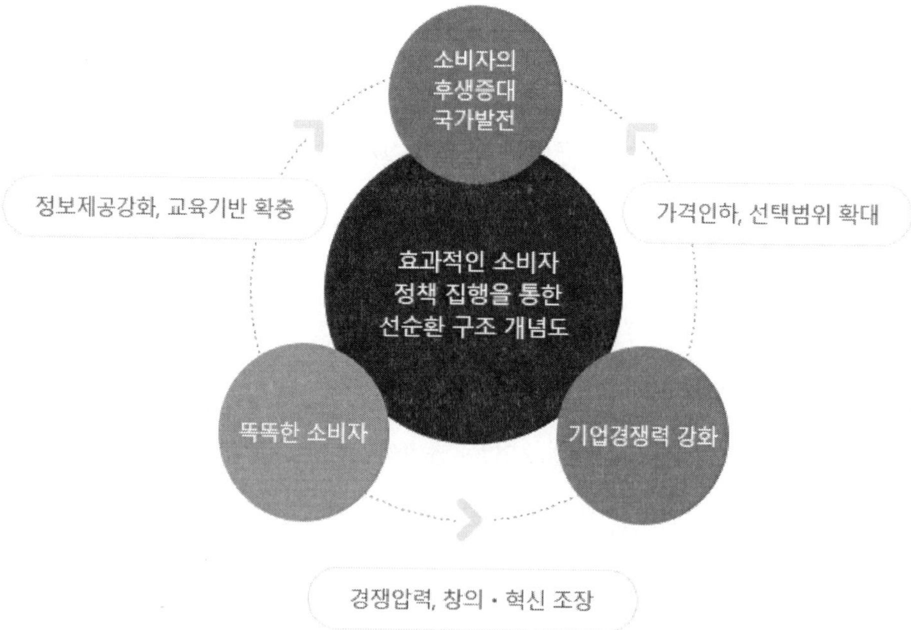

출처: 공정거래위원회(https://www.ftc.go.kr)

〈그림 7-2〉 효과적인 소비자정책 집행을 통한 선순환구조 개념도

공정거래위원회는 독점 및 불공정 거래에 관한 사안을 심의 의결하기 위해 설립된 국무총리 소속의 중앙행정기관이자 합의제 준사법기관으로 경쟁정책을 수립 운영하며 공정거래 관련 사건을 심결 처리하는 역할을 담당하고 있다. 서울, 부산, 광주, 대전 및 대구에 사무소를 설치하고 있고, 산하기관으로 한국소비자원과 한국공정거래조정원을 두고 있다. 공정거래위원회는 경쟁촉진, 중소기업 경쟁기반 확보, 경제력 집중 억제와 함께 소비자주권을 확립하는 활동이 중요기능이다.

과거 열등한 지위에 있는 소비자를 보호하는 데 초점을 맞췄던 '보호론적 관점'에서 소비자가 자주적으로 문제를 해결할 수 있도록 지원해 주는 '주권론적 관점'으로 소비자정책의 패러다임이 전환되었다. 소비자의 능력을 배양하는 효과적인 소비자정책은 소비자에게는 직접적인 후생증대를, 기업에게는 기술개발과 가격인하를 유도하는 경쟁압력으로 작용하는 선순환 구조의 초석이 될 수 있다.

소비자주권을 확립하기 위하여 공정거래위원회는 다음과 같은 기능을 수행하고 있다.

- 소비자에게 일방적으로 불리하게 만들어진 약관조항을 시정하고 표준약관을 보급함으로써 불공정 약관으로 인한 소비자 피해를 방지한다.
- 허위, 과장의 표시와 광고를 시정하고 소비자 선택에 꼭 필요한 중요정보를 공개하도록 함으로써 소비자가 정확한 정보를 바탕으로 합리적인 선택을 할 수 있도록 한다.
- 할부거래, 방문판매, 전자상거래 등 특수한 거래분야에서 나타날 수 있는 특수한 유형의 소비자피해를 방지한다.

(2) 소비자정책 추진체계 확립

① 소비자정책 기본계획 수립

소비자정책위원회를 구성하여 종래의 1년 위주의 단기적 시책에서 벗어나 중장기적 관점에서 소비자정책을 체계적이고 일관성 있게 추진해 나갈 수 있도록 3년 단위로 소비자정책에 관한 기본계획을 수립하고 있다.

출처: 공정거래위원회(https://www.ftc.go.kr)

〈그림 7-3〉 소비자정책위원회의 구성

② 경쟁정책과 소비자정책의 관계 확립

경쟁정책과 소비자정책은 시장을 대상으로 한다는 점과 궁극적 목적이 소비자후생을 증대하고 있다는 점에서 상호 밀접한 관련성을 가지고 있다. 소비자정책이 공정위로 일원화됨에 따라 경쟁정책과 소비자정책을 연계하여 추진할 수 있는 토대가 마련되었다. 경쟁정책에서는 다수의 우량상품이 거래되는 우수한 시장환경을 조성하고 가격, 품질, 서비스에 대한 사업자의 경쟁을 유도하고, 소비자정책 영역에서는 정확한 시장정보를 제공하고 효율적인 피해구제 절차를 마련하고 최적의 소비자선택을 통하여 부실기업을 퇴출시킴으로써 국가경쟁력을 제고하고 소비자후생을 극대화할 수 있다.

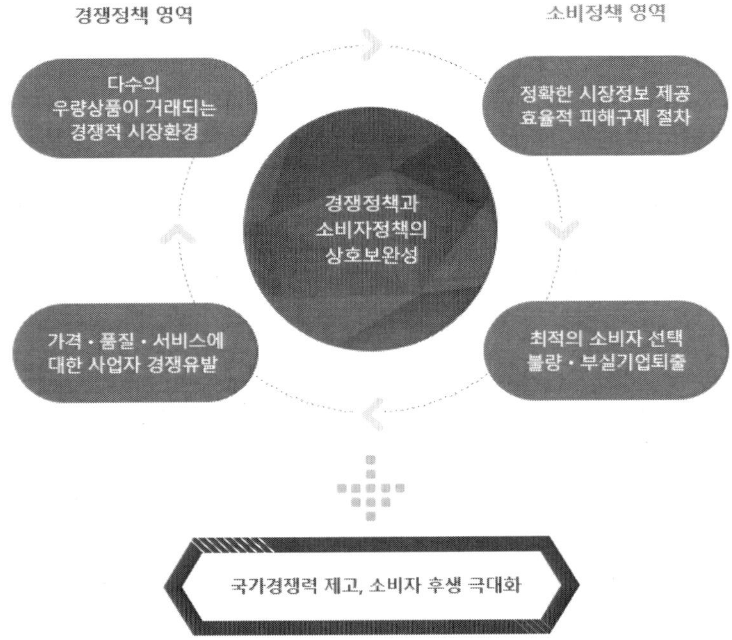

출처: 공정거래위원회(https://www.ftc.go.kr)

〈그림 7-4〉 경쟁정책과 소비자정책의 상호보완성

〈표 7-1〉 소비자정책의 범위와 추진체계

		주요법령		주요 관련 기관
		공정위소관	타부처소관	
규제행정	거래적정화	공정 거래법, 표시 광고 법, 할부 거래법, 방문 판매법, 약관 규제법, 전자 상거래 소비자 보호법 등	품질경영 및 공산품 안전 관리법, 산업표준화법 등	공정위, 산업통상자원부
	안정성보장	소비자기본법	약사 법, 식품 위생법, 품질 경영 및 공산품 안전 관리법 등	복지부, 산업 통상 자원부, 식품 의약품안전처
지원행정	정보제공	표시 광고법	각 부처 개별법령	공정위,소비자원
	소비자교육	소비자기본법	평생교육법	각 부처 공통
	피해규제	소비자기본법, 제조물책임법	민법	공정위, 소비자원, 법원

출처: 공정거래위원회 (https://www.ftc.go.kr)

(3) 행복드림 열린소비자포털

행복드림 열린소비자포털은 공정거래위원회가 다른 정부기관, 공공기관 및 민간기관과 함께 정부, 공공, 민간기관에 분산되어 있는 정보를 실시간 맞춤형으로 제공하고 피해구제기관에 대한 종합신청창구를 마련하여 소비생활 중에 발생할 수 있는 피해를 예방하고 쉽게 구제받을 수 있는 곳이다. 행복드림 열린소비자포털은 2단계에 걸쳐 구축하였으며, 1단계(2016년 말 구축완료)는 7개 상품/안전정보 제공기관과 26개 피해구제기관이 참여하며, 2단계(2017년 말 구축완료)는 19개 상품/안전정보 제공기관과 43개 피해구제기관이 참여하고 있다.

① 상품안전정보(상품정보/리콜정보/인증정보)

- 상품(물품/용역)에 대한 기본정보, 부가정보, 사업자정보 등을 함께 조회
- 해당 상품에 대한 리콜상태 및 인증상태가 추가 정보로 표시
- 상품을 '나의 관심상품'으로 등록(찜)해두면, 향후 해당 상품에 대한 리콜이 시행되는 경우 문자서비스(SMS) 및 행복드림 앱으로 알림(PUSH)서비스를 받을 수 있음

② 상담 및 피해구제/분쟁조정

피해구제 신청 서비스는 69개 기관의 접수창구를 한 곳에 모아 구축한 부분으로, 소비자는 모바일 앱, 인터넷 포털 중에 이용하기 편리한 방법을 택하여 적합한 피해구제기관과 상담/피해구제 신청을 처리할 수 있다.

- 온라인상담 및 피해구제/분쟁조정 신청절차를 종합한 '통합상담신청' 서비스를 제공
- 소비자 피해예방을 위한 각종 사례를 분류별, 유형별로 제공

③ 소비자정보

상품안전정보 제공 서비스는 26개 기관이 보유하고 있는 1,000만 건의 상품/안전정보를 종합하여 소비자에게 제공하는 부분으로, 소비자는 스마트폰으로 상품 바코드를 찍거나 상품명 등을 입력하여 정보를 조회할 수 있고, 관심 있는 상품을 등

록하여 향후 발생되는 리콜정보에 대해 자동 알림메시지를 받을 수도 있다.

- 상품비교정보
  - 비교공감: 한국형 컨슈머리포트로 시험결과 제품별 특징, 구매가이드 등 제공
  - 일반비교정보: 공공 및 민간단체에서 정보소비자에게 유용한 상품상태 정보
  - 문자알림서비스: 휴대폰번호 등록 시, 상품비교정보 문자서비스 제공
- 소비자교육
  - 교육정보: 소비자에게 유용한 상품안전 지식 제공
  - 교육일정: 주제별, 지역별, 대상별 소비자교육 정보 안내
- 가격정보 및 금융, 보험, 의료 연계기관
  - 서비스 가격정보: 공공요금, 서비스요금 등 각종 가격정보 제공
  - 금융/보험정보, 의료정보, 소비자/교육 연계기관 바로가기 제공

④ 행복드림표지

행복드림표지제는 기업이 행복드림 열린소비자포털에 소비자관심도가 높은 항목들(성분, 품질보증기준, 주의사항 등)을 직접 입력하면 공정거래위원회에서 해당 내용을 확인한 후 행복드림표지를 발급하는 제도다. 행복드림표지는 기업의 자발적 정보제공을 알리는 표지이며, 상품의 우수성 · 안전성 등의 인증과는 무관하다. 기업은 발급받은 등록표지를 해당 상품의 본체 또는 포장지 등 소비자가 확인하기 쉬운 곳에 자율적으로 표시할 수 있다. 기업이 해당 표지를 무단 변형 · 사용하거나 공정위가 해당 상품의 우수성에 대해 인증을 한 것으로 오인하게 하는 경우에 공정거래위원회는 등록표지 부여를 취소하거나 「표시광고의 공정화에 관한 법률」을 적용하는 등 시정에 필요한 조치를 할 수 있다.

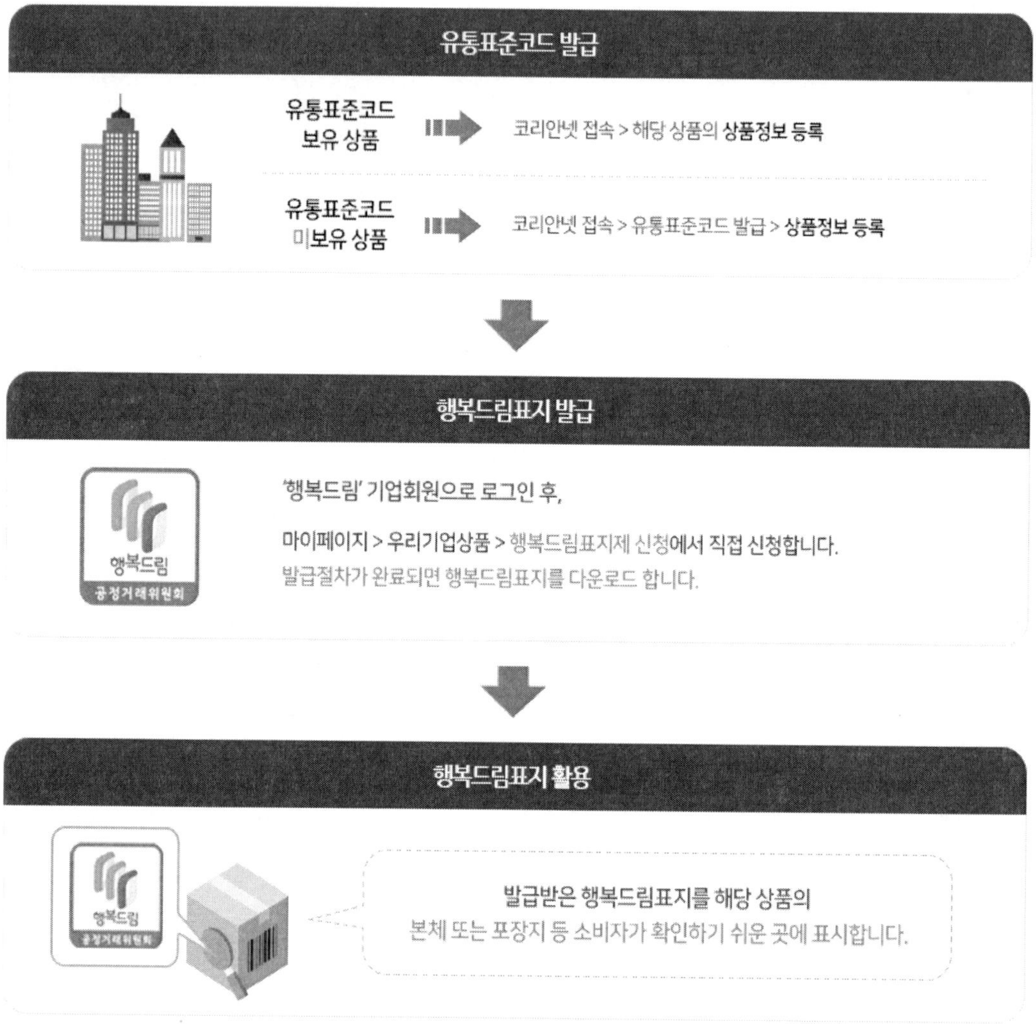

출처: 공정거래위원회(https://www.ftc.go.kr)

〈그림 7-5〉 행복드림표지 발급절차

2) 한국소비자원

한국소비자원은 1987년 7월 1일 소비자보호법에 의하여 한국소비자보호원으로 설립된 후, 2007년 3월 28일 소비자기본법에 의해 한국소비자원으로 기관명이 변경되었다. 한국소비자원은 소비자의 권익을 증진하고 소비생활의 향상을 도모하며 국민경제의 발전에 이바지하기 위하여 국가에서 설립한 전문기관이다.

(1) 조직도

출처: 한국소비자원(www.kca.go.kr)

〈그림 7-6〉 한국소비자원 조직도

(2) 기능과 역할

① 정책 연구

우리나라의 소비자정책을 효과적으로 추진하기 위해 소비자법령 정비, 소비자보호제도 개선, 소비자정책의 선진화 등 다양한 연구를 수행하고 있다. 또한, 연구 결과를 토대로 관련 행정기관과 국회에 정책과 입법을 건의하는 한편 정책 결정의 참고자료로 활용하도록 기초자료를 제공하고 있다.

② 거래 개선

한국소비자원은 소비생활과 관련된 상품과 서비스의 거래 전 과정에서 소비자중심의 시장을 형성하고 기업과 소비자가 함께 발전할 수 있는 건강한 소비시장 구현을 위하여 부당한 거래 관행과 제도를 개선하고 있다.

기업 스스로 소비자 친화적인 시장 환경을 조성하도록 CCM(소비자중심경영) 인증제도를 운영하고 있다. 공정거래위원회가 인증하고 한국소비자원이 운영하는 CCM 인증제도는 기업이 수행하는 모든 활동을 소비자 관점에서, 소비자 중심으로 구성하고 관련 경영활동을 지속적으로 개선하고 있는지를 평가한다.

③ 피해구제

소비자 피해구제는 소비자분쟁해결기준(공정거래위원회 고시) 등 관련 법률과 시험검사 및 심의위원회 · 전문위원회 운영을 통해 피해의 원인을 규명하여 소비자와 사업자에게 객관적이고 공정하게 합의를 권고함으로써 신속하게 분쟁을 해결하고 있다.

출처: 한국소비자원(www.kca.go.kr)

〈그림 7-7〉 한국소비자원의 기능과 역할

④ 소비자안전

한국소비자원은 소비자 위해정보를 수집 · 분석 · 평가하고 위해 다발 품목에 대한 심층적인 조사 및 제품 안전성 시험검사를 통하여 소비자 안전을 도모한다. 소비자안전은 사업자가 제공하는 제품이나 시설물, 용역(서비스)의 결함으로 인해 발생하였거나 발생할 우려가 있는 신체 또는 재산상의 위해를 모두 포함한다.

지속적으로 증가하는 소비자 위해정보를 체계적으로 수집 · 관리하기 위하여 CISS(Consumer Injury Surveillance System, 소비자위해감시시스템)를 운영하고 있다. CISS는 위해정보제출기관인 전국의 병원 및 소방서와 1372 소비자 상담센터, 소비자 위해정보 신고 핫라인 (080-900-3500), 국내외 언론 등을 통해 위해정보를 수집하고 분석 · 평가하여 관련 조치를 취할 수 있도록 구축된 소비자 위해상황 상시감시 시스템이다.

소비자안전센터는 CISS를 통해 수집 · 분석된 위해정보를 바탕으로 물품 등 안전성에 관한 사실 공표와 위해 물품 제공 사업자에 대한 시정권고 권한을 갖는다. 이를 통해 관계 기관에 리콜 및 제도개선을 건의하고, 사업자에게 시정을 촉구하며, 소비자에게 안전정보를 제공하는 등 소비자 안전 확보를 위해 노력하고 있다.

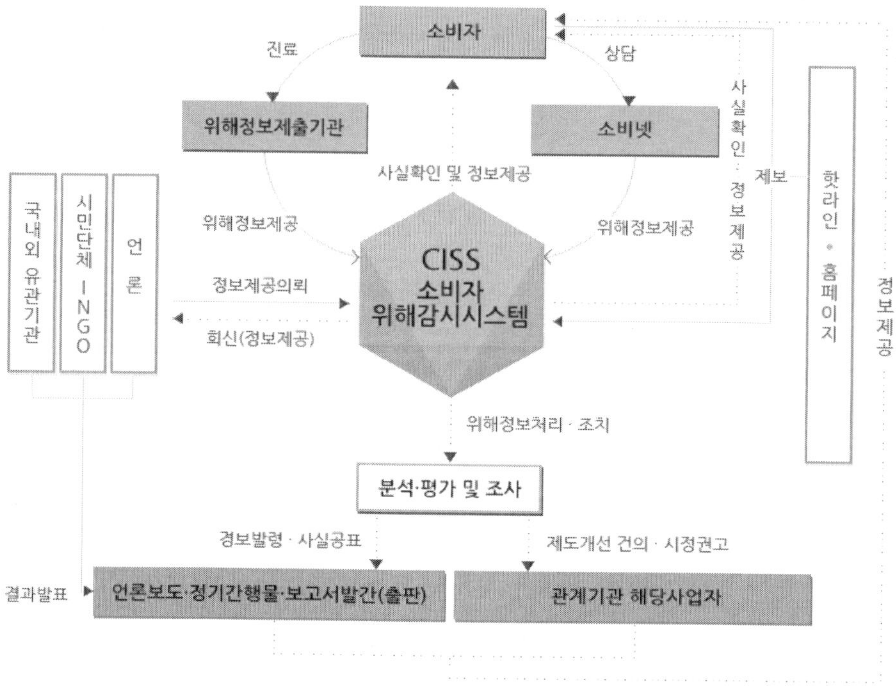

출처: 한국소비자원(www.kca.go.kr)

〈그림 7-8〉 소비자위해감시시스템

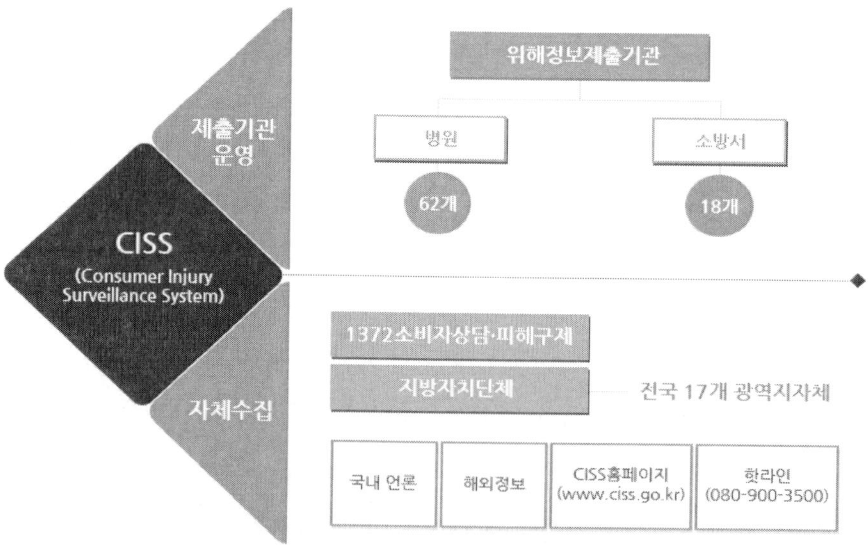

출처: 한국소비자원(www.kca.go.kr)

〈그림 7-9〉 소비자위해감시시스템

출처: 한국소비자원(www.kca.go.kr)

〈그림 7-10〉 온라인 구매 제품 안전을 위한 소비자 준수 사항

출처: 한국소비자원(www.kca.go.kr)

〈그림 7-11〉 온라인 구매 제품 안전을 위한 판매자 준수 사항

⑤ 시험검사

한국소비자원은 소비자의 일상생활과 밀접한 각종 상품의 품질 · 성능 · 안전성 등을 시험 · 검사하여 소비자에게 상품 정보를 신속하게 제공하고 업체의 품질 향상을 유도한다. 소비자 분쟁의 대상이 된 상품은 과학적 시험을 통해 인과 관계를 규명함으로써 공정한 분쟁 처리의 근거를 제시한다. 한국소비자원은 상품 시험검사를 통해 제품의 기능 · 내구성과 같은 품질 정보와 더불어 소비자 관점에서 상품의 가치를 평가함으로써 소비자에게 합리적인 상품 선택정보를 제공하고, 관련 기업의 품질 경쟁력 향상에 기여하고 있다.

⑥ 소비자 교육

한국소비자원은 소비자 피해 예방, 소비자 행정, 기업체 소비자 업무, CCM 인증 업무 등 다양한 주제로 학교 · 정부 · 기업 등을 대상으로 소비자 교육 및 연수를 실시하고 있다. 교사 · 학생을 대상으로 하는 교사 연수 · 소비자교육 시범학교 · 견학 프로그램, 소비자 행정 담당 공무원 교육, 소비자 상담 담당자 교육, 기업체 소비자 업무 담당자 교육, CCM 인증기업 교육 등이 있다.

⑦ 소비자정보

한국소비자원은 소비자 법령 · 정책 자료, 각종 시험검사 · 조사 · 연구 보고서, 소비자 피해 사례 · 예방 정보, 소비자 선택 정보 등 각종 분야의 정보를 온 · 오프라인을 통해 제공한다. 1988년 1월에 창간한 월간 '소비자시대'는 현명한 소비 생활에 도움을 주는 상품 · 서비스 정보, 피해 사례와 예방 정보 등을 담은 소비자 전문지다.

(3) 1372 소비자상담센터

① 소비자상담센터의 특징

- 신속한 소비자 상담을 위한 전국 단일 소비자 상담을 위한 전국 대표번호 채택 (전화 : 국번없이 1372)

* 이용시간 : 평일 09:00 - 18:00
* 이용요금 : 일반 통화요금 부과
- 인터넷을 이용한 24시간 상담접수 서비스 (www.ccn.go.kr)
- 소비자상담 포털을 통한 다양한 소비자정보 제공

– 고품질의 상담서비스를 위한
- 모범상담 DB제공으로 고품질 상담자료 제공
- 사업자와의 신속한 연결을 통해 상담 및 피해구제 서비스 개선
- 정기적인 상담원 교육 및 만족도평가로 서비스 수준 향상

– 상담원과 사업자의 상담업무처리 편의성 증대를 위한
- 전국 모든 상담원이 공통사용하는 상담응대 업무처리시스템 제공
- 상담기관별 분산관리되던 소비자정보의 통합관리
- 전화와 인터넷 상담이력 관리를 통한 상담처리 편의성 증대
- 상담원, 상담기관, 사업자의 원활한 상담업무지원

② 소비자상담센터의 주요기능

– 지능적 전화 연결 시스템

전국 단일의 대표번호를 통해 소비자가 원하는 상담기관으로 혹은 상담 가능한 인근지역 상담원에게 전화를 신속히 연결

– 상담 응대용 업무 프로그램

전국 모든 상담원이 상담 내용을 입력하고, 축적된 상담 정보를 함께 공유하는 상담 업무 프로그램

– 피해 내용 입력 및 피해구제 접수

상담단계에서 해결되지 않는 사건해결을 위해 상담원이 피해 내용을 입력하고, 피해구제로 접수하는 프로그램

– 모범상담사례 및 판례 DB

모범상담 및 판례 DB는 소비자상담 시 발생할 수 있는 상담 사례를 물품 및 서비스 별로 체계화하여 질의/답변 형식으로 저장된 것

– 소비자상담 포탈

소비자, 상담원, 자율처리 사업자 계층별 맞춤 서비스로 소비생활 관련 뉴스, 상담정보, 통계등 다양한 정보를 제공

- 인터넷 상담 / 자동상담

  소비자는 소비생활과 관련하여 궁금한 사항을 모범상담 사례검색과 자동상담으로 유사 상담사례를 찾아볼 수 있음

  자동상담은 소비자 개인과 가장 유사한 상황을 순차적으로 선택할 수 있도록 제공하여 상황에 적합한 답변을 제공하는 프로그램

- 자율상담처리

  접수된 소비자 상담 건 중 사업자와 연계를 통해 사업자가 자율적인 소비자 불만처리가 가능하도록 제공되는 프로그램

- 통계시스템

  소비자 상담, 소비자 피해구제, 소비자 분쟁조정에서 생성되는 상담 정보를 품목, 처리결과, 판매유형, 접수방법, 지역 등 지정하는 조건에 따라 통계조회가 가능한 시스템

출처: 한국소비자원(www.kca.go.kr)

〈그림 7-12〉 1372 소비자상담센터의 구성

〈표 7-2〉전국 1372 소비자상담센터

1372 소비자상담센터		내선번호
서울특별시	서울시청 노동민생정책관 공동경제담당관 소비자보호팀 소비생활센터	02-2133-1214
부산광역시	부산시청 일자리경제본부 경제기획과 소비생활센터	051-888-2143
대구광역시	대구시청 창조경제본부 경제정책과 소비생활센터	053-803-3224
인천광역시	인천시청 경제산업국 생활경제과 소비생활센터	032-440-4203
광주광역시	광주시청 일자리경제국 민생경제과 소비생활센터	062-613-3741
대전광역시	대전시청 과학경제국 일자리경제과 소비생활센터	042-270-3532
울산광역시	울산시청 경제산업국 창업일자리과 소비자센터	052-229-2888
세종특별자치시	세종특별자치시청 경제산업국 일자리정책과 생활경제팀	044-300-4044
강원도	강원도청 경제진흥국 경제정책과 소비생활센터	033-249-3035
경기도	경기도청 경제실 경제정책과 소비자정보센터(남부청사)	031-251-9898
	경기도청 경제실 경제정책과 소비자정보센터(북부청사)	031-876-9898
경상남도	경남도청 미래산업본부 경제정책과 소비생활센터	055-211-3415
경상북도	경북도청 일자리민생본부 민생경제교통과 소비자행복센터	054-880-2655
전라남도	전남도청 경제과학국 지역경제과 소비생활센터	061-286-4171
전라북도	전북도청 경제산업국 일자리경제정책관 소비생활센터	063-237-2922
충청남도	충남도청 경제산업실 경제정책과 소비생활센터	041-635-2212
충청북도	충북도청 경제통상국 경제정책과 소비생활센터	043-220-3225
제주특별자치도	제주특별자치도청 산업경제국 경제정책과 소비생활센터	064-710-2622

(4) 소비자분쟁조정위원회

소비자분쟁조정위원회는 소비자분쟁에 대한 조정요청 사건을 심의하여 조정결정을 하는 준사법적인 기구다. 소비자분쟁조정위원회의 분쟁조정은 법원에 의한 사법적 구제 절차를 진행하기 전에 당사자 간의 분쟁을 해결하기 위한 마지막 수단이다. 소비자분쟁조정위원회는 위원장 1명을 포함한 150명 이내의 위원으로 구성하며 위원장을 포함한 5명은 상임으로 하고 나머지는 비상임으로 한다. 위원은 한국소비자원장의 제청으로 공정거래위원장이 임명한다.

3) 지방자치단체

다음은 각 지방자치단체의 소비생활센터가 센터의 설립목적을 명시한 것이다.

- 강원도소비생활센터(http://consumer.gwd.go.kr)

소비자보호 및 피해구제 업무 등 소비자 행정수요가 증가함에 따라 지식경제부와 행정안전부의 지원 하에 광역지자체에 소비생활센터를 설치하여 소비자보호의 중심기구로 육성하고 발전시켜 민관협력체계 구축을 통한 소비자보호 업무의 활성화를 위한 준비에 만전을 기하고 있다.

- 광주광역시소비생활센터(http://sobija.gwangju.go.kr)

소비생활센터는 2001년 11월 19일 전국에서 최초로 광주광역시가 개설한 소비자문제 전담기구로서, 소비자상담 및 피해구제의 처리, 소비자에게 필요한 정보의 수집 및 제공, 사업자의 부당행위에 대한 조사, 권고 및 공표, 소비자 권익과 관련된 제도. 정책의 연구 및 개선 건의, 지방분쟁조정위원회 개최 및 관내 소비자단체의 육성을 위한 활동지원 등의 일을 한다.

- 경기도소비자정보센터(http://www.gg.go.kr/gg_info_center)

경기도 소비자정보센터는 소비자의 권익증진을 위해 1999년 8월 설치된 지방소비자행정 전담기구다. 소비자상담 및 피해구제, 피해예방을 위한 계층별 교육, 제도개선을 위한 설문조사, 소비자능력향상을 위한 정보제공 등을 통해 소비자주권실현을 위해 노력하고 있다. 消비자가 笑비자가 되는 순간까지 최선을 다하겠다고 다짐하고 있다.

- 경상북도소비자보호센터(http://consumer.gb.go.kr)

경상북도소비자보호센터는 현대사회의 다양한 소비환경에 대처하고, 소비생활에서 겪는 각종 불만이나 피해를 상담하고 구제하며, 소비자의 능력향상을 위한 소비자교육 등 경북지역 소비자권익보호를 위해 노력하고 있다.

- 경상남도소비생활센터(http://www.gyeongnam.go.kr)

경상남도 소비생활센터는 우리 도민의 신체적 · 재산적 피해를 보호하기 위해 2003년 1월 20일 경상남도가 소비자 문제를 해결하기 위해여 개설한 전담기구다.

- 대구광역시소비생활센터(http://www.daegu.go.kr/sobi/index.do)

대구광역시 소비생활센터는 시민의 소비생활 향상과 소비자의 권익 보장을 위하여 2003년 9월 5일 개소한 소비자문제 전담기구로써 소비생활과 관련된 불만 및 피해구제, 소비자교육 및 정보제공, 소비자단체 지원, 다양한 소비자 시책 등을 수립 추진하고 있다.

- 대전광역시소비생활센터(http://www.daejeon.go.kr/cons/index.do)

정보통신기술의 발달과 인터넷 이용의 확대로 전국적이고 동시다발적으로 발생하고 있는 소비자 피해에 적극적이고 능동적으로 대처하기 위하여 2003년 3월 19일 대전광역시가 개설한 소비자문제 전담기구다.

- 부산광역시소비생활센터(http://www.busan.go.kr/economy/ahlifecenter01)

부산광역시 소비생활센터는 지역의 소비자보호행정을 전문적으로 수행하는 행정조직으로서, 소비자피해를 사전에 예방하기 위한 교육, 조사 · 연구 등의 업무와 더불어 사후적으로 소비자피해의 신속하고 효과적인 해결을 위한 업무를 수행하며, 소비자단체의 각종 소비자보호 활동을 지원하여 단체의 자주적 소비자보호 역량을 키워줌으로써 지역주민의 소비생활의 질과 만족도를 향상시키고 지역경제에 이바지하고 있다.

- 서울전자상거래센터(https://ecc.seoul.go.kr)

안전한 전자상거래를 위해 서울시와 한국소비자연맹이 함께하는 이 센터는 소비자의 거래안전과 선택을 위하여 온라인쇼핑몰에 대한 정보제공과 소비자와 사업자 간의 문제 해결을 위한 상담 및 피해예방을 위한 소비자와 사업자 교육을 주요 활동으로 전개하고 있다. 2004년부터 모니터감시단을 운영하고 있으며, 매년 100대쇼핑몰에 대한 다면적 평가를 하고 있다. 특히 비대면 거래에서 오는 온라인사기사이트에 의한 소비자피해 예방을 위해 관계기관과의 협력체계를 구축하고 있다.

- 서울특별시 소비생활센터

서울특별시 노동민생정책관 산하 공동경제담당관 소속 소비자보호팀에서 이 센터를 운영하고 있고 별도의 홈페이지는 없으며 1372 소비자상담센터 홈페이를 사용하고 있다.

- 울산광역시소비자센터(http://www.ulsan.go.kr/consumer)

소비자의 기본 권익을 보호하고 소비생활의 합리화를 도모하기 위하여 2003년 5월 30일 개소한 소비자문제 전담기구이다.

- 인천광역시소비생활센터(http://consumer.incheon.go.kr)

소비생활센터는 인천 지역 거주 소비자의 신체적 · 재산적 피해를 보호하고, 건전하고 합리적인 소비생활을 돕기 위해 2003년 4월 21일 인천광역시가 개설한 소비자문제 전담기구다.

- 전라남도소비물가정보(http://sobi.jeonnam.go.kr)

전라남도소비생활센터는 소비생활영역 전반에서 일어나는 소비자분쟁(불만)에 대하여 직접 상담 및 처리하며, 소비자의 권익증진과 소비생활 향상을 도모하기 위한 소비자문제전담기구다.

- 전라북도소비생활센터(http://www.jeonbuk.go.kr)

전라북도 소비생활센터는 복잡하고 다양해지는 소비자문제에 적극적으로 대응하고 소비자 정책을 효율적으로 추진하여 소비자의 기본 권리를 실현하고, 합리적 소비생활을 향상 시키기 위하여 2003년 8월 1일 개소한 소비자문제 전담기구다.

- 충청남도소비자보호센터(http://www.chungnam.go.kr/consumerMain.do)

충청남도 소비자보호센터에서는 소비자의 기본권익을 보호하고 소비생활에 필요한 각종 정보제공 등을 통하여 소비자주권을 실현하기 위한 다양한 활동을 수행하고 있는 소비자문제 전담기구다.

- 충청북도소비생활센터(http://sobi.cb21.net/)

점차 확대되고 소비자 행정 수요에 대하여 적극적으로 대처하고 소비자의 권리를 실현하기 위하여 2003년 8월 20일 충청북도에서 개설한 소비자문제전문기구다.

- 제주특별자치도소비생활센터(http://sobi.jeju.go.kr)

소비생활의 급격한 변화에 대한 신속한 대응 및 매년 증가 추세인 소비자피해에 능동적으로 대응하여 서민생활을 안정시키고자, 2003년 9월 1일 제주특별자치도가 설치한 소비자보호 전담기구다.

3. 기업의 소비자전담부서

기업소비자전문가협회(The Organization of Consumer Affairs Professionals : OCAP)는 기업과 소비자의 균형 있는 발전을 추구하는 공정거래위원회 소관 사단법인이다. 1984년 설립된 이래, 건전한 소비문화와 올바른 기업문화를 정착시키기 위해 노력하고 있다. 기업의 발전방향과 소비자보호에 대해 각 분야의 전문가와 협업하고 있으며, 각 산업별 분과위원회를 통해 업계동향과 관련한 각종 정보를 공유하고 업종별 소비자 주요 이슈에 대한 공동대응 방안을 모색하고 있다.

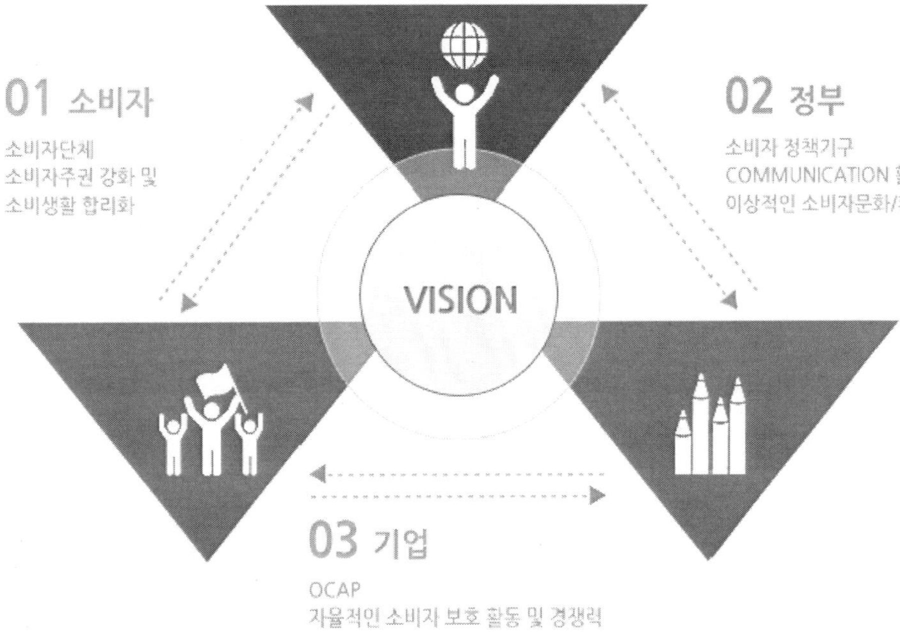

출처: 기업소비자전문가협회(www.ocap.kr)

〈그림 7-13〉 OCAP의 비전

소비자권익을 증진하고 기업의 윤리경영을 더욱 강화하기 위하여 다음과 같은 기업의 소비자보호강령을 선포하였다.

하나, 우리는 제반법규를 준수하고 공정하게 경쟁함으로써, 깨끗한 경제 사회풍토의 정착에 힘쓴다.

둘, 우리는 끊임없는 경영혁신과 연구개발로 소비자에게 최상의 제품과 서비스를 제공한다.

셋, 우리는 모든 위험으로부터 소비자의 안전과 생명을 보호 하며, 제품 결함에 의한 피해를 신속히 보상한다.

넷, 우리는 소비자에게 신의를 지키는 정직한 기업활동을 하며, 고객 정보를 다른 목적으로 이용하지 않는다.

다섯, 우리는 자원절약과 환경오염 예방에 힘써 소비자가 쾌적한 생활을 할 수 있도록 노력한다.

다른 업종과의 교류를 통해 새로운 발전방향을 만들어 내고 있으며, 정부 및 민간단체와의 협력을 통해 CS(Customer Satisfaction)를 향상시키고 기업의 CS부서의 위상을 제고하고 기업, 정부기관, 소비자단체, 소비자가 모두 만족할 수 있는 해결점을 도출하고자 노력하고 있다. 기업소비자전문가협회의 주요사업은 다음과 같다.

- 對정부 및 소비자 단체와의 업무 교류
  - 각종 소비자 관련 법률의 제 · 개정 시 공청회 참석 및 업계 의견 종합
  - 각종 소비자 현안에 대한 업무 및 정보교류를 통해 기업의 소비자 보호활동 효율성 제고

- 조사연구 및 정보제공 사업
  - 각종 소비자 현안 및 동향에 관한 정보 제공
  - 회원사 시설 견학 및 이업종 교류회
  - 정기회의 및 고객만족 특강을 통한 회원 교류를 통한 실시간 정보제공
  - 분과위원회 운영 및 분과별 사례 발표회를 통한 전문 분야 심층 정보 제공

- 교육사업
  - 고객상담실 관리자 과정
  - 문제행동 소비자 대응 과정
  - CS리더쉽 과정
  - 법률전문가 과정
  - 컴플레인 협상전문가 과정
  - CCM 인증교육 및 컨설팅

- 국제교류 사업
  - World CAP 교류회
  - 미국 SOCAP 및 일본 ACAP 조직과의 교류회
  - 해외 우수기업 CS 벤치마킹 연수

· 해외 우수기업과의 소비자 관련 정보 교류

- 홍보, 출판사업
  · 간행물 「기업소비자정보」발행
  · 고객 만족사례집, 소비자 관련 자료집 출판
  · 웹진 「뉴스레터」발행

- CS컨설팅 사업 및 CS경영 홍보 사업
  · CS 컨설팅 사업 : 중소기업의 소비자 보호부문 육성을 위한 지원사업
  · 소비자의 날 정부 포상자 기업측 추천기관
  · 정보전시회

Chapter 8

소비문화

소비문화는 현대 소비사회를 지배하는 중요한 키워드의 하나로 다양한 소비생활에 중요한 영향을 미치고 있다. 소비는 경제적 행위일 뿐만 아니라 사회문화적 행위가 되고 있기 때문이다. 예를 들면 우리의 생존을 위한 가장 기본적인 소비행위에 해당되는 음식을 소비하는 행위도 음식에 포함되어 있는 영양적 요소를 넘어 그 상징적 의미까지도 먹는 사람에게 편입시킴으로써 개인의 주체성을 형성하고, 그를 특정 집단이나 문화에 포함, 또는 배제시키는 수단으로 활용되고 있다. 특정 음식을 소비하는 행위와 관련 의식들이 그 음식의 상징적 속성과 가치를 취해 자아를 구성하고, 다른 소속 집단과 문화의 독특한 규범과 가치를 내면화하고 공유하는 과정을 통해 개인적이고 집합적인 정체성을 획득하는 기제가 되었다(고명지, 최유정, 최샛별, 2017).

1. 소비 의미의 변화

소비의 의미는 농업과 수공업이 지배적이었던 전통사회에서 상품의 대량생산을 가능하게 하는 산업자본주의사회로 이행되면서 근본적으로 변화하였으며, 첨단 커뮤니케이션의 발달과 정보화를 특징으로 하고 있는 후기자본주의사회에서 다시 한 번 근본적으로 변화하였다(이진우, 1998).

1) 전통사회의 소비: 존재를 실현하기 위한 물품의 사용-사용가치의 산출

생산과 소비가 분리되지 않았던 전통사회에서 인간은 자신이 생산한 물품을 직접 사용했다. 소비는 물, 공기, 음식 등과 같이 인간의 기본적인 욕구를 충족시키기 위한 물품을 사용하는 것을 의미하였기 때문에 소비는 사용가치를 창출하기 위한 것이었다. 예를 들면 현재 교환가치가 매우 높은 보석의 하나인 다이아몬드는 전통사회에서는 인간이 살아가는데 반드시 필요하고 중요한 물품이 되지 못했을 뿐 아니라 쓸모 있는 물품으로 인식되지도 않았다.

1864년 남아프리카공화국의 오렌지강에서 놀던 야곱이라는 어린아이는 반짝이는 것을 주워 어머니에게 선물로 주었다. 야곱의 어머니는 도시에서 살다 이사 온 이웃사람을 초대해 음식을 대접하고 아들이 준 반짝이는 것도 선물로 주었다. 이 이웃은 그 것이 보석임을 알았고 도시로 가서 다이아몬드라는 감정을 받았다. 그 후 드비어스라는 농부가 반짝이는 별을 발견했고, 영국의 광산업자 세실 존 로즈가 이 땅을 사서 현재도 다이아몬드 가격을 결정하는 기관인 드비어스를 설립했다.

전통사회에서도 자신이 사용하고 남은 물품을 팔거나 자신이 사용할 다른 물건과 교환하였다. 그러나 물품은 근본적으로 사용하기 위하여 생산되었고, 판매된 물품도 다른 사용자에 의하여 직접 소모되었다. 그러므로 전통사회에서의 교환은 다른 사람들의 사용가치를 충족시키기 위한 것이었다.

2) 산업자본주의사회의 소비 : 소유를 위한 상품의 구매-교환가치의 산출

산업자본주의사회로 들어서면서 우리가 사용하는 물품이 돈으로 사고팔 수 있는 상품으로 변화함으로써 인간 상호 간의 구체적인 관계는 생산자와 소비자, 판매자와 구매자의 추상적인 관계로 변했다. 자본주의는 전통사회에서 이루어지던 개인적 교환을 쓸모없게 하고, 사용가치보다 교환가치를 더 중요한 가치로 변화시켰다. 서울의 강북이나 지방의 공기도 좋고 경치도 좋고 평수가 훨씬 더 넓고 새로 지어 사용가치가 매우 높은 아파트보다는 서울 강남의 재건축을 앞두고 있는 작고 30년 이상 된 낡은 아파트가 10배가 넘는 교환가치를 가지는 경우가 허다하다.

3) 후기자본주의사회의 소비 : 상징소비 - 기호가치의 산출

후기자본주의사회에서는 다음과 같은 다양한 기호가치를 산출하는 상징소비가 중요한 의미를 가지게 되었다(김영신, 서정희, 송인숙, 이은희, 제미경, 2012).

(1) 기호가치를 산출하는 의미작용

후기자본주의사회에서는 사용가치가 아니라 상품이 의미하는 중요한 기호나 상징가치가 중요한 의미를 가진다. 소비활동은 상징이나 기호로 사물이나 재화를 규정하는 과정이고 언어활동이며 코드가 되어 소비를 통하여 사회전체가 의사소통을 하고 있다(Baudrillard, 이상률 역, 1991). 광고나 대중매체는 특정 상품의 구매를 통하여 보다 나은 사회적 관계, 행복, 사랑 등과 같은 이상적인 가치가 실현되는 것처럼 암시한다(McCade, 1990; Featherstone, 1991). 예를 들면 우리나라에서 명품 가방은 여성의 생애주기에 따라 다양한 기호를 지니는데, 가령 결혼을 위해 연인에게 건네는 청혼을 위한 선물이면서, 자녀를 출산한 아내 혹은 며느리를 격려하는 기호로 활용되기도 한다(박정은과 류웅재, 2015). 때로 명품에 관한 이상적 이미지는 '성역', '완벽함' 등으로 재현되기도 한다(이준영 · 김난도, 2007).

(2) 자신을 타인과 구별하는 사회적 행위

후기자본주의사회에 들어오면서 사람들은 스스로를 다른 사람과 구별짓는 기호로 특정 상품을 소비한다. 이러한 구별짓기에 의한 소비문화의 미묘한 차이는 사회를 계층화하는 핵심적 원리로 작용한다. 예를 들면 상류층의 지위나 신분을 상징하는 상품을 중산층이 구매하기 시작하면, 그 상품은 이미 상류층이 생각하기에 지위를 상징하는 지표가 될 수 없게 된다. 이렇게 되면 상류층은 중산층이 도저히 살 수 없는 새로운 상품에 투자하는 술래잡기 효과가 현대 소비문화의 핵심이 되고 있다(남은영, 2010).

진짜 일류 명품일수록 로고의 글자는 작아지고 그 의미는 커진다. 명품의 로고는 비싼 가격을 의미하는 신분 상징물 역할을 한다. 최근에는 로고를 없앤 명품들도 등장하였다. 로고가 없는 명품은 로고가 없어도 어떤 브랜드의 제품인지 혹은 적어도 고가의 상품이라는 것을 알 수 있다는 것을 전제로 한다(박정은과 류웅재, 2015). 또한 기존의 명품 브랜드와는 구별되는 컨템퍼러리 브랜드, 혹은 디자이너 백 등을 소비한 경험은 좋은 제품을 찾아내는 안목을 가졌다는 것을 증명한 것과 같이 행복감을 주는 경험으로 남아 소비자에게 중요한 영향을 미친다(이성림 외, 2011).

(3) 끊임없는 욕구의 창조

후기자본주의사회에서는 모든 사람이 원칙적으로는 자신의 욕구를 충족시킬 수 있는 소비의 평등화가 실현되었다. 이렇게 소비의 평등화가 이루어지면서 사람들은 소비의 차별화를 통하여 자신을 다른 사람과 구별하려는 욕구가 더욱 강해지게 되었다. 즉 과거에는 소수의 사람들만이 시용할 수 있었던 사치품도 많은 사람들이 사용할 수 있게 되면서 필수품이 되고, 사람들은 또 다른 사치품을 원하게 된다. 다양한 마케팅 전략에 의하여 끊임없이 새로운 상징과 기호가 만들어지고 소비자의 욕구도 끊임없이 창조되고 확장된다.

(4) 상품을 통한 자아 추구

상품을 통하여 자아를 추구하는 현상을 디드로 효과라고 부른다. 17세기 말 프랑스의 철학자 겸 수필가였던 데니스 디드로가 '헌 드레스가운을 버리고 나서의 후회'라는 에세이에서 상품이 어떻게 인간의 의식을 지배하는가를 처음으로 지적하였기 때문이다. 캐나다 출신 인류학자 그랜트 맥크래켄은 제품 간 연관성에 따른 소비 현상을 '디드로 통일성'이라고 규정했다. 이는 자동차, 가구, 의류와 같이 문화적, 미학적으로 연관성이 높은 제품은 한 제품의 구매가 통일성 있는 또 다른 제품의 구매로 이어지기 쉽다는 이론이다.

별이 별자리를 따라서 움직이는 것처럼 일관성 있는 브랜드를 소비하는 행위가 한결 더 세련되고 안정되게 되면 그것은 유행이 되고, 이렇게 창조된 유행이 자아를 규정한다. 예를 들어 청년기, 연애 시절, 첫 직업, 결혼, 육아, 성공의 과시, 정년퇴직 등 인생의 여러 단계에서 소비자는 각 단계와 조화를 이루는 상품을 통하여 자아를 추구한다(Twitchell, 2003).

2. 문화자본과 문화예술 소비

1) 자본유형

부르디외(Bourdieu, 1986)는 자본을 다양한 사회상황에서에서 도구로 사용할 수 있는 의식적 혹은 무의식적 모든 에너지로 파악하고, 경제자본, 문화자본, 사회자본 및 상징자본의 네 가지유형으로 분류한다(현택수, 1998: 110; 채오병, 2018). 하킴(Hakim, 2013)은 매력자본을 제시했다. 최근에 네 가지유형의 자본 외에 매력자본이 중요한 자본으로 등장했다.

(1) 경제자본

경제자본은 금전, 토지, 노동, 수입 등과 같은 경제적 재화를 의미한다. 과거에는 경제자본의 개념이 주로 '생산수단의 소유권'을 의미했으나, 오늘날에는 이러한 전통적 경제자본의 개념이 상대적으로 의미를 잃고 있다. 고가의 부동산과 자동차의 소유, 고급호텔에서의 휴가와 같이 단순하게 생산수단의 소유로 환원되지 않는 지표들도 경제자본에 포함된다. 또한 노동력의 가치는 단순하게 노동력 이용이라는 개념을 벗어나 점차 문화적 규정에 의해 정의되고 있으며, 학교나 직업교육을 통해서 습득한 자격은 일종의 투자한 주식과 같은 기능을 한다(정선기, 1998: 86). 이러한 경제자본은 재산상속과 같은 과정으로 한 세대에서 다음 세대로 계승될 수 있으며, 상징자본이나 문화자본과 같은 다른 형태의 자본으로 교환될 수도 있다.

(2) 문화자본

문화자본은 가정환경, 가정교육으로 형성된 아비투스[1]처럼 내면화된 것이나, 소

1 프랑스의 사회학자인 피에르 부르디외는 아비투스(Habitus)를 교육을 통해 인간에게 내재화되는 무의식적 사회화의 산물이라고 정의했다. 계급적이고 구조적인 사회 환경에 따라, 한 개인의 습성이나 취향이 형성되고, 이렇게 형성된 취향 등은 인간의 의사결정에도 영향을 미친다. 현대 사회에서는 자본주의와 아비투스의 개념이 결합하며, 경제력, 학력 등에 따라 사람들의 문화적 취향도 차별화될 수 있음을 의미하게 됐다. 자본이 계급을 만들고 이를 통해 문화적인 개인의 취향도 결정된다는 것이다. 자본주의 사회에서는 소비를 통해 한 개인의 아비투스가 가장 잘 드러나게 된다. 일례로, 부유층이 명품 소비를 통해 타인과 구분을 지으려는 행위 등

장하고 있는 그림과 골동품 등 실재적인 문화재 그리고, 학력과 같이 제도화된 것을 지칭한다. 문화자본은 '체화된 상태의 문화자본'으로 오랜 시간에 걸쳐 교육 등을 통해서 개인의 내면에 자리 잡은 교양 등을 말하며, 이는 경제자본을 바탕에 두고 계속적으로 쌓이게 되며 취향의 형태로 내재된다(권혜원, 이명진, 최샛별, 2011).

문화예술 분야와 관련된 개인의 취향을 형성시키며, 상속 및 획득이라는 개인의 역사성이 배태되기 때문에 축척된 문화자본은 문화상품을 진정으로 향유할 수 있는 밑거름이 된다고 볼 수 있다(이창진, 김재범, 2014). 문화자본은 상속된 문화자본과 획득된 문화자본으로 구분된다(박혜윤 등, 2017).

① 상속된 문화자본

부모의 교육수준을 포함한 사회경제적 특성이 가족 구성원의 문화 활동이나 취향에 영향을 미치는 경우

② 획득된 문화자본

교육시설인 학교를 기반으로 본인 능력을 바탕으로 문화적 지위나 이해도가 확보되는 경우

(3) 사회자본

사회적 관계의 망을 획득하고 유지하기 위하여 어떤 자원을 동원할 수 있는 자본을 말한다. 즉 사회자본의 힘은 경제자본, 문화자본 혹은 상징자본을 동원하여 영향을 미칠 수 있는 관계 범위의 크기와 관련된다. 사회자본은 구조적 사회자본과 인지적 사회자본으로 구분할 수 있고(고진숙과 서영수, 2016), 사회적 네트워크의 특성에 따라 연결적 사회자본과 결속적 사회자본으로 구분될 수 있다(Putnam, 2000; 박용석, 권성복, 임일, 2016).

을 들 수 있다. 또한, 소위 '잘사는' 부모를 둔 자녀들이 그렇지 못한 가정보다 클래식 음악을 즐기는 경우가 많은 것 등도 아비투스의 한 예로 볼 수 있다. 전문가들은 오늘날 사회에서는 인터넷 등 디지털 환경이 확대되면서 과거와 같이 자본, 교육만으로 아비투스를 한정 짓기는 어려워졌다고 지적했다. 과거보다 가상현실, 혼재된 문화 등으로 하이브리드적인 아비투스가 늘어났다는 것이다(http://news.einfomax.co.kr).

① 구조적 사회자본

사회학습을 통해 축적되는 사회적 네트워크뿐 아니라 역할, 규칙, 절차와 같이 상대적으로 객관화된 사회자본

② 인지적 사회자본

신뢰와 상호호혜성, 진실성, 연대성, 공정성을 담보하는 규범, 가치, 태도, 신념과 같이 문화에 내재하며 협력을 촉진하는 내적이고 주관적인 특성

③ 연결적 사회자본

서로 다른 배경을 가진 개인들이 자발적으로 다른 조직과 관계를 맺기 위하여 인적 네트워크를 형성할 때 발생한다. 연결적 사회자본은 새로운 정보와 자원을 쉽게 접하게 함으로써 사회적 지평을 넓혀주고 유익한 정보를 얻을 수 있게 한다. 그러나 연결적 네트워크를 형성한 구성원들 사이의 관계가 일시적이며 신뢰도와 상호의존도가 낮아 정서적인 지원을 하는데 한계가 있다.

④ 결속적 사회자본

가족이나 친구 즉 유사한 배경과 특성을 가진 사람들로 구성된 사회네트워크로 구성원들 사이에 정서적으로 끈끈하고 밀접하게 연계되어 있어, 서로 정서적 및 실질적 도움을 주고받을 수 있다.

(4) 상징자본

의식, 명예, 위신이 상징적 효과로 사회적 관계구성에 영향을 줄 때 이들은 상징자본이 될 수 있다. 상징자본은 다른 자본의 순기능적 사용을 승인하거나 임의적 사회관계를 정당한 관계로 변형시키는, 보이지 않는 상징적 힘을 갖고 있다. 네 가지 유형의 자본 중 으뜸이 되는 것은 상징자본이다. 상징자본은 다른 자본들과 별개로 존재하는 것이 아니고, 이미 존재하는 경제자본, 문화자본, 사회자본 등이 사회로부터 인정되었을 때 발생하기 때문이다.

카네기는 자선을 통하여 권위와 명예란 형태로 상징자본을 축적했다. 자선에 쏟은 액수와 열정은 그를 차별화시켰고, 권력 엘리트들과의 교류도 열어주었다. 카네기는 William Gladstone에겐 정당 조직에 대해서, 25대 미국 대통령인 William McKinley에겐 제국주의에 대해, 후에 32대 대통령이 된 Franklin Roosevelt에겐 세계 평화에 대하여 강의할 기회를 얻었다. 대중의 인기를 얻게 되자 카네기는 자선뿐 아니라 다양한 주제의 글을 썼고, 이를 통해 미국 부자들의 대변자란 이미지를 얻게 되었고, 록펠러 같은 자선가들의 본보기가 되었다. 특히 생전에 재산을 나누겠다는 카네기의 공언과 실천은 카네기 신화를 만드는 데 일조했고, 그를 다른 자선가들과 차별화시켰다(이정일, 2016).

(5) 매력자본

매력자본은 1990년대 중반 이후 등장한 포스트 페미니즘의 영향이 작용한 개념이다. 초기 페미니스트들은 여성성의 억압을 주장하였는데, 이후 여성들의 사회참여에 대한 당당함, 솔직함, 그리고 자기결정권의 증대를 중요하게 생각하는 사회적 분위기가 확산되었다. 돈과 지위만 권력이 될 수 있는 게 아니라 외모의 매력도 무시하지 못할 권력이다. 노벨경제학상을 받은 대니얼 카너먼(Daniel Kahneman) 교수는 “성공을 위한 가장 중요한 조건은 지능이나 학벌, 운이 아니라 바로 매력이다”라고 말했다. 남성 중심의 사회적 가치의 전복을 주장하고 여성의 매력이 여성적 권력 획득의 자산이 될 수 있다는 주장을 하며 영국의 사회학자 Hakim(2010)은 매력자본의 개념을 제시하였다(김정렴, 전종우, 2016). Hakim은 매력자본의 하위 요인으로 다음과 같은 6가지를 제시하였다.

- 외모: 얼굴의 매력
- 성적 매력: 섹시한 몸
- 사회성: 사회적 교류 과정에서 사람들을 편하고 행복하게 만들어 다른 사람들이 자신에 대하여 알고 싶어 하게 만드는 능력
- 활기: 다른 사람들이 매력적으로 보게 하는 사회적 열정, 유머감각
- 사회적 표현(social presentation): 옷 입는 방식, 화장, 헤어스타일, 장신구 등 자신의 사회적 지위를 드러내기 위해 착용하는 다양한 수단

– 성: 부부나 연인사이 등 특별한 관계에 있는 남녀 간에 작용하는 요인

2) 문화자본론과 옴니보어이론

(1) 문화자본론

문화예술의 소비는 소비자가 예술에 대한 꾸준한 관심과 안목을 기초로 해서 해당 예술의 관람을 즐긴다는 측면에서 경험재의 특성을 가진다. 동일한 사회경제적 조건에서 개인의 취향과 선호도에 따른 차별화된 문화소비를 설명하는 이론은 Bourdieu(1979)의 문화자본론에서 출발한다. Bourdieu(1979)는 계층끼리 차별화된 문화소비는 문화적 취향에 의존하며, 취향은 구분되고 평가하는 획득된 성향이자 계급의 표시자라고 하면서, 이러한 취향을 구별하는데 있어서 문화자본이 중요한 역할을 하며, 문화소비행위와 계급간의 상동성을 주장하였다. 문화자본을 많이 소유한 상류층은 클래식이나 발레 같은 고급 전통 문화예술을 배타적으로 선호하는 반면, 문화자본을 소유하지 않은 하류층은 대중문화만을 향유한다는 것이다. 이렇게 형성되는 상류층의 취향과 선호는 다른 계급과 구별 짓는 경계로 작용한다. 상류층은 문화자본을 통해 사회적으로 여러 기회를 제공받음으로써 문화자본을 경제자본과 사회자본으로 쉽게 전환할 수 있고, 이것은 다시 경제자본으로 전환되며 순환의 고리를 이루어서 상층계급을 재생산하는 경로로 작용한다.

(2) 옴니보어이론

1990년대 이후 미국의 사회학자들은 고급문화 취향과 저급문화 취향 간의 갈등 양상이 별로 의미 있는 해석이 아닐 수 있다고 주장했다. Peterson & Simkus(1992)의 연구는 미국 사회와 프랑스 사회의 차이를 비교하며, 문화자본과 음악취향의 관계를 조사하여 문화자본을 많이 소유한 집단이 고급 음악 뿐 아니라 그 이 외의 장르도 향유하는 개방적인 태도를 보인다고 하였다. 즉 상류층의 문화 향유가 고상한 배척자(highbrow snob)에서 포괄적 감상자(omnivore) 형태로 변화되었다(장세길, 2016). 문화 자본이 풍부한 사람들은 오히려 정신적 여유가 있기 때문에 다양한 장르의 문화를 폭넓게 소비할 수 있다는 옴니보어(Omnivore)이론이 대두되었다

(Acord & Denora, 2008; 김은혜와 김인숙, 2018).

우리나라에서는 일제의 강점과 한국 전쟁으로 인한 급격한 서구문화의 유입 결과 부모 세대로부터 상속된 문화보다는 서구에서 비롯된 문화가 고급문화로 여겨지는 분위기가 성행했다. 이러한 이유로 문화자본론을 적용한 한국의 연구들에서 연구자들마다 상이한 결과가 도출되었다. 이에 한국인의 문화 향유에 대해 더 일관되고 명확하게 규명하기 위해서는 고급예술을 기반으로 한 문화자본론이 아니라 다양한 문화 장르의 향유, 문화적 폭넓음을 의미하는 옴니보어에 주목해야 한다는 주장이 제기되었다(김은미 · 서새롬, 2011).

1990년대 이후 디지털미디어가 보급되면서 문화정보에 대한 접근성이 높아졌고 인터넷을 통해 누구나 작품에 대한 사전정보를 습득하고 감상하는 태도와 안목을 키울 수 있게 되었다. 현재 우리나라는 고등교육을 통해 사회적으로 우월한 위치에 있는 사람들이 고급취향을 가진다는 문화자본론을 지지하는 현상과 인터넷의 발달로 교육수준과 관계없이 누구나 쉽게 문화향유의 경험을 증강시킬 수 있는 두 가지의 모습이 함께 나타나고 있다(김은미 · 권경은, 2015).

영화, 대중음악 등 대중문화 향유율에 비해 연극, 서양음악 등 고급문화 향유율이 현저히 떨어지는 현재의 문화 향유 지형에서 고급문화와 대중문화를 골고루 소비하는 옴니보어 문화향유 특성으로 변화시키기 위해서는 무엇보다 문화에 대한 교육이 선행되어야 한다. 현재 문화향유 확대를 위해 시행되고 있는 무료관람정책보다는 자발적으로 문화를 다양하게 향유할 수 있도록 생애주기별, 맞춤형 문화예술교육을 강화해야 할 것이다. 예를 들어 공교육의 문화예술교육을 심화 · 확대시켜야 할 것이며, 저소득층 대상으로 문화예술 사교육을 지원하는 등 정책 마련이 필요하다(박주연과 신형덕, 2018).

3. 세대별 소비문화

1) 노인세대

(1) 실버세대

실버(silver)라는 단어는 노인의 흰머리를 미화시켜 표현된 단어로 부정적인 이미지가 강한 '노인'이라는 말 대신 나이가 들면 생겨나는 흰머리를 '은'에 빗대어 칭하는 노인들의 심리를 고려한 일본식 조어이다. 일본의 경우 1970년대 중반부터 실버라는 단어가 사용된 것으로 알려지고 있으며, 우리나라도 이에 영향을 받아 1990년대부터 실버라는 용어가 사용되었고, 2006년 '고령친화산업진흥법'이 제정됨으로써 '실버'라는 단어가 공식적으로 사용되었다. 1951년 국제노인학회에서는 실버세대를 환경의 변화에 적절히 적응할 수 있는 조직기능이 감퇴하고 생체의 자체통합능력이 감퇴하며 인체의 기관, 조직, 기능에 쇠퇴현상이 일어나는 시기에 있고, 생체의 적응능력이 점차 떨어지고, 조직의 예비능력이 감퇴하여 환경변화에 적응이 잘 되지 않는 사람이라고 정의하였다(김민경, 김성수, 나영아, 2015).

실버세대 가구의 67.1%가 식비(36%)와 광열수도비(15%)가 전체 생활비의 절반을 초과하는 기본생활 지출 중심형이었으며 그 다음으로는 관계지출, 주거지출, 의료지출 중심형에 속하는 것으로 나타났다(최옥금, 2011). 2013년 통계청 자료를 분석한 이지영과 김도성(2015)의 연구에서는 베이비붐 세대의 소비지출액은 236만원으로 109만원을 지출하는 실버세대 가계에 비해 2.2배 많았다. 베이비붐 세대의 가구원수가 많은 점을 감안해 이를 조정한 후에도 베이비붐 세대는 실버세대 가계에 비해 1.8배 가량 지출액이 많았다. 전체 소비지출액 중 각 소비품목이 차지하는 비중을 보면 식료품비, 주거수도광열비, 가정용품 및 가사서비스비, 보건의료비 등 필수재적 성격이 강한 품목에서 실버세대 가계의 지출비중이 상대적으로 높았다. 가계복지특정비목에 치우침 없이 여러 비목을 균형 있게 소비하는 균형지출형이 차지하는 비율이 베이비붐 세대 가계가 60%에 달하는 반면 실버세대 가계는 37%에 그쳤다.

(2) 베이붐세대

베이붐세대는 2차 세계대전 이후에 심각한 경제침체기 이후 출산율이 급격하게 증가하는 시기인 1946년부터 1964년 사이에 태어난 세대이다. 우리나라에서는 한국전쟁 후인 1955년부터 1964년 사이에 출생한 1차 베이비부머세대로 1980년대 초.중반을 기점으로 사회진출을 시작해서 1990년대 초반 경기호조 시기까지 산업현장에서 중요한 역할을 하였다(방하남, 2011). 1965년부터 1974년 사이에 태어난 2차 베이비부머세대까지 포함하면 이들 세대의 인구분포도가 확산되고 이들의 문화적 욕구와 정보력도 막강해질 것이다. 민주화를 위한 정치변화를 체험한 세대이며, 인터넷 보급과 같은 급격한 정보화시대에도 적응하는 등 사회.문화적인 면에서도 실버세대와 질적으로 크게 차이가 나는 변화를 경험한 세대이다(신경아와 한미정, 2013).

기업경영성과 평가기관인 CEO스코어(2014)에 의하면 30대 그룹 216개 계열사의 임원 평균연령이 상무는 51.4세, 전무는 54.4세, 부사장은 55.7세, 사장은 57.2세로 고위직의 대부분을 베이붐세대가 차지하고 있었다. 코스피와 코스닥 시장에 상장된 1,760개 회사를 기준으로 주식가치 1억원을 넘는 주식부자 중에서 50대의 비중이 가장 높은 것으로 나타났다(유은영과 진현정, 2016). 1차 베이비붐세대(1955~1963년생)는 국내 토지의 42%, 건물의 58%, 주식의 20%를 소유하는 등 막강한 자산을 보유하고 있는 것으로 보도되었다(한국경제매거진, 2012년 10월호). 2차 베이비부머 세대(1968~1974년생)도 자녀 교육비를 비롯한 주택 구입, 문화생활비 등 소비와 지출이 가장 활발한 연령층으로 알려져 있다(제현정과 이희연, 2017).

이처럼 상대적으로 풍부한 경제력과 함께 은퇴하면서 시간적 여유까지 가지게 된 베이붐세대는 실버세대에 비하여 자존감 욕구와 자아실현의 욕구가 상대적으로 강하고, 여가를 더 중요하게 생각하고 있다(신호창, 노형신, 2010). 베이붐세대는 뉴 시니어, 액티브 시니어로 지칭되며 은퇴 이후에도 소일거리로 여생을 보내지 않고, 능동적으로 일자리를 찾아 도전하고, 적극적으로 소비하고 적극적으로 문화활동에 참여한다는 점에서 실버세대와 구분된다.

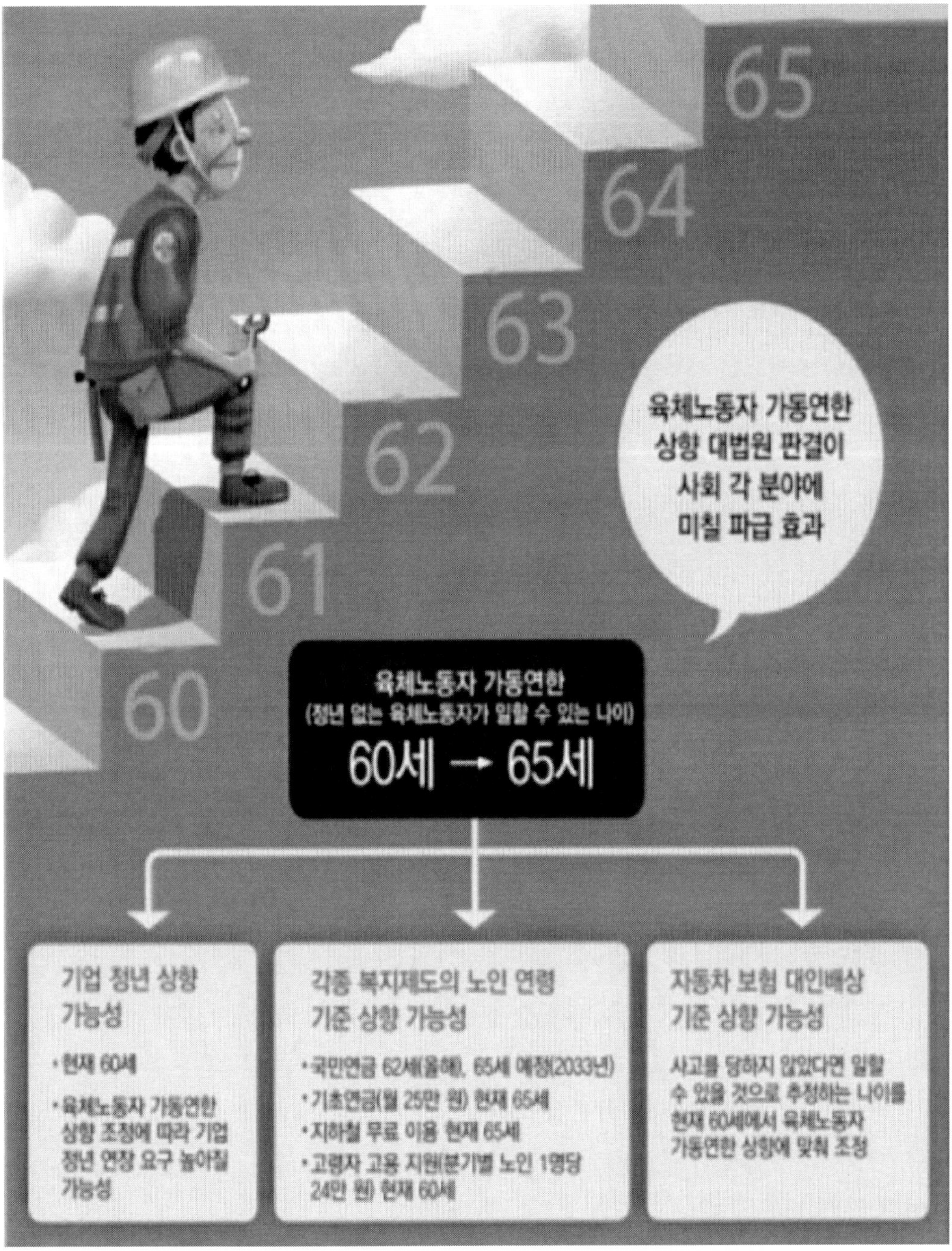

출처: 동아일보 (2019년 2월 22일)

〈그림 8-1〉 육체노동자 가동연한 상향의 효과

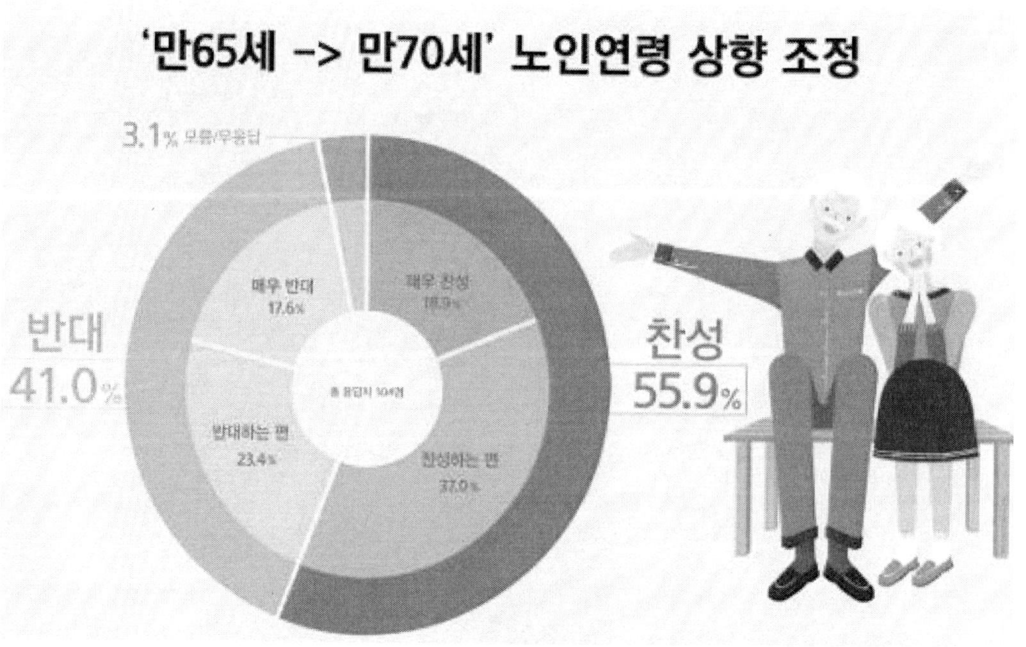

출처: 동아일보 (2019년 2월 22일)

〈그림 8-2〉 노인연령 상향 조정에 대한 의식

이들은 외모와 건강관리에 관심이 많고, 사회에서 쌓은 경험과 삶의 지혜를 사회에 돌려주기 위해 사회 활동에도 적극적으로 참여한다(이성철, 한상일, 2013). 이들은 넉넉한 자산과 소득을 바탕으로 자신에 대한 투자를 아끼지 않는다. 액티브 시니어들이 본격적으로 실버층으로 진입하는 2020년에는 소비시장이 약 125조 원에 달할 것으로 예측된다(경기신문, 2019년 4월 7일).

2019년 2월 대법원 전원합의체는 "사회적 · 경제적 구조와 생활여건의 급속한 향상 · 발전으로 육체노동의 가동연한(노동에 종사해 수익을 얻을 것으로 예상되는 연령의 상한)을 60세로 인정한 견해는 더 이상 유지하기 어렵고, 60세를 넘어 65세까지도 가동할 수 있다고 보는 것이 경험칙에 합당하다"고 판결했다. 전원 합의체 판결 취지에 따라 대법원은 "육체노동자의 노동가동연한을 60세로 인정할 수 없다"며 2심 재판을 다시 하라고 결정했다(파이낸셜뉴스, 2019년 4월 25일).

이렇게 액티브 시니어가 증가하면서 다음과 같은 새로운 트렌드가 등장하고 있다.

① 양육을 거부하는 할머니들

자식보다 자기 자신을 우선하는 트렌드로 양육을 거부하는 조부모가 늘고 있다. 요즘 할머니들은 아무 일도 하지 않고 노는 게 아니라 배우거나 함께 어울리고 있다. 정부의 공적 양육의 혜택이 증가하면 향후 조부모 양육은 사라질 수도 있다. 구청이나 백화점에서 제공하는 시니어강좌에 참석하는 노인들이 증가하고 있다.

② 실버커뮤니티의 확산

일본과 미국에서 상당히 활성화되고 있는 실버 커뮤니티가 국내에서도 활성화되고 있다(김종근, 2014). SK텔레콤은 자사의 인프라 공유를 통해 사회적 문제를 해결하고 사회적 가치를 창출하는 '행복커뮤니티 프로젝트'에서 서울 · 수도권 30개, 지방 24개 매장에서 실버세대 고객 대상 스마트폰 활용 교육을 하고 있다. 교육을 진행 중인 각 매장에는 스마트폰 강사 인증교육을 받은 직원이 2명씩 배치돼 노년층이 사용에 어려움을 겪는 금융 · 결제 · 예약 등 앱 활용 방법이나 스마트폰 기기 사용법 등을 교육하고 있다(현대경제신문, 2018년 11월 22일). LG유플러스는 서울시50플러스재단과 전국 50+세대(만 50세 이상)를 대상으로 디지털 콘텐츠 특강과 멘토링 과정을 통해 유튜버로 성장할 기회를 제공하는 '50+유튜버 스쿨'을 운영하고 있다(브릿지경제, 2019년 4월 22일).

③ 웹버족

디지털 실버족을 뜻하는 신조어 웹버족은 인터넷을 뜻하는 웹(web)과 노인세대를 지칭하는 실버(silver)의 합성어다. 디지털 라이프를 즐기는 정보화된 노인을 의미하는 웹버족은 단순히 인터넷을 사용하는 차원에 머물지 않고 각종 정보와 기술을 적극적으로 활용한다. 인터넷 서핑은 기본이고 블로그 · 카페 · 홈페이지 운영은 물론 전자상거래, 사이버 강의, 학위 취득 등의 활동을 하며 인터넷상에서 세상과 적극적으로 소통한다(중소기업뉴스, 2019년 3월 20일).

④ 실버 크리에이터

젊은 층이 주도하는 유튜브 세계에서 할머니, 할아버지 채널의 인기가 심상치 않다. 구독자 수가 10만이 넘는 실버 크리에이터도 속속 등장한다. 1947년생으로 2019년 현재 73세인 박막례 할머니의 구독자 수는 무려 85만 명이다. 박막례 할머니는 유투브 CEO 수잔 보이치키를 만나기도 했다. 지병수 할아버지가 전국노래자랑에서 '미쳤어'를 추는 영상은 한 달 만에 조회 수 244만을 돌파했다. 65세 농부 안성덕씨가 운영하는 [성호육묘장] 채널의 두더지 영상은 조회수가 422만에 달한다. 실버 크리에이터를 스타덤에 올려놓은 시청자층은 주로 '1834세대'(18세에서 34세에 이르는 젊은 시청자)가 주력부대이다. 1834세대는 유튜브에서 실버 채널을 구독해 혼자만 보지 않고 적극적으로 댓글을 달거나 재밌는 영상은 친구들에게 공유하고, 팬미팅에 참여하기도 하는 '열혈팬'으로 진화하는 중이다(중앙일보, 2019년 5월 24일).

⑤ 한달살기 해외여행

한달살기는 여러 곳을 돌아다니지 않고 외국의 특정 지역에서 한달 정도 머무는 것이다. 익숙한 환경과 일상에서 벗어나 낯선 곳에서 휴식과 체험을 추구하는 자유여행 방식이다. 한달살기 붐은 여행의 목표가 '보는 것'에서 '느끼고 경험하는 것'으로 옮겨가는 트렌드, 일과 여가의 균형인 워라밸, 작고 소소한 즐거움에서 행복을 느끼는 소확행과 관련된다. 개인 SNS나 블로그에 올라온 한달살기 경험담의 대부분은 식사준비하고, 산책하고, 장보고, 동네 카페에서 맥주 한 잔 하는 것과 같은 평범한 현지일상이다(스포츠동아, 2019년 4월 25일). 은퇴후 물가가 저렴하고 60세 이상 여행객들에게 항공 · 레스토랑 · 식료품 등 각종 할인 혜택이 많은 멕시코에서 한달살기를 하는 베이비부머도 증가하고 있다.

〈표 8-1〉 실버세대와 베이비부머세대의 소비문화 비교

구분	실버세대	베이비부머세대
심신상태	병약, 어둡고, 고집 셈	건강, 밝고, 유연함
생활의식	보수적, 동질적, 수동적	합리적, 미래지향적 인생관
노년기 의식	인생의 황혼기	새로운 인생의 시작, 제 3의 인생
삶의 태도	검약, 소박, 무취미	여유, 즐김, 개성적인 다양한 취미
독 립 성	자녀 의지, 독립성 약함	배우자/사회시스템에 의지, 독립성 강함
노후설계	자녀세대에 의존	계획적인 노후설계, 독립세대 유지
가 치 관	노인은 노인답게	나이와 젊음은 별개
취미활동	무취미. 같은 세대간 교류	다양. 다른 세대와 교류 즐김
레저관	일 중심. 여가활용에 미숙	여가자체에 가치 부여
자산처분	자손에게 상속	자신을 위해 사용
금융경험	예금위주의 금융상품	다양한 금융상품
재테크	고수익고위험 상품에 미약	재테크 높은 관심
여행형태	친목단체 등 단체여행	여유로운 부부여행, 자유여행
취미생활	게이트볼 등 노인끼리 교류	취미의 다양화, 다른 세대와 교류
대인관계	경로당에서 노인끼리 합류	동호회활동 등 폭넓은 대인관계
생활스타일	한국 전통식 생활	타문화와 교류하는 생활
유행감각	둔함, 후기추종자	예민, 조기채용자

출처: 허원회(2012), 최현민(2004), 김진환(2016) 참고로 재구성

2) 1990년대 신세대

(1) X세대

X세대는 1964년부터 1981년 사이에 출생한 집단으로 그 용어의 사용은 1991년 초에 나온 Douglas Coupland의 소설 Generation X에서 인용되었으며, 대중매체에서 이 용어를 사용하면서 학계와 일반인들에게서도 흔히 쓰이게 되었다(윤소라, 2015). 박재홍(1995)은 X세대는 풍요롭고 자유로운 사회적 분위기의 유년기를 보내고 여

가를 중시하며 개성있는 패션을 추구하는 가치관을 형성하였다고 하였으며, 박인교(1997)에 따르면 X세대는 물질적으로 어려움 없이 자라 맘에 드는 물건을 그 자리에서 사버리는 충동적인 성향을 보이지만, 여러 상점을 돌아다니며 가격을 비교하는 모습도 보인다고 하였다. 제일기획 보고서 '2635 우리시대의 미드필드'(동아일보, 2005)에서는 X세대는 과거와 같이 타인을 의식하지 않고 자신의 개성을 표현하기 위해 브랜드를 추구하며 유행을 따르는 경향을 보였으나, 충동적이고 과도한 소비대신 합리적인 소비를 추구하며 할인쿠폰을 적극 활용하는 실용적인 소비성향을 보이기도 한다고 하였다.

Isaksen(2002)는 X세대의 특징으로, 다양한 성격의 구성원으로 이루어진 세대이며, 개방적이며 실용적인 반면 종교, 민족성, 문화, 언어, 성 정체성, 인종과 성적 취향의 관점에서 사회적 다양성을 수용한 세대라고 하였다(박혜숙, 2016).

(2) Y세대

매사에 긍정적이고 참여적이라는 점을 내세워 어떤 일에도 Yes라고 대답하는 세대라는 뜻에서 Y세대라고 부른다. Y세대가 초기에는 남에게 무관심하고 미래를 생각하지 않으며 오직 순간만을 즐긴다는 점에서 X세대와 대칭되는 의미로 사용되었다. Y세대는 연구자마다 약간씩 차이는 있으나 대체로 1980년 이후에 태어난 세대를 뜻하는 말로, 1993년 미국의 『Ad Age』라는 잡지에 처음 등장하였다(Generation Y, 1993).

우리나라에서는 1990년대 말부터 이 용어를 사용하게 되었으며 Y세대가 기존세대와 달리 개인주의와 개방주의 성향이 강하고 경제적 풍요 속에서 개방주의적인 가치관을 가지고 있고, 정보화의 선도계층이자 소비와 유행의 주역이라고 하였다(예지은과 진현, 2009). 통계청(2012) 자료에 의한 분류에서 일반적으로 Y세대라고 통용되는 명칭은 에코세대라 하며 베이비부머세대(제2차 세계대전 직후인 1946년부터 1965년 사이에 태어난 세대)와 구분 지었다.

2014년 소비자행태조사 보고서(한국방송광고진흥공사, 2014)에 따르면, 경제력 있는 Y세대는 자신의 만족을 위해서라면 과감하게 소비하는 성향으로 신제품을 먼저 구매하거나 계획에 없던 물건을 충동적으로 구매하는 반면, 경제력 없는 Y세대는 용돈, 아르바이트, 인턴십 등으로 번 돈으로 소비를 하기 때문에 최소의 비용으로 최대 만족을 얻으려는 욕구가 강해 실속을 추구하는 합리적인 소비를 하는 양극화된 소비행태를 보인다고 했다(박혜숙, 2016).

〈표 8-2〉 베이미부머, X세대, Y세대의 특성

	베이비부머	X세대	Y세대
출생연도	1955-1963년	1964-1981년	1980-1999년
청소년기	고속성장시대, 성장주의, 국가주의, 권위주의	산업화의 수혜시대 두발 및 교복자율화 소비주의	민주화 정착 국제화, 정보화
가치관	권위주의적 집단주의 가족지향	탈권위주의적, 자기중심적, 개인주의, 자유	개성, 다양성, 오락성,즐거움
라이프 스타일	젊음과 건강에 대한 욕구 교육중시	소비 지향적 여가중시	컴퓨터문화
소비특성	합리적	합리적, 실용적 소비	인터넷 활용,감각마케팅영향 스타일/ 디자인영향
소비행태	평균소비성향 하락	충동구매, 외모중시	충동구매/합리적 소비 동시

출처: 윤소라(2015)

3) 2000년대 신세대

(1) Z세대

네트워크를 기반으로 하는 소셜미디어 플랫폼에서 가장 중요한 세대로 등장하는 Z세대는 1995년 이후에 태어난 X세대와 Y세대를 이끌 주역으로 부상하였다. Z세대는 세대와 세대 간의 가교 역할을 하고 감성의 문화에서 감촉의 문화로의 전환을 이끄는 세대다. Z세대는 주체의 문제뿐 아니라 감각 경험의 새로운 패러다임을 형성하는 세대로 "접속의 사회에서 감촉의 사회로의 변모"를 이끌며 체험을 강조하는 체험경제를 전면에 부각시키고 있다(지승학, 2018). Z세대가 가지고 있는 가장 중요한 특성은 다음과 같다.

① 디지털 원주민(Digital Native)

Z세대는 모바일을 비롯한 다양한 디지털 환경에서 성장했기 때문에 디지털 신기술에 민감하고, 다양한 디지털 기기를 통해 적극적으로 정보에 접근한다. 이들은 모바일 앱을 통한 정보를 다른 세대보다 선호하고 거의 모든 소비재에서 온라인 쇼핑을 선호한다. 온라인에 실시간으로 사진과 동영상을 능숙하게 업로드하고, 개인정보를 중요하게 여기기 때문에 익명의 SNS 플랫폼을 선호한다. WGSN(2016) 리포트에 따르면, Z세대는 '8초 순간 집중력'이 뛰어나고, 이들의 두뇌는 더욱 빠른 시간 안에 더 많은 정보를 소화할 수 있고, 인지를 요하는 문제에 능하다. 텍스트를 대신하는 이모티콘과 이미지 파일 등 시각적인 자료로 감정을 표현하는 데 익숙하다. 타인이 만든 이미지를 공유하기 보다는 자신이 직접 제작에 나서는 편이라 페이스북 사용이 줄어들고 있다(박혜숙, 2016; 오수연, 2018; 최인영, 2015).

Z세대의 셸피(Shelfie)는 인스타그램에서 유행하는 젊은 세대들의 한 경향으로서 자기가 수집한 물건의 사진들을 공유하면서 자신을 과시하려는 경향을 지칭하는 용어이다. 자기 얼굴을 찍는 셀피(selfie)족의 변형이기도 한 셸피는 아날로그 감성의 회귀라기보다는 그들이 인스타그램이라는 소셜미디어와의 관계 설정에서 인스타그램을 행위자로 격상시켜 인스타그램에 의해 자신들의 행위가 변화된 측면 즉 인스타그램과 자신들을 동등한 관계로 설정한 것을 부각시킨 것이다.

미국의 아웃도어 브랜드 'REI'는 미국 추수감사절과 블랙프라이데이 동안 미국 전역에 있는 150여개 매장의 문을 닫고 직원들에게 휴가를 주고는 대신 자신의 활동 모습을 담은 사진을 인스타그램에 해쉬테크 Optouside(#Optouside)를 달아 올리라고 했다. 이는 하나의 문화 현상으로 연결되면서 어떤 홍보마케팅 수단보다 훨씬 뛰어난 결과를 가져다주었고, 2016년 포브스에서는 이러한 REI의 성공을 혁신적 결단이라고 하였다.

Z세대를 겨냥한 새로운 방식은 대부분 소셜미디어에 의해 변화된 실질적인 경험으로 확장된다. 이러한 경향은 피지털(Phygital)이라는 신조어까지 만들었다. 피지컬(Physical)이라는 용어와 디지털(Digital)이라는 용어를 합성하여 만든 피지털은 Z세대의 감각적 성향을 상기시켜 주는 동시에 그들이 비인간으로 여길만한 디지털 장치와 소셜미디어와의 관계 설정에서 감각적으로 어떻게 반응하고 어떻게 서로 동

등한 관계로 조응하는지를 상징적으로 보여준다(지승학, 2018).

② 가치관

온라인 매체 비즈니스인사이더는 X세대와 Y세대가 이상주의적인 반면 Z세대는 개인적이고 독립적이며, 경제적 가치를 우선시하는 등 이전 세대와 다른 소비패턴을 보인다고 분석했다. 9·11 이후에 자라난 세대로 세계 경제 불황을 겪고, 평생 테크놀로지와 접촉하면서 자란 Z세대는 인종, 성별, 종교, 사회 경제적 지위와 민족성이 한데 뒤얽히고 정체성이 점점 더 모호해지는 새로운 시대를 맞이하며 가장 편견 없는 세대로 여겨지기도 한다. 특히 Z세대는 평등을 중시는 것으로 분석되었는데 이들 중 73%는 동성애 결혼, 74%는 트렌스젠더 평등권에 찬성하고, 3분의 2는 무엇이 남성성과 여성성을 정의하는 지에 대한 경계를 허물고 있다(박혜숙, 2016).

③ 라이프스타일

첫째, Z세대는 능동적으로 재정을 관리한다. 금융에 정통하지는 않으나 스스로 구매에 주도권을 갖고 자신의 재정을 신중하게 관리한다.

둘째, 디지털 결제 및 모바일 결제에 편안함을 느낀다. 이 세대는 Y세대보다 디지털 지갑과 모바일 결제를 더 많이 사용하고 있다.

셋째, Z세대는 제품을 구매하고 비용을 지불하고 고객센터와 소통하기 위해 다양한 앱을 넘나들 수 있는 모바일 기능과 SNS를 통해 소통하기를 원한다.

넷째, Z세대는 텍스트나 SMS문자, 온라인 검색, 자동화된 응답 시스템을 통하여 스스로 문제를 해결하는 것을 선호한다.

다섯째, Z세대는 즉각적인 만족에 익숙하고 실시간으로 정보에 접근할 수 있기 때문에 제품의 배달과 문제처리 속도에 민감하고 다양한 디지털화된 루트를 통해 정보에 접속하기를 원한다.

마지막으로 Z세대는 진정한 식도락 세대로 음식에 투자를 아끼지 않는다. 하지만 전자레인지 조리와 냉동식품, 사전 가공 식품에 대한 선호는 감소하고 있다(오수연, 2013).

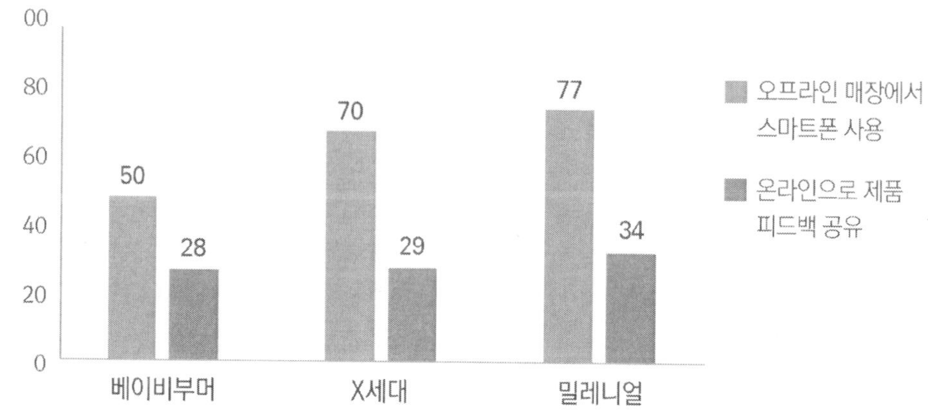

출처: KPMG 인터내셔널

〈그림 8-3〉 세대별 쇼핑 행태(단위 : %)

(2) 알파세대[2]

호주의 사회학자 마크 매크린들은 2011-2025년 사이에 태어난 세대를 알파세대라고 정의했다. 이 세대는 2025년에는 20억명에 달할 것으로 예상되고, 밀레니얼 세대인 부모는 이들을 위해 지출을 아끼지 않는 경향이 있기 때문에 이 시장이 주목을 받고 있다. 2019년 현재 0-8세 영 · 유아들인 이들은 인공지능과 로봇을 비롯한 기술적 진보에 익숙하며 태생적으로 디지털 인류의 성격을 갖는다.

대부분의 알파 세대는 대소변을 가리기도 전에 태블릿을 사용하고, 영아 중 30% 이상은 기저귀를 떼기도 전에 이미 휴대기기를 가지고 논다. 이러한 알파 세대는 21세기에 나고 자란 첫 세대이자 자가 측정 움직임이 일고 있는 시대에 태어난 최초의 세대이기도 하다. 이들은 첫 초음파 검사부터 가장 최근 열이 난 경우까지 사실상 거의 모든 것이 스마트폰 앱으로 연결되는 세상에서 태어나 살아가고 있다(WGSN, 소비자 인사이트 2016).

영국에서는 "생후 18개월 아들이 말을 배우는 과정에서 처음 한 말이 엄마도 아

2 알파(α)는 그리스 알파벳의 첫 번째에 오는 문자이다. 참고로 그 다음은 베타(ß)이고 마지막은 오메가(Ω)이다. 그래서 '알파와 오메가'라고 하면 '처음부터 끝까지'란 뜻이 된다. 대략 90년대 후반부터 2010년 이전 출생한 Z세대의 뒤에도 세대는 당연히 이어진다. 영어로 대표되는 로마식 알파벳을 Z까지 소진해버리면 그리스 알파벳으로 넘어가는 것도 자주 쓰이는 방식이다. 예를 들면 허리케인이라고 하는 대서양의 태풍 이름으로 2005년에 알파와 베타가 연달아 쓰였다.

빠도 아닌 '알렉사'였다"고 한 부부가 밝혀 화제가 됐다. 알렉사는 아마존이 개발한 인공지능 스피커인 에코에 내장된 이름이다. 호출 신호로 알렉사를 외치면 잠들어 있던 알렉사가 깨어나 사용자의 음성 명령을 수행한다. 영국의 '알렉사 베이비'는 신생아 때부터 부모가 AI 스피커에서 알렉사를 불러내는 모습을 보며 자랐다. 아마존은 2018년 어린이용 AI 스피커 '에코 닷 키즈 에디션'을 출시했다. 이 스피커엔 어린이에게 동화를 읽어주는 오디오북과 아마존뮤직 사용권, 부모가 쓰는 에코와 자녀의 에코 연결 기능 등이 포함됐다. 부모가 사용 시간을 제한할 수 있고, 부적절한 어휘가 포함된 콘텐트를 제외하는 기능도 있다(중앙일보, 2018년 6월 14일).

2019년 가임여성 1명당 출생아 수는 0.97명으로 10년 전 1.19명 대비 18% 줄어들었다. 그러나 키즈산업 시장 규모는 2002년 8조원에서 2017년 40조원으로 가파르게 증가하고 있다. 유아 1인당 지출액의 성장세가 출생아 수 감소 속도를 압도하고 있다. 맞벌이 가구의 증가로 부부합산소득은 증가했지만 육아에 투입되는 시간과 노력은 이전보다 줄어들고 있다. 자연스럽게 부모의 정성을 대체할 수 있는 양질의 제품과 서비스에는 지출을 아끼지 않는다. 이러한 분위기를 반영하듯 키즈 산업과 연관된 신조어들도 생겨나고 있다. 중국의 산아제한정책으로 소황제가 탄생했는데 비슷한 맥락으로 한국에서는 골드키즈 세대와 에잇포켓 세대가 나타났다(이베스트투자증권 리서치센터, 2019).

〈표 8-3〉 키즈산업 성장으로 등장한 신조어

신조어	의 미
골드키즈	왕자나 공주처럼 귀하게 키우는 외동아이
에잇 포켓	부모, 조부모, 외조부모, 이모, 삼촌 등 8명의 친척이 아이 1명을 위해 지갑을 여는 현상
VIB (Very Important Baby)	VIP에 빗대어 매출을 올려주는 어린이 고객을 지칭
엔젤산업	0~14세의 영유아 및 아동을 대상으로 하는 산업, 가계 지출에서 교육비가 차지하는 비율을 나타내는 엔젤계수에서 유래
키드플루언스	어린이들이 가전제품 구매와 선택, 가족의 여가 생활 등 가족 소비활동에 영향을 미치는 현상

출처: 이베스트투자증권 리서치센터(2019)

2000년대 초반부터 개인 사업자 중심으로 처음 등장했던 키즈 카페는 기업화가 급속도로 진행되며 프랜차이즈 형태로 재편되고 있다. 과거에는 놀이기구와 완구를 구비한 실내 놀이터에 그쳤으나 최근에는 식사 및 커피까지 제공하기 시작하며 부모들의 오프라인 커뮤니티 공간으로 발전 중이다. 키즈 카페는 인기 캐릭터 IP를 활용하거나 프리미엄 놀이공간 컨셉을 지향하며 차별화되고 있다. 유명캐릭터들을 실제로 만나보고 싶은 심리를 잘 공략한 결과 키즈 카페에 많은 트래픽이 몰리고 있는 상황이다(이베스트투자증권 리서치센터, 2019).

아이패드가 나온 직후에 유명해진 GIF이미지가 있다. 생후 두 돌이나 되었을까 싶은 아기가 그림책의 페이지를 넘기지 않고 손가락 끝으로 종이를 계속 미는 모습이었다. 아날로그 그림책보다 디지털 기기의 화면과 터치를 통한 조작을 먼저 익힌 세대이다. 텍스트가 아닌 인스타그램을 비롯한 그림과 동영상으로 정보를 얻고 소통하는 것이 실제 얼굴을 보고 커뮤니케이션하는 것보다 자연스럽다. 그런 조작과 소통에 시리와 같은 음성인식을 사용하는 것도 걸음마나 기저귀 떼기와 같은 과정이다.

이들은 어릴 때부터 인공지능을 놀이로 체험하고 받아들인다. AI 스피커에서 가장 활발하게 이뤄지는 서비스는 '키즈 콘텐츠'로 인공지능이 '육아 도우미' 역할을 하고 있다. 글자를 익히지 못한 어린 아이들이 음성만으로 기계와 묻고 답하며 원하는 콘텐츠를 검색하는 데 익숙해지고 있다. 알파세대는 또한 로봇과 친숙하게 소통하고 있다. 명령에 반응하고 감정을 표현할 줄 아는 로봇 장난감, 직접 코딩으로 움직일 수 있는 조립형 블록, 다양한 증강현실 등을 어릴 때부터 놀이로 경험하고 수용한다. 집안의 '집사' 역할을 하는 가정용 로봇과 함께 자라게 되는 세대이기도 하다(경향비즈, 2018년 6월 28일).

유튜브로 어린이용 콘텐츠를 부모가 보여주다가, 직접 보고 싶은 것들을 찾아서 보던 것을 지나 직접 콘텐츠를 만드는 단계로 이미 진입했다. 글이나 유튜브 자막에 익숙하지 않아서 아무 문자나 입력해도 아이들이 좋아하는 동영상을 시청할 수 있게 되면서 아이들이 입력한 뜻 모를 문자들을 사이버옹알이라고 한다. 유튜브에서도 2017년 5월에 유튜브키즈 앱을 열었고, 2018년 2월에는 기존에 하던 팬페스트 페스티벌을 세분화하여 어린이들만을 위한 '코리아 키즈 페스티벌'이란 대규모 행사까지 펼쳤다.

2018년 전 세계 유튜버 중 수입 1위는 장난감 언박싱을 전문으로 하는 'Ryan Toys Review'를 운영하는 8살의 라이언으로 한국 돈으로 250억 원에 가까운 수입을 올렸다. 라이언은 장난감 포장재를 뜯고 조립하거나 시연하는 토이 언박싱을 주요 콘텐츠로 다루고 있으며 채널을 개설한지 3년만에 1,730만명의 구독자 수를 가지고 있다.

한국에서도 대기업 임원 이상의 수입을 올린다고 겸손하게 말하는 알파세대 유튜버들이 있다. 미국의 유튜브 분석 사이트 소셜블레이드에 따르면 국내 광고수익 상위 유튜브 채널 중 대부분이 유아용 콘텐츠를 다루고 있다. 2019년 현재 만 5살 유투버 이보람 양이 2016년부터 출연하기 시작한 보람튜브는 구독자가 1700만명이고 월 30억 이상의 광고와 협찬 수익 등을 얻고 있다. 보람튜브를 운영하고 있는 이보람의 가족회사인 보람패밀리가 청담동에 있는 빌딩을 95억원에 매입했다는 소식도 알려졌다. 청와대 게시판에는 보람튜브가 돈을 너무 벌어 상대적 박탈감이 느껴지니 일정 수익 이상은 규제해달라는 청원까지 올라왔다고 한다. 또한 핑크퐁, 캐리TV 등의 키즈 채널들이 글로벌 팬덤을 보유한 빅히트 엔터테인먼트, SM 엔터테인먼트 등의 연예기획사들과 구독자 수를 기준으로 어깨를 나란히 하고 있다.

캐리소프트는 '캐리와 장난감 친구들'이라는 유튜브 채널로 유명한 키즈 전문 MCN이다. 현재 해당 채널은 193만명에 달하는 구독자 수를 보유했으며 온라인에서의 인기를 바탕으로 IPTV, 키즈 카페, 뮤지컬, 교육 등 영역 확장을 지속하고 있다. 해외에서도 흥행가도를 달리며 글로벌 콘텐츠 기업으로서 가능성을 보여주고 있다. 중국 최대 동영상 플랫폼 '유쿠'를 비롯해 '아이치이', '텐센트', '소후' 등에 진출했으며 중국 내 구독자 수 490만명과 누적 조회수 29억뷰를 넘어섰다. 이외에도 핑크퐁 주제가 '아기상어'는 빌보드 Hot 100에 랭크되는 등 해외에서도 국산 IP들의 활약상이 돋보이고 있다(이베스트투자증권 리서치센터, 2019).

기본적으로 이들에게 디지털 콘텐츠와 콘텐츠를 만들고 전달하는 기기들은 자기표현이자 소통의 절대적인 도구이다. 때로는 어린 나이에 거액의 수입을 안겨 준다. 그 과정에서 두 가지 걱정스러운 점이 나타난다.

첫째, '인간 대 인간'의 소통이 급격히 줄고 있다. 인간적 접촉이 전제되지 않으면 디지털에서의 관계도 만들어질 수 없다. 결국 모든 관계의 거의 절멸 수준으로 귀결되어버릴 수 있다.

둘째, 분위기에 휩쓸려 스스로 대박의 꿈을 어린 시절부터 꾸면서, 돈만을 따지는 아주 제한적인 호모이코노미쿠스로 자라나지 않을까 하는 우려가 든다(박재항, 2019).

〈표 8-4〉 사업자별 키즈 콘텐츠 제공 현황

회사명	서비스	내용
유투브	유튜브키즈	▸ 17년 5월 유튜브 키즈 국내 론칭 ▸ 공연, 음악, 스포츠, 학습 등 어린이에게 적합한 주제 선별 제공 ▸ 글로벌 주간 방문자 1,100만명, 누적 조회 수 300억회
넷플릭스	키즈 섹션	▸ 1.25억 가입자 중 절반이 키즈 콘텐츠 시청
네이버	쥬니버	▸ 캐리TV, 핑크퐁 기반 학습 콘텐츠 공개 ▸ 동요 3,000여곡 무료 개방 ▸ AI 스피커 기반 추천 기술
카카오	카카오 키즈	▸ 아동 콘텐츠 업체 블루핀 인수 ▸ 핑크퐁, 콩순이, 폴리 등 인기 만화 동영상, 교육, 게임 콘텐츠 2만개 제공 ▸ 글로벌 이용자 수 3,000만명 ▸ 어린이집 유치원 스마트 알림장 '키즈노트' 점유율 60% 기록
KT	올레tv 프라임 키즈팩	▸ 캐리TV 무료 서비스, 유튜브 보다 3주 빠르게 업데이트 ▸ 핑크퐁TV 독점 출시, 핑크퐁 애니메이션 제작에 투자
SK브로드밴드	Btv 키즈클럽	▸ 뽀로로TV 독점, 뽀로로 고화질 리메이크 ▸ 로보카폴리, 좀비덤 등의 콘텐츠 확보
LG유플러스	U+tv 아이들나라	▸ 유튜브 키즈 탑재 ▸ '캐리와 장난감 친구들' '토이푸딩TV' 등의 콘텐츠

출처: 이베스트투자증권 리서치센터(2019)

Chapter 9

소비트렌드

세계에서 가장 자극적인 나라

나는 앞으로 한국이 세계에서 가장 자극적인 나라가 되리라는 것을 의심치 않는다. 통일된 한반도를 보고 싶다. 그 안에서 용솟음칠 기회와 환호의 소리들을 듣고 싶다. 앞으로 내 삶이 얼마나 나를 기다려줄지 모르겠다. 내 눈으로 확인하지 못하더라도 그 일들은 일어날 것이고 또 누군가는 그걸 즐길 것이기에. 선인들이 그러했고 또 내가 그랬던 것처럼.

- 짐 로저스의≪세계에서 가장 자극적인 나라≫중에서 -

정확한 미래 예측으로 유명한 짐 로저스.

그가 말하는 '세계에서 가장 자극적인 나라'는 무슨 뜻일까요.

책장을 넘겨보니 엄청난 매력과 희망이 있다는 뜻으로 읽혔습니다.

변화무쌍하고 역동적이고 끊임없이 끓어오르는 한국 사회에서 무한한 가능성을 내다보는 한 외국 투자가의 안목에서 그나마 얼마쯤의 위안을 얻습니다. '우리의 소원'인 '통일된 한반도'에 앞서 '평화의 한반도'를 먼저 보고 싶습니다.

-고도원의 아침편지-

1. 트렌드의 개념

트렌드는 가까운 미래에 발생해서 상당기간 지속되는, 그러면서도 과거와는 다른 경향과 방향성을 지닌, 사회 각 분야의 움직임을 나타내는 징후이며 현실적 동향이다. 과거의 경향과 현재의 징후를 세심하게 관찰함으로써 트렌드를 파악하고 이러한 트렌드를 확인하고 분석함으로써 미래를 예측할 수 있다. 트렌드를 정확하게 정의하고 예측하기 위해서는 다음과 같은 다양한 트렌드의 개념과 범주를 이해하고, 각 개념간의 관계를 파악할 수 있어야 한다(이온화 역, Horx 저, 2004).

1) 메타트렌드 : 배후에 숨은 진화의 힘

메타트렌드(metatrend)는 트렌드 중에서 변화의 속도가 가장 느리고 그 과정이 가장 장기적이고 복잡하다. 메타트렌드가 이루어지는 영역은 자연이다. 자연에는 우주를 시계의 원리에 따라 단순하게 돌아가는 암석 파편들의 황무지 이상의 존재로 만들려고 하는 추진력이 있다. 이 추진력을 우리는 진화라고 부른다. 진화는 단순한 것에서 복잡한 것을 만들어내는 시도이다. 생물체와 그 생물체의 생활권 그리고 동식물의 개별적인 소생활권은 수백만년을 거치면서 세분화되었고, 이렇게 세분화되는 과정에서 다양성, 독립성 및 차별성은 점점 증가하였다.

2) 메가트렌드 : 트렌드 세계의 블록버스터

메가트렌드(megatrend)라는 용어를 처음으로 사용한 Naisbitt(1982)은 우리 삶의 모습을 바꾸고, 새로운 사회를 구현할 수 있는 내재적 힘이라고 메가트렌드를 정의하였다. 메가트렌드는 사회, 정치, 경제 및 기술의 변화에 영향을 주며, 구체화되는 속도는 느리지만 일단 정착되면 7년 내지 10년 정도 우리 삶에 전반적으로 영향을 미치는 특성을 가지고 있다. 예를 들면 메가트렌드는 경력이나 직업, 여행, 사업, 투자, 거주지, 자녀교육 등 일상생활의 요소에도 큰 영향을 미친다.

1980년대는 세계화와 대중매체의 발달로 인하여 처음으로 발전이 특정지역에만 제한적으로 일어나는 것이 아니라 글로벌한 현상이라는 것을 깨닫게 된 시기이다. 이러한 보편성이 메가트렌드의 본질이고, 다른 트렌드 범주와 구별되는 중요한 특성이다. 메가트렌드는 기술, 문화, 인간 상호간의 관계, 노동, 소비생활영역을 비롯하여 인간의 모든 생활영역에 영향을 미치기 때문에 경제영역은 물론 정신이나 인문영역에서도 찾아볼 수 있다는 있다는 점에서 통합학문적인 특성을 지니고 있다. 메가트렌드가 다른 개별적 트렌드와 구별되는 요소 7가지는 다음과 같다(마티아스 호르크스; 배진아 역, 2014).

(1) 장기성

제대로 된 메가트렌드는 어느 날 갑자기 기습적으로 들이닥치지 않는다. 수십 년간의 잠복기를 거치면서 영향력을 키워 활동기에 이르면 대부분 한 세기 이상 지속된다.

(2) 깊은 뿌리

메가트렌드는 깊은 역사적 뿌리를 가지고 있다. 때로는 그 뿌리가 인류 역사의 기원으로 거슬러 올라가기도 한다. 이런 힘이 오늘날의 상황과 환경에 의해 활성화되고 강화된다.

(3) 편재성과 복합성

메가트렌드는 생활환경, 경제, 소비, 정치 등과 같은 모든 영역과 정신적인 영역에서 변화를 불러일으키고, 사회, 정치, 경제의 다양한 부문을 새로운 방식으로 결합한다.

(4) 세계성

메가트렌드는 전 세계적인 경향을 띠나 전 세계에서 동시다발적으로 모든 메가트렌드의 발전이 이루어지지는 않는다. 예를 들면 여성화 또는 도시화와 같은 메가트렌드는 다양한 지역에서 각기 다른 양상으로 나타나게 된다.

(5) 견고함

메가트렌드는 위기나 타격으로 궤도에서 벗어나지 않을 만큼 견고하다. 가끔 속도가 정체되거나 심지어는 반대 방향으로 진행하는 것처럼 보일 때도 있지만, 그러한 경우는 일시적이다.

(6) 느린 속도

때때로 메가트렌드가 강한 추진력을 발휘하는 시기도 있기는 하지만, 장기적인 추세로 보면 점진적으로 느리게 움직인다.

(7) 역설적인 특징

메가트렌드는 독특한 만곡선의 형태로 움직이고, 이런 점 때문에 우리는 메가트렌드에 흥분하고 관심을 기울인다. 언제나 하나 이상의 복고 트렌드, 즉 반동이나 대조적인 경향을 만들어내기 때문이다.

3) 트렌드 : 일상적 변화의 교집합

트렌드는 과거에 이미 일어난 일이 아니라 미래에 일어날 특정한 일을 예측하는 것으로 평균적인 사람들이 이를 받아들일 때 트렌드가 될 수 있다(Vejlgaard, 2008). 트렌드는 변화하고 움직이는 일종의 경향성이라고 볼 수 있는데, 이러한 움직임과 변화는 사회, 문화, 비즈니스, 소비생활 등에 영향력을 미친다(Raymond, 2010). 트렌드는 적어도 5-10년에 걸쳐 지속되면서 사회 전반에 영향을 미치는 변화의 흐름인데 반하여, 일시적 유행인 패드는 화려하지만 일시적이고 사라진다는 점에서 차이가 있다(Popcorn, 1999).

4) 유행(Fad)

트렌드와 일시적 유행을 동일한 의미로 사용하는 경우도 있으나, 트렌드와 일시적 유행은 다음과 같은 차이가 있다(허민구, 2004; Horx 저, 이온화 역 2004, 김영신 . 조은정(역). 페이스 팝콘.리스 마리골드(저), 1999; 김경훈 . 김정홍 . 이우형, 2004; 제럴드 셀런트 . 톰 빌튼 저, 우경하 역, 1994).

- 트렌드는 인구통계적 변화, 대중의 가치관이나 태도, 생활양식 또는 기술의 변화에 의하여 시장 전반에 점진적이면서도 광범위한 변화를 가져온다. 그러나 일시적 유행은 시류를 좇는 대중문화나 대중매체가 선도하기 때문에 비교적 짧은 기간에 폭발적으로 성장했다가 사라진다.

- 일시적 유행은 제품 자체에 적용되는 말이나 트렌드는 소비자들이 물건을 사도록 만드는 원동력에 관한 것이다. 사람들의 마음속에 확실한 심리적 동기가 있어야 트렌드가 될 수 있다. 남이 하는 것을 따라 하는 것은 일시적인 유행 심리에 불과하나, 성공의 욕망이든, 본능이든 강력한 심리적 동기가 내재되어 있다면 트렌드가 될 수 있다.

- 트렌드는 사회적 토대가 마련되어 있기 때문에 평균 5-10년 이상 지속된다. 트렌드는 에너지 부족이나 자연 재해, 전쟁 등과 같은 위기로 약간 변화되거나 달라질 수는 있으나, 그러한 뜻밖의 상황조차도 트렌드를 완전하게 뒤바꾸지는 못한다. 일시적 유행은 시작은 화려하나 곧 스러져 버리는 것이다.

- 일시적인 유행은 예측이 불가능하고 생명력이 짧으며 사회, 경제, 정치적 의미가 없다는 점에서 트렌드와 구분된다. 일시적 유행은 트렌드가 가지고 있는 지속적인 힘이나 영향력을 행사하지 못한다.

- 유행하는 제품과 유행하는 제품의 기초가 되는 트렌드 사이에는 상관관계가 있다. 예를 들면 문신은 유색인종의 반문화와 불량취미(bad taste) 트렌드가 반영된 것이다.

5) 마이크로 트렌드

마이크로 트렌드는 유행보다 더 적은 수의 사람들이 짧은 기간 동안만 향유하는 미시적인 트렌드이다. 마크 펜은 오늘날 세계에서 일어나는 변화가 레이더에는 포착되지 않는 작은 힘들에 의해 움직이고 있으며, 예기치 못한 상태에서 우리에게 다가오고 있다고 주장했다. 메가트렌드 시대가 대량생산과 제한된 선택으로 포드경제를 내세웠다면, 지금의 세계는 까다롭고 개별화된 소비자들에게 수백 가지의 조합을 제공할 수 있는 마이크로트렌드가 세상의 룰을 바꾸는 1%의 법칙이라고 하였다.

어떤 트렌드가 1%의 인구에 영향을 미칠 때가 되면 히트영화나 베스트셀러 도서, 새로운 정치운동 등이 태동할 준비가 갖춰지는 것이다. 개인선택의 힘이 갈수록 정치, 종교, 연예, 오락, 심지어 전쟁에도 영향을 미치고 있다. 특정 사안과 관련해 주류의 선택과 대립되는 선택에 헌신하는 사람들이 단 1%만 있어도 세상을 변혁시키는 운동을 만들어낼 수 있다.

스타벅스는 사람들에게 커피, 밀크, 설탕을 취향대로 선택할 수 있는 선택권이 있고, 사람들이 더 많은 선택권을 가지면 가질수록 더 만족할 수 있다는 전제로 운영해서 성공을 거두었다.

마크 펜은 "당신이 보지 못하는 곳에서, 이미 새로운 세상이 시작되고 있다. Think Small… '작은 것'을 볼 줄 알아야 '큰 것'을 얻는다!"고 작은 변화의 중요성을 강조하면서 몇 개의 거대한 힘이 세상을 움직이는 메가트렌드의 시대는 끝났다고 하였다(안진환, 왕수민역, 마크 펜, 키니 젤리슨, 저, 2008). 아주 작은 변화라 하더라도 그 변화를 일으키는데 필요한 사회적 · 심리적 · 경제적 조건이 무르익어야 한다는 점을 고려한다면 작은 변화의 중요성을 간과해서는 안될 것이다. 마이크로 트렌드는 개인적이고 소소한 변화에 주목하여 틈새시장을 개척하려고 하는 사람들에게 매우 유용하다(김난도 · 권혜진 · 김희정, 2008).

2. 트렌드의 특성

1) 트렌드의 확산

<그림 9-1>은 다양한 트렌드의 지속시간과 양적 측면을 나타낸 것이다. 마이크로 트렌드는 가장 적은 수의 사람들이 가장 짧은 기간 동안 향유하는 미시적인 트렌드이고, 그 다음은 패션 영역에서 중요하게 다루어지는 패드이고, 그 다음은 패드보다 상대적으로 좀 더 지속적이고 광범위하게 영향을 미치는 트렌드이고, 메가트렌드는 확산 양이 가장 많고 지속시간도 가장 길다.

마이크로 트렌드에서 패드, 트렌드, 메가트렌드로 순차적으로 발전하고 진화하는 것을 분석하고 예측하는 작업은 트렌드연구에서 매우 중요한 과제의 하나라고 볼 수 있다. Vejlaard(2008)은 Rogers(2003)의 혁신확산모형을 응용하여 <그림 9-2>와 같이 트렌드가 확산되는 과정을 설명하기 위한 Top-down모형을 제시했다. 트렌드는 트렌드 창조자에서 시작해서 트렌드 세터, 트렌드 추종자, 일반 대중으로 확산된다. 트렌드 창조자는 1% 이내이고, 트렌드 세터는 5%, 트렌드 추종자는 10%, 조기대중 소비자는 20% 정도를 차지한다. 대중 소비자는 40%, 후기 대중 소비자는 15%, 보수주의자는 10%, 반 혁신자는 1% 이내이다(이준형, 이제성, 2016).

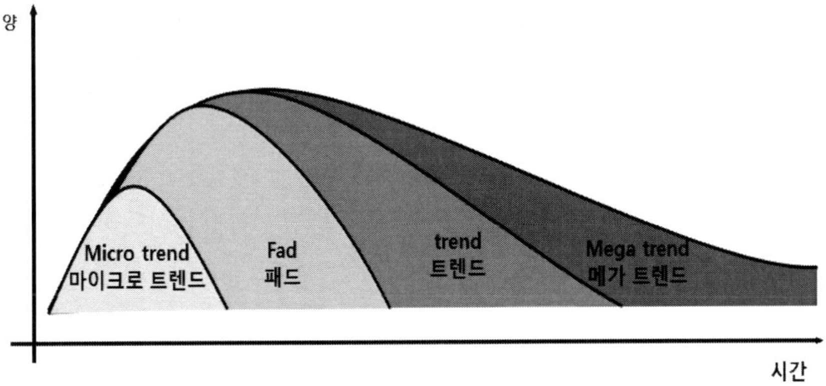

출처: Patrick Juselius (2012)

〈그림 9-1〉 트렌드 유형과 라이프 사이클

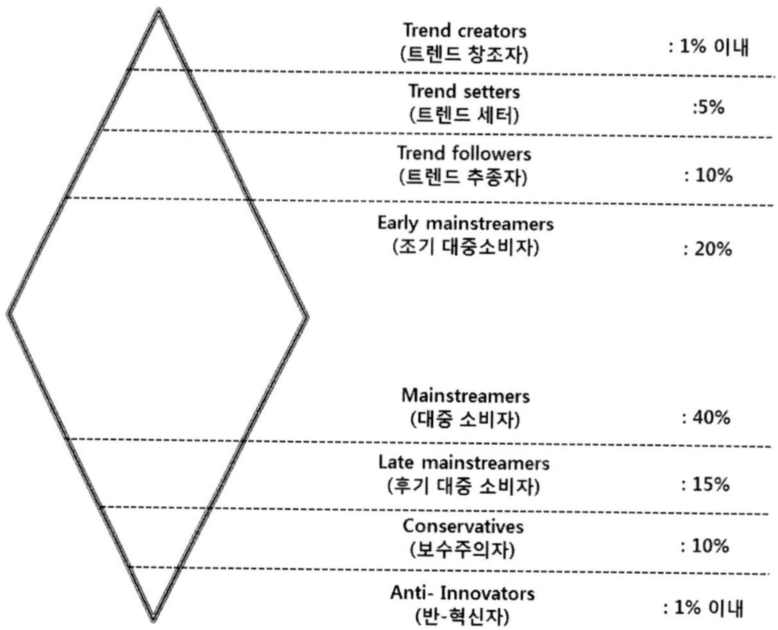

출처: Vejlgoaard (2008)

〈그림 9-2〉 Top-down 모형

2) 트렌드와 역트렌드의 변증법

트렌드와 역트렌드가 일정기간 동안 서로 공존한 후에 상충되는 자극들이 변증법적으로 종합되면서 제 3의 새로운 종합트렌드가 형성된다. 이 종합트렌드를 퓨전트렌드라고도 부른다. 퓨전음악에서부터 퓨전요리, 퓨전한복, 퓨전소설, 퓨전만화, 퓨전한류까지 다양한 분야에서 퓨전현상을 볼 수 있고 큰 거부감 없이 받아들이는 추세다. 유전공학, 사이버네틱스에 의한 인간과 기계, 빅데이터를 활용한 금융·백화점, 도농협력에 의한 6차 산업도 퓨전현상으로 볼 수 있으며 대립과 갈등마저도 퓨전현상의 한 과정으로 이해할 수 있다(나기황, 2016).

종합트렌드가 형성되는 과정을 식으로 표시하면 다음과 같다.

중요 트렌드 = 트렌드 + 역트렌드 = 종합트렌드

지방화와 세계화로부터 세방화라는 종합트렌드가 탄생했다. 오늘날 소비자들은 자신을 한 지역의 주민인 동시에 세계시민으로 생각하고 있다. 동서식품은 1982년 말레이시아와 싱가포르 등에 프리마를 수출하며 커피 크리머 수출 시대를 열었다. 프리마를 통해 동남아 시장에 커피 믹스라는 제품을 최초로 소개하기도 했다. 이어서 동서식품은 러시아와 중앙아시아, 대만까지 진출하며 '프리마 로드'를 개척해 나가고 있다. 20여 개국 현지의 식문화를 연구해 다양한 형태의 프리마를 수출하고 있다. 프리마는 2017년 기준 카자흐스탄 82%, 키르기스스탄 100%, 타지키스탄 86%, 우즈베키스탄 56%의 시장을 점유하는 등 중앙아시아 지역에서 82% 이상의 시장점유율을 유지 중이다. 프리마는 1982년 110만 달러에서 2012년 5500만 달러로, 19년 만에 수출 실적이 50배 성장했다(한경비지니스, 2018년 8월 21일).

동서식품은 커피뿐만 아니라 다양한 요리에 프리마를 적용하는 현지 식습관에 착안해 이를 마케팅과 제품개발에 적극 활용했다. 타지키스탄에서 방송된 광고에는 프리마를 넣어 반죽한 빵으로 저녁 식사를 하는 가족의 모습도 나온다. 제빵과 여러 음식에 적용할 수 있도록 제품의 구성과 형태를 새롭게 개발해 내놓았다. 우유 대신 빵에 넣어 먹는 프리마인 '하이밀키(대용 분유)' 제품도 매출이 크게 증가하고 있다. 동서식품은 네슬레와 중국 업체 등이 자리 잡은 대만 시장을 겨냥해 버블티 전용 프리마 개발에 성공했다. 2009년 2500톤(350만 달러어치)이던 대만 프리마 수출 물량은 2012년 6100톤(1100만 달러어치), 2017년 7730톤(1340만 달러어치)으로 지속 상승세다(이코노믹리뷰, 2019년 1월 21일).

3. 소비트렌드의 활용

1) 소비자의 마음을 읽을 수 있다.

현대사회에서 소비자는 자신이 무엇을 원하는지를 정확하게 알지 못하고 안다고 해도 급변하는 상황에 따라 쉽게 변하는 경우가 많다. 그러므로 설문조사와 같은 방식으로는 빠르게 변화하고 움직이는 현실을 쫓아갈 수 없을 뿐 아니라 소비자의 마음을 정확하게 읽기가 어려운 경우가 많다. 전 세계적으로 여론조사 결과가 틀려서 곤욕을 치르고 있다.

2016년 6월 영국의 EU 탈퇴를 결정짓는 브렉시트 국민투표 결과도 숨은 표가 도마에 올랐다. EU 잔류 결과를 예측했던 여론조사는 또 헛다리를 짚었다. 숨어 있는 보수표 이른바 '샤이 토리(Shy Tory : 부끄러워 하는 보수당 지지자들)'의 표심을 내다보지 못한 탓이다. 영국의 '샤이 토리'가 미국 대선에서 '샤이 트럼프'로 재현됐다. 공화당의 트럼프는 자신을 비웃던 여론조사 기관을 비웃고 당선되었다. '샤이 토리'나 '샤이 트럼프'의 공통점은 부끄러움이다. 자신의 선택이 '정치적 올바름'과는 달라 부끄럽다는 점을 알지만 자기 이익이 우선이라는 표심이다(국제신문 2016년 11월 10일). 이러한 상황에서 소비트렌드를 파악하여 예측하는 과정이 시장조사의 가장 중요한 수단으로 되었다.

2) 트렌드를 알면 성공이 보인다.

트렌드를 하나의 선별장치로 활용하면 잘못된 출발이나 엉뚱한 방향으로의 시도, 혹은 여지없는 실패 등을 막을 수 있다. 각각의 트렌드를 잘 연구해 보면 사업이나 사회라는 큰 그림을 구성하고 있는 수많은 특징과 구체적인 내용에 초점을 맞출 수 있고, 트렌드를 준거로 아이디어를 평가하고 계획을 좀 더 정교하게 다듬거나 확장시킬 수 있다(김영신 . 조은정(역). 페이스 팝콘.리스 마리골드(저), 1999).

예를 들면 커피문화가 돈을 벌어들이라고는 꿈에도 생각하지 못했던 시기에 스타벅스는 다음과 같이 트렌드를 활용하여 라이프스타일 브랜드인 동시에 글로벌 정서를 대변할 정도로 세계적 프랜차이즈 네트워크 기업으로 성장하였다(Horx 저, 이온화 역 2004).

- 차별성 : 스타벅스는 대량음료인 커피에 원산지의 문화적 깊이를 덧입혔다.
- 새로운 전문성 : 스타벅스는 블루문을 캐러멜 카타르시스와 구별할 수 있는 전문가 그룹을 계속 늘려나갔다.
- 소시오테인먼트(sociotainment) : 스타벅스는 사회적으로 '커뮤니티 만들기' 트렌드에 안착했다. 글로벌 도시문화 속에 사는 소비자들은 동류의식을 지

닌 사람들과 함께 있을 수 있는 더 많은 장소를 찾기 때문이다.

- 코쿠닝(cocooning) : 코쿠닝은 자기 집을 아지트로 삼아 보금자리를 틀고, 자기가 좋아하는 것을 하는 트렌드이다. 스타벅스의 실내장식은 매우 포근하고 분위기가 있다.
- 사내기업 : 스타벅스는 직장에 대한 자긍심, 자기 책임 그리고 즐거움이 있는 새로운 직원문화를 만들어냈다. 이러한 전략은 감정적으로 고객과 가깝다는 의미에서 하이터치 트렌드에 부합된다.

월가의 전설적인 투자자인 피터린치는 과학적이고 체계적인 분석 방법 대신에 '생활 속의 발견'이라는 투자법을 사용했다. 던킨도너츠에 투자해서 대박을 터트린 그가 이 회사에 투자를 하게 된 계기는 재무제표 분석이나 미래 기업가치에 대한 과학적 분석이 아니라 본인이 매일 아침 출근하는 길에 도넛을 사 먹으려고 길게 줄은 선 사람들을 본 것이다(김선주, 안현정, 2013).

3) 미래시장 선점이 기업의 핵심 경쟁력이다.

트렌드를 정확히 읽고 소비자들의 라이프스타일을 남다르게 앞서서 파악해 소비 인자를 발굴해 내는 능력이야말로 언제든지 기업에서 환영하는 핵심능력이다. 트렌드 자체를 명확하게 분석해 내지 못한다고 할지라도 최소한 경영적인 마인드와 시선의 방향이 같고 뜻이 통하면 기업경영에서는 매우 환영한다.

4) 트렌드를 알면 소중한 시간을 절약할 수 있다.

오늘날 어떠한 아이디어를 평가하는 기준은 좋은지 나쁜지, 새로운지, 오래되었는지를 분석하는 것이 아니라 트렌드에 맞는지 혹은 구식이 될 것인지를 분석하는 것이다. 그러므로 트렌드에 맞춤으로써 쓸데없는 것을 버리고 정말 중요한 것을 향하도록 방향을 돌리고 한정된 자원을 효율적으로 활용하게 함으로써 소중한 시간을 절약할 수 있다.

임춘성(2017)은 4차 산업혁명 시대의 미래 변화를 주도할 대표적인 기술 8가지를 선정해 다음과 같이 신세계를 조망했다.

▸ 인공지능
진정한 신인류 : 인지 · 학습 · 판단을 대신해주는 지식의 신세계

▸ 빅데이터
나와 세상을 아는 선견지명 : 수집 · 처리 · 분석으로 여는 지혜의 신세계

▸ 로봇
귀천 있는 일꾼 : 인간을 초월한 모방과 대체가 불러올 업의 신세계

▸ 무인자동차
3,000만 원짜리 내비게이션 : 기술간 융복합이 이뤄낸 휴식의 신세계

▸ 사물인터넷
사물과 이야기하다 : 표현 · 연결 · 통합이 구현하는 소통의 신세계

▸ 클라우드
소유의 종말 : 저장 · 접근 · 공유로 더욱 풍성해지는 소유의 신세계

▸ 핀테크
모든 것이 돈이고, 아무것도 돈이 아닌 : 신뢰 · 편의 · 자산을 담보로 한 돈의 신세계

▸ 가상현실
생각이 경험으로, 상상이 현실로 : 자극 · 경험 · 현실이 만드는 꿈의 신세계

5) 소비트렌드는 바로 생활방식이나 가치관의 트렌드와 연결된다.

소비트렌드를 이용하면 기업에서 좋은 제품과 브랜드로 좋은 고객을 많이 오래도록 확보할 수 있다. 뿐만 아니라 좋은 직원을 뽑고 오래도록 한 직장에서 열심히 일하도록 하는 인사 분야와 같은 곳에서도 큰 도움이 된다. 심지어 부부간, 부모 자녀간의 관계에서 서로를 배려하고 오래도록 신뢰와 사랑을 유지하기 위해서도 소비트렌드는 도움이 된다. 소비트렌드는 생활방식이나 가치관의 트렌드와 연결이 되기 때문이다(조은정, 2002).

6) 트렌드 리더가 미래의 리더다.

트렌드를 예측하는 능력을 키우는 것이 인재의 가장 중요한 조건이 되고 있다. 이 능력은 지위가 올라갈수록 더 중요한 능력이 되고 있다. 지위가 올라갈수록 더 중요한 선택과 의사결정을 해야 하기 때문이다. 리더는 무엇보다 시대의 흐름과 변화의 방향을 읽어내는 트렌드 예측을 통해서 비전을 제시할 수 있어야 한다.

7) 트렌드 분석가 : 새로운 전문직

트렌드 분석가는 마케팅 과정, 곧 리서치, 플래닝, 프로듀싱, 크리에이티브 가운데 가장 기본이 되는 소비문화와 시장의 미래 동향을 전문적으로 예측하는 미래예측 전문가이다. 트렌드 분석가는 마케팅 리서처와는 달리 소비자 행동과 라이프스타일을 사후적으로 조사하고 분석하는 것이 아니라, 미래에 나타날 소비문화의 동향을 정확하게 예측하고, 미래의 향방을 미리 파악하여 이를 기획과 크리에이티브에 응용한다. 이들은 새로운 시장을 창조하고, 또한 사회에 새로운 소비문화의 흐름을 개발하고 정착시키는 역할을 담당한다(이상인, 1994).

빅데이터 분석을 통해 트렌드를 예측하는 경우가 증가하면서 흩어져 있는 데이터에서 어떠한 패턴 혹은 문제점을 찾아내고, 의미있는 정보로 바꿔 미래의 의사결정에까지 도움을 주는 빅데이터 분석가가 중요한 전문직으로 떠오르고 있다. <타임>은 2000년에 이미 정보량이 폭증하면서 이를 분석하고 정부나 기업 등에 의미 있는 자료를 제공하는 직업인 데이터마이너가 25년 후 가장 높은 급여를 받는 직업 중 하나가 될 것이라고 예측했고, <포브스>는 <하버드비즈니스리뷰>를 인용해서 데이터 사이언티스트가 21세기에 가장 주목받는 직업이 될 것이라고 소개했다(송길영, 2012).

4. 소비트렌드 키워드 추출과정

서울대학교 생활과학연구소의 소비트렌드분석센터에서는 다음과 같이 6단계 과정을 통하여 소비트렌드 키워드를 추출하고 있다.

1단계	Inventory Building (나열)	관련 시장, 가정, 네트워크 상에서 관찰되는 소비와 라이프 스타일 상의 변화를 탐색해 나열한다.
2단계	Dissolving (분해)	나열된 소비트렌드가 부여하는 의미를 추출한다. 특히 사회적 · 심리적 원인, 추구하는 소비가치, 결과로서 나타나게 될 현상에 초점을 둔다.
3단계	Re-arranging (재배치)	분해된 소비트렌드의 의미를 기본으로 각 트렌드의 인과 · 상관관계와 시간적 선후를 고려하여 개념간의 관계지도를 작성해 소비가치를 재배치한다.
4단계	Categorizing (분류)	재배치된 결과물에 토대를 두어 소비트렌드를 10~15개 정도로 분류 · 유형화한다. 이것이 10대 키워드의 후보가 된다.
5단계	Verifying (검증)	각 소비트렌드 키워드가 관련 산업 · 소비자 · 시장에 미칠 영향을 고려하고, 키워드의 타당성을 연역적으로 재검증한다. 검증을 통해 10개 내외의 키워드로 압축한다.
6단계	Labeling (명명)	검증이 완료된 소비트렌드에 적절한 명칭을 부여한다.

출처: 김난도외 (2009)

〈그림 9-3〉 트렌드 키워드 추출 과정

1) Inventory Building (나열)

관련 시장, 매체, 가정, 네트워크상에서 관찰되는 소비와 라이프스타일 상의 변화를 탐색해 관찰된 키워드를 나열하는 단계다. 각 분과에서 추출한 자기 분과의 키워드, 트렌드헌터들이 보내온 Trendiary의 키워드, 트렌드헌터그룹 '날'의 멤버가 아닌 헌터들의 트렌드 보고서에서 발견된 키워드, 스크랩팀에서 수집한 각종 언론매체에 보도된 키워드를 망라한다. 일부 중복되는 키워드가 있기는 하지만, 초기에

Inventory Building된 키워드는 몇 백개를 훨씬 넘는다.

2) Dissolving (분해)

전 단계에서 제시된 소비트렌드 키워드가 함축하는 의미를 추출하는 단계이다. 사회적 · 심리적 원인이나 의미를 중점적으로 조명하는데, 특히 해당 키워드가 의미하는 '소비가치'를 파악하는 것이 가장 핵심적이다. 서로 무관해 보이거나 일견 반대되는 것처럼 보이는 키워드도 어떤 소비가치를 제공하느냐에 따라 같은 키워드로 취급할 수 있게 된다. 키워드를 유형화하여 다음 단계인 Re-arranging 단계로 넘어가기 위해서는 트렌드 키워드의 소비가치를 녹여내는 Dissolving이 필수적이다.

3) Re-arranging (재배치)

전 단계에서 추출된 소비가치를 중심으로 각 트렌드의 인과 상관관계와 시간적 선후를 고려하여 개념간의 관계지도를 작성하는 단계이다. 특정한 트렌드가 표상하는 소비가치에는 논리적 · 시간적 · 개념적 선후 또는 상하관계가 존재하는 경우가 대부분이다. Re-arranging은 이러한 관계를 구체적으로 그려내는 작업이다. 이 작업이 있어야 유사한 트렌드 키워드를 묶어낼 수 있으며, 지금은 작아보여도 차후 더 중요한 의미를 갖게 될 트렌드가 존재하는지 여부도 밝혀낼 수 있다.

4) Categorizing (분류)

트렌드의 Re-arranging 결과에 토대를 두고 소비트렌드를 압축적으로 분류 · 유형화 하는 단계이다. Categorizing은 트렌드 키워드가 10~15개 정도로 압축될 때까지 계속한다. 트렌드 키워드 중에서 가장 유력한 것을 선별하지 않고 이처럼 유형화를 통해 많은 키워드를 하나로 압축시키게 되면 키워드가 지나치게 두루뭉술하게 된다는 단점은 있다. 대신 압축된 키워드는 사회의 여러 영역을 포괄할 수 있을 뿐만 아니라 더 정확한 예측력과 타당성을 갖게 된다.

5) Verifying (검증)

Categorizing을 통해 추출된 키워드가 얼마나 타당하고 발생가능성이 높은가에 대해 '역으로' 증거를 찾는 단계다. 실질적인 키워드 추출의 마지막 단계라고 할 수 있다. 지금까지의 작업이 귀납적으로 이루어졌다면, Verifying은 연역적인 작업이라고 할 수 있다. 즉, 주어진 키워드가 설득력이 있을 수밖에 없는 이유를 지금까지 논의되지 않는 사실에 근거해 찾아내고, 더 설득력 있는 키워드가 없는가에 대해서 고민한다. 10개 내외로 압축하는 Verifying 과정에서 살아남으면 올해의 트렌드 키워드로 선정된다.

6) Labeling (명명)

검증단계까지 마친 소비트렌드에 적절한 명칭을 부여하는 작업이다. 먼저 전체 키워드로 어떤 단어를 만들 수 있을 것인가에 대해 논의한다. 주로 예측하는 해의 특성을 고려하여 선정한다.

전체 키워드가 결정되고 나면, 각각의 알파벳을 첫 글자로 하여 최종 키워드를 작명한다. 순서에 관계없이 재치 있고 의미심장한 키워드로 작명하도록 노력하지만, 되도록 의미가 크고 중요한 키워드가 앞쪽으로 배치되도록 배려한다. Labeling은 쉬운 작업이 아니다. 같은 현상을 지칭하더라도 그 이름이 얼마나 재미있고 정확하게 본래 의미를 전달하느냐에 따라 설득력의 크기가 달라지므로, 인용 · 패러디 · 운율 · 참신성 · 근거성 등의 조건을 고루 갖춰 적당한 이름을 부여하기 위해 고민해야 한다(김난도 · 권혜진 · 김희정, 2009).

<트렌드 코리아> 시리즈는 2007년에 처음으로 키워드를 발표한 후부터 해마다 그 해의 띠 동물이 포함되는 영문 키워드의 조합으로 부제를 정했다. 2018년을 마지막으로 12동물을 모두 돌았다. <트렌드 코리아 2019>의 키워드를 논의하기 위하여 약 200명의 트렌더스 날 멤버들이 한 자리에 모여 활발하고 열띤 토론을 벌였다. "혹시 해가 서쪽에서 뜬다면"과 같이 극단적인 가정을 의미하는 'WHEN PIGS FLY'나 돼지저금통을 의미하는 'PIGGY BANKS'와 같은 대안도 상당한 지지를 받았으나, 트렌드헌터들이 가장 공감한 것은 '돼지꿈'이었다. 황금돼지 해에 대한민국

에서 행운과 재복을 불러온다는 돼지꿈이 가장 필요한 소망이라고 보았기 때문이다. 영어에는 길몽에 해당하는 돼지꿈에 해당하는 단어가 없었지만 융성하는 2019년을 기원하는 소망으로는 부족하지 않다고 판단했다. 2019년의 큰 흐름을 한 문장으로 요약하여 “원자화 · 세분화하는 소비자들이 시대적 환경 변화에 적응하며 정체성과 자신의 주장을 찾아가는 여정”이라고 이 센터는 정의했다. 이러한 과정을 통하여 선정된 2019년 10대 소비트렌드 키워드는 다음과 같다(김난도, 전미영, 이향은, 최지혜, 이준영, 김서영, 이수진, 서유현, 권정현, 2018).

P(Play the Concept), 컨셉을 연출하라

가성비나 품질보다 컨셉이 화두가 된 시대이다. 소비자들은 자신만의 개성 있는 컨셉을 연출하는 컨셉러를 자처하고 있고, 기업은 컨셉이 충만한 상품, 서비스, 공간을 경쟁적으로 내놓고 있다. 재미있거나 희귀하거나 공감할 수 있는 ‘갬성’이 터지는 것은 무엇이든 컨셉이 될 수 있다. 이미지에 열광하고 변화를 거듭하는 젊은 층은 기능이 아니라 컨셉을 소비한다. 구구절절한 설명보다 컨셉이 우선이다. 마케팅하지 말고 고객들과 커뮤니케이션을 해야 한다. 마케팅이 아니고 컨셉팅으로 소비자를 사로잡을 수 있는 직관적인 갬성이 필요다.

I(Invite to the Cell Market), 세포마켓

유통이 SNS, 1인 미디어로 직접 판매에 뛰어든 셀슈머(sellsumer)가 만드는 유통의 세포분열을 의미하는 세포단위의 세포마켓(cell market) 시장이 증가하고 있다. 소비자들이 판매에 적극 참여하게 되면서 상품, 채널, 마케팅 방법 등이 세포처럼 무궁무진하게 생성, 분열하고 있다. 본업 외에도 여러 부업과 취미활동을 즐기며, 시대변화에 유연하게 대응하는 N잡러가 등장했다. 소비자 신뢰가 중요하고, 니치마케팅 이상의 섬세한 전략이 요구된다. “홍보해주세요”에서 “팔아주세요”, “함께 개발해주세요”로 위상이 바뀌고 있다.

G(Going ‘New-tro, 요즘 옛날, 뉴트로)

불황에는 과거를 향수하는 문화가 공존하므로 옛것에서 ‘새로움’을 찾아, 과거를

빌려 현재를 판다. '레트로'는 옛것에서 추억과 공감을 느끼는 중장년층의 복고, 노스탤지어를 말하며, '뉴트로'는 경험하지 못한 것에 대한 매력을 느끼는 젊은 시대의 신선한 느낌, 가보지 못했던 곳에 대한 설렘을 말한다. 옛것을 모르는 젊은 세대들은 뉴트로와 새로운 콘텐츠의 구분이 모호하므로, 본질은 유지하되 재해석을 통해 현대화하는 노력이 필요하다. 새로운 과거 '뉴트로'는 과거의 새로운 해석이다.

G(Green Survival, 필수환경시대)

하면 좋은 친환경이 아니라 살기 위해 반드시 해야 하는 필(必)환경으로 변화했다. 소비자안전에 대한 사회적 기준이 높아지고, 미세먼지나 폭염, 혹한 등 기상이변으로 환경을 생각하는 소비자가 증가하고 있다. 필환경 인증(freedom-food), 필환경 포장에 주목해야 하고, 창의적이고 효과적인 친환경 유인책과 에코 페어런팅(어린 시절부터 소비자교육)이 필요하다. 필환경은 인류가 살아남기 위해 반드시 실천해야 하는 소비 형태이므로 향후 글로벌기업 및 정부 정책의 기조가 될 전망이다.

Y(You Are My Proxy Emotion, 내 감정을 감정대리인에게 부탁

디지털 환경의 발달로 자신의 감정을 솔직하게 표현하는 데 어려움을 겪는 사람들이 늘고 있어 '감정의 외주화'가 등장하고 있다. 자신의 감정에 확신이 없고 표현하는 것에 서툰 현대인, 대신 감정을 확인하고 표현해 주길 원한다. 체험경제에서 감정경제로, 기업은 자사만의 독창적이고 진정성 있는 감정표현으로 다가가야 한다.

D(Data Intelligence), 데이터 지능

인공지능(AI)을 넘어 데이터지능(DI) 시대가 오면서 의사결정의 패러다임이 진화한다. 데시전(data+decision=dacision)이 포인트로, 즉 산업의 의사결정이 철저히 데이터로 이뤄지고 있다. 의료, 엔터테인먼트, 어뮤즈먼트, 미용, 패션, 물류, 금융, 공공 등 모든 산업분야의 핵심 경쟁력으로 데이터 분석능력이 부상하게 될 것이다. 산업발전과 개인정보보호가 균형을 이뤄야 되는데, 데이터 수집 및 활용과 관련해 법적, 제도적, 기술적 기반이 필요하다.

R(Rebirth of Space), 공간의 재탄생, 카멜레존

공간이 다시 태어난다. 소비자들은 새로운 공간으로 모여든다. 카멜레존이란 주변 상황에 따라 피부색을 바꾸는 카멜레온처럼 다양하게 변신을 꾀하는 공간을 말한다. 단순한 소비만 하는 공간이 아니라, 사람을 모으고 감성을 소비하는 공간으로 변모하고 있다. 오프라인이 망하는 것이 아니라, 변하지 못하는 공간이 망하는 것이다.

E(Emerging Millennial Family), 밀레니얼 가족

가사일을 가성비 높은 프로젝트처럼, 가정은 적정행복의 장소다. '밀레니얼 세대'는 1980~2000년생으로, 평등하고 민주적이지만 이기적이고 실리추구적인 사회관계를 지향하며, 절대빈곤은 없으나 상대적 박탈감에 민감한 세대이다. 밀레니얼 세대가 부모가 된 '밀레니얼 가족'이 시장에 미치는 소비 파급력이 증가하고 있다. 밀레니얼 가족의 새로운 니즈를 파악해야 하고, 밀레니얼의 라이프스타일은 향후 다른 세대로 확산될 가능성이 크므로, 이들을 위한 상품 · 서비스 · 기술 변화가 필요하다. 베이비부머의 자녀인 밀레니얼 세대는 강한 자기 정체성으로 '워라밸(Work & Life Balance)'을 추구하며 라이프스타일 변화를 이끈다.

A(As Being Myself), 그곳만이 내 세상, 나나랜드

타인의 시선이나 사회의 관습보다 나만의 기준으로 스스로를 사랑한다. 자존감 회복에 집중하는 2018년 키워드 '나로서기'의 미학적 완성단계다. 1인 경제활동을 의미하는 일코노미(1+Economy)에서 나를 위한 경제활동을 의미하는 미코노미(Me+Economy)로 진화하고 있으며, 제품 개발 단계에서 기존의 관념과 규범을 탈피하는 혁신적인 사고가 필요하다. 예쁘지 않아도 매력적인 제품 발굴이 필요하며, 다양성과 개개인 기호의 특별함을 존중해야 한다. '나나랜드'란 나를 위한 삶을 추구하는 이들이 살아가는 땅이다. 타인의 시선이나 사회의 관습보다 나만의 기준으로 스스로를 사랑한다.

M(Manners Make the Consumer), 매너소비자

더 이상 고객 갑질은 안 돼! '감정노동 보호'가 필요하다. 주 52시간 근로나 워라밸 중시가 직장문화의 양적인 변화라면, 감정노동 보호는 질적인 변화를 말한다. 워라밸에서 손님과 직원 간 워커밸(worker-customer balance) 균형을 맞출 필요가 있고, 소비자 권익보장제도를 제대로 갖춰 갑질을 통해 보호받으려는 소비자 심리를 없애야 한다. 건강한 소비 사회를 만들기 위해 소비자의 매너는 필수다.

쥐띠 해인 2020년의 핵심 트렌드는 MIGHTY MICE로 위기를 돌파하는 작은 히어로들이 몰려온다는 의미를 가지고 있다. 어린 양을 공격하는 늑대를 혼내 주고 위기에 처한 양을 구해준다는 1942년 만화 마이티 마우스에서 따온 용어로 힘없는 쥐들이 힘을 합쳐 대한민국의 영웅이 되어 지금의 험난한 경제위기를 극복해야 한다는 의미로 지어졌다. 2020년도 10대 소비트렌드의 키워드와 의미는 다음과 같다(김난도 외, 2019).

M(Me and Myselves), 멀티페르소나

이제 '나 자신'을 뜻하는 myself는 단수가 아니라 복수인 myselves가 되어야 맞다. 현대인들이 다양하게 분리되는 정체성을 갖고 있기 때문이다. 직장에서와 퇴근 후의 정체성이 다르고, 평소와 덕질할 때의 정체성이 다르며, 일상에서와 SNS를 할 때의 정체성이 다르다. SNS에서도 그것이 카카오톡이냐, 유튜브냐, 트위터냐, 인스타그램이냐에 따라 각기 다른 정체성으로 소통을 하고, 심지어는 하나의 SNS에서 동시에 여러 계정을 쓰며 자신의 모습을 이리저리 바꾼다. 마치 중국의 변검배우가 가면을 순간순간 바꿔 쓰듯이, 현대 소비자는 매 순간 다른 사람으로 변신한다. 이 가면을 '페르소나persona'라고 한다.

멀티 페르소나의 시대, 인간의 다원성은 확장되었지만 역설적으로 정체성의 기반은 매우 불안정해졌다. 사회적으로는 소비자의 정체성이 과도하게 기술적으로 결정되는 부작용을 주의해야 하고, 기업들은 고객의 다원화된 정체성과 상황에 맞는 유연한 커뮤니케이션에 힘써야 한다. 다매체 시대를 사는 현대인의 고민이 깊어지고 있다.

I(Immediate Satisfaction, the Last Fit Economy), 라스트핏 이코노미

마지막 순간의 경험이 중요해졌다. 마지막 순간의 만족을 최적화하려는 근거리 경제를 의미한다. 고객의 마지막 접점까지 편리한 배송으로 쇼핑의 번거로움을 해소해주는 배송의 라스트핏, 목적지까지 최대한 편하게 접근할 수 있도록 도와주는 이동의 라스트핏이 있다. 이동의 라스트핏은 슬세권이 있는데, 이는 슬리퍼 세권으로 최소한의 이동으로 가까운 곳에서 편리하게 모든 것을 경험하려는 것이다. 구매나 경험의 모든 여정의 마지막을 만족스럽게 장식하는 구매 여정의 라스트핏도 있다.

G(Goodness and Fairness), 페어 플레이어

공평하고 올바른 것에 대한 추구가 강해진다. 직장에서 내 노력의 결과를 팀장님께 돌리는 것은 공정하지 않다. 아무리 막내라도 자신의 기여는 합당하게 인정받아야 한다. 가사노동은 구성원 모두에게 공평하게 분배돼야 하고, 학생들은 주관식보다 객관식 시험, 조별 과제보다 개인 과제를 선호한다. 구매를 할 때도 상품 자체뿐만 아니라 그 브랜드의 올바른 '선한 영향력'을 중시한다. 개인성이 화두인 사회에서 자란 젊은 페어 플레이어들은 다양한 매체를 통해 자신의 작은 노력으로 사회를 변화시키길 원한다. 이슈가 있을 때마다 불붙는 불매운동은 단순한 열기가 아니라 이러한 공평성 · 선함 · 효능감에 대한 열망이 표현된 것이다. 페어 플레이어 소비자는 구매 행위를 일종의 '화폐투표'로 활용한다. 이에 기업은 단순히 제품을 판매하는 것이 아니라 제품의 소비가 불러올 환경과 사회에 대한 영향력까지도 고려해야 한다. 대한민국 역사상 가장 공정을 추구하는 세대가 일어서고 있다.

H(Here and Now, the Streaming Life), 스트리밍 라이프

다운로드에서 스트리밍으로, 단지 음악을 듣는 방식을 넘어 삶의 방식이 바뀐다. '스트리밍streaming'이란 네트워크를 통해 음성이나 영상을 물 흐르듯 재생하는 기술을 일컫는데, 굳이 내려받아 소유하지 않아도 경험할 수 있다는 장점이 있다. 스트리밍에 익숙한 소비자들은 삶의 모든 면에 스트리밍을 적용하고 싶어 한다. 첫째, 거주하는 공간을 스트리밍함으로써 자신의 로망을 실현하고 총체적 라이프스타일을 디자인한다. 내가 살고 싶은 동네에서 살고 싶은 기간 동안 다양한 컨셉의

공간을 이용함으로써 다양한 라이프스타일을 경험해보는 것이다. 둘째, 전문가의 추천을 구독하는 방식으로 취미나 여가 활동도 스트리밍한다. 나의 취향에 맞는 스타일을 추천받고, 내 피부에 맞는 화장품을 정기적으로 배달받는다. 마지막으로, 빌려서 경험한다. 다양한 선택지 중 무엇을 살까 고민할 필요 없이 다양한 선택지를 모두 빌려서 써보는 것이다. 타보고 싶었던 자동차뿐만 아니라 고가의 가방이나 가구까지 품목에 제한은 없다. 스트리밍 라이프의 확산 배경으로는 욕망은 부풀었는데 충족할 자원은 부족한 젊은 세대가 정주하지 않고 부유하는 노마드 라이프를 실현하고 있는 점을 들 수 있다.

T(Technology of Hyper-personalization, 초개인화 기술

실시간으로 소비자의 상황과 맥락을 파악하고 이해하여, 궁극적으로 고객의 니즈를 예측해 서비스와 상품을 제공하는 기술을 초개인화 기술이라고 한다. 초개인화 기술은 빅데이터를 기반으로 각 개인의 프로파일을 개발한 후, 해당 프로파일에 관련 콘텐츠를 입력하고, 제품을 권장하는 등 다양한 목적으로 활용될 수 있다. 이 기술의 특징은 모든 개인을 상황별로 구체화하고 더 자세히 접근하는 것이다. 궁극적으로는 회사가 개별 소비자에게 얼마나 세심하게 맞출 수 있는지가 핵심이다. 초개인화 역량은 제품과 서비스의 전체 제조 과정에서 소비자의 데이터를 얼마나 갖고 있는가, 그 데이터를 얼마나 정교하게 분석하는가에 따라 기업과 소비자의 친밀한 상호작용을 현실적으로 가능하게 할 것이다.

"아마존은 0.1명 규모로 세그먼트를 한다"는 말처럼 디지털 세계의 소비자는 한 명의 고객이 아니다. 한 명이 갖고 있는 다양한 특징을 드러내는, 개인화를 위해 기업은 고객 접점에서 분석 가능한 모든 데이터를 수집하고, 이를 AI 알고리즘을 통해 분석한 후, 다양한 미디어를 통해 상호 커뮤니케이션할 수 있어야 한다. 초개인화 기술은 궁극적으로 개개인의 고유한 니즈를 예측해 서비스와 상품을 제공하는 것이 목표다. 하지만 소비자 입장에서 기업이 자신의 정보를 꿰뚫고 있다는 사실은 불쾌감을 넘어 두려움으로 다가온다. 국가 정책적으로도 개인 정보 보호 · 산업 육성 · 소비자 편의의 균형을 맞추는 혜안이 필요하다.

Y(You're with Us, Fansumer), 팬슈머

주어진 대안 중에서 선택하는 것만으로는 성에 차지 않고, 내가 직접 투자와 제조과정에 참여해 상품을, 브랜드를, 스타를 키워내고 싶다. 상품의 생애주기 전체에 직접 참여하는 소비자들, "내가 키웠다"는 뿌듯함에 적극적으로 지지하고 구매하지만 동시에 간섭과 견제도 하는 신종소비자들을 의미한다. '나에 의해' 크고 작은 변화가 일어나고 있다고 믿는 이들의 움직임을 '바이미by-me' 신드롬이라고 부를 수도 있다. 소유에서 경험으로 이동한 소비의 패러다임이 이제 다시 경험에서 관여 engagement로 발전하고 있다. 이와 같은 관여 열기는 선발과 양육, 기획과 제조, 유통과 홍보, 그리고 지지와 비판까지 시장의 전반적인 과정에 드리워진다.

팬슈머가 영향을 미치는 영역은 갈수록 넓어지고 있다. 좋아하고 명분 있는 사업에 투자하는 크라우드 펀딩이나 기업의 제품 개발 · MD · 마케팅 활동에 적극적으로 참여하는 서포터 활동은 물론이고, 연예인 팬슈머들은 기획사의 정책과 연예인의 데뷔 여부까지 관여하고 있다. 최근에는 SNS 세상의 연예인이라고 할 수 있는 인플루언서들도 팬슈머의 대상에 포함되면서 비판과 지지를 함께 받고 있다.

팬슈머의 성장은 단순한 유행이 아니다. 산업적 · 기술적인 기반이 갖추어진 가운데, 경제의 주축으로 진입하고 있는 밀레니얼과 X세대의 효능감이 복합적으로 작용한 필연적인 결과다. 팬슈머를 자산으로 만들어야 한다. 연예도 마케팅도 정치도 그리고 비즈니스도 팬슈머 없이는 성장하기 어렵다. 이제 '고객과 함께'로는 부족하다. '고객에 의해' 좌우되는 팬슈머의 시장에서 소비자의 열성적인 지지와 참여에 손을 먼저 내밀어야 한다.

M(Make or Brake, Specialize or Die), 특화생존

특화해야 살아남는다. 누구에게나 보편적으로 괜찮은 것보다 선택된 소수의 확실한 만족이 더 중요해졌다. 온라인 유통의 발달로 제품 간의 차별성을 찾기 어려운 상황에서 소비자요구가 개인화되면서 표준화된 대중 시장적 접근으로는 더 이상 소비자의 선택을 받을 수 없다. 빠른 변화와 무한경쟁 속에서 기업에게 적자생존에서 특화생존 전략이 요구되고 있다. 단 한사람의 소비자에게 정확하게 맞는 확실한 시장을 만들어내기 위하여 타깃팅할 집단을 세밀하게 관찰하여 그 안에서 다

시 세분되는 초타깃팅한 후 각 집단을 만족시킬 특화전략을 수립해야 한다.

I(Iridescent OPAL), 오팔세대

한때는 노년으로 불리며 소비자로서 존재감이 약했던 베이미부머를 중심으로 한 5060세대가 신중년층이라는 이름으로 새롭게 부상하고 있다. 오팔세대의 OPAL은 Old People with Active Lives의 약자이며 베이미부머를 대표하는 58년생 개띠의 오팔을 의미한다. 오팔세대는 주된 일자리에서 퇴직하고 자녀의 독립으로 부모 역할을 줄업하면서 인생 1막을 마친 사람들로 능동적이고 진취적으로 제 2의 인생을 살아가고 있다. 인터넷과 신기술을 젊은이들만큼이나 자유자재로 사용하면서 나만을 위한 삶을 꾸려가기 시작한 이들은 노동의 의미보다 열정의 재미를 찾고 미래가 아닌 오늘의 행복을 중시하며 건강과 아름다운 삶의 질을 위해 아낌없이 투자하는 소비자들이다. 모바일 쇼핑을 즐기고 유튜브로 세상과 소통하고 있다.

C(Convenience as a Premium), 편리미엄

구매의 기준이 가성비에서 프리미엄으로 이행하고 있는 가운데, 프리미엄의 요소가 또 한 번 변화하고 있다. 이제 프리미엄의 기준은 하고 싶은 일은 많고 시간은 부족한 현대인에게 최소한의 노력과 시간으로 최대한의 성과를 누릴 수 있게 해주는 것이다. 일명 편리미엄 전략은 크게 세 가지로 나뉜다. 첫째, 해야 할 일에 대한 절대적 시간을 줄여주거나, 둘째 귀찮은 일에 들어가는 노력을 덜어주거나, 셋째 얻고자 하는 성과를 극대화시켜주는 것이다.

편리성이 프리미엄의 요소로 편입되는 배경은 시대적이다. 시간 빈곤에 시달리는 현대의 젊은 소비자들은 다른 한편으로 그 시간을 다양한 경험과 자기성장에 투자하고 싶어 한다. 더구나 옆집이나 친지에게 사소한 부탁도 할 수 없게 된 '약한 연대의 사회'에서는 작은 문제조차 스스로 해결하지 않으면 안 된다. 이런 여러 이유로 소비자들은 자신의 시간과 노력을 줄여줄 수 있다면 얼마든지 그 대가를 지불할 수 있다고 받아들인다. 일자리는 부족해지는 가운데 구직 청년은 물론이고 은퇴 후의 '가교노동'을 원하는 노동자들이 늘어난 것도 한 요인이다. 이들이 플랫폼화하는 노동시장으로 별 제약 없이 유입되고 있는 것이다.

앞으로 편리미엄 시장은 빠른 속도로 성장할 것으로 보인다. 그러나 소비자 · 노동자 · 플랫폼의 신뢰를 향상시키는 것이 먼저다. 소비자의 사소한 불편함에 집중해 그들의 삶을 프리미엄하게 만들라. 사상 최악의 불경기라고는 하지만 여전히 기회는 존재한다.

E(Elevate Yourself), 업글인간

성공보다 성장을 추구하는 새로운 자기계발형 인간, 업글인간이 등장했다. 이들은 타인과의 경쟁이 아니라 어제보다 나아진 자신을 만드는 데 변화의 방점을 찍는다. 나아가 자신을 중요시하는 '미코노미me-conomy'의 소비자로서 먼 미래보다 지금 당장, 비일상보다 일상에서 소소하지만 확실한 행복을 원하는 소확행의 신봉자들이다. 이들에겐 비좁은 성공 관문을 뚫는 스펙 쌓기가 아니라 어제보다 나은 나를 만드는 매일매일의 성장이 중요하다.

일과 삶의 전방위적 성장을 꿈꾸는 업글인간이 개발 중인 영역은 세 가지다. 첫째는 힘들지만 함께해서 즐거운 운동과 철저한 자기 관리로 만드는 몸의 업그레이드다. 둘째는 새로운 경험과 즐거움의 경지를 개척하고 깊이를 더하는 취미의 업그레이드이며, 마지막은 다양하게 가공된 지식 섭취와 살롱을 통해 지적 세계를 확장해가는 지식의 업그레이드를 꼽을 수 있다. 이 세 가지 업글을 통해 핫한 몸, 딥한 취미, 힙한 지식을 갖추는 것이 업글인간의 자기계발 포인트다.

업글인간 트렌드는 주 52시간 근무제로 촉발된 '워라밸' 추구의 단기적 사회 변화에 일부 기인하기도 하지만, 근본적으로는 고령화 사회에서 인생과 경력 관리의 패러다임이 달라져 나타난 결과다. 삶의 질적 변화를 원하는 업글인간의 등장으로 '경험경제'가 '변화경제'로 전환되고 있다. 변화경제에서 소비자들은 자신의 진화를 돕는 경험을 위해 기꺼이 지갑을 연다.

Chapter 10

공유경제

출처: 경기개발연구원(2014)

〈그림 10-1〉 생활 속의 공유경제 : 공유씨의 하루

1. 공유경제의 의의

공유경제(Sharing Ecomony)라는 용어는 2008년에 하버드 대학의 Lawrence Lessig 교수의 저서 Remix를 통해 알려지게 되었다. 그는 디지털 정보 공유운동을 통해 저작권 뿐 아니라 모든 것에서 소유가 아닌 대여와 차용의 개념을 강조하였고, 공유경제는 경기침체와 환경오염에 대한 대안으로 발전하게 되었다.

1) 공유경제의 특성

(1) 소유경제와 공유경제

소유경제는 상품과 서비스의 소유를 근간으로 하여 소유권 이전을 통하여 이윤을 극대화하는 것이라고 할 수 있으나, 공유경제는 상품과 서비스의 이용을 바탕으로 하여 이용권의 이전을 통하여 공급자와 이용자가 사회적 관계를 이용을 통한 사회적 가치를 극대화하는 것을 강조하고 있다(황영모, 이인우, 오윤덕, 신동훈, 2015).

(2) 렌탈서비스와 공유경제

상품과 서비스를 빌려주는 것을 기본모델로 한다는 점에서 공유경제는 렌탈서비스와 비슷하지만 새로운 상품과 서비스를 판매하지 않는다는 점에서 차이가 있다.

1 긱 이코노미란 기업들이 필요에 따라 단기 계약직이나 임시직으로 인력을 충원하고 대가를 지불하는 형태의 경제를 의미한다. 긱 이코노미는 온라인 플랫폼에서 구직과 구인 연결, 원할 때 원하는 만큼 근무, 특정 작업과 등급에 맞추어 보수 지급, 플랫폼 중개를 통해 대가 결제 등의 특성을 가진다. 그러나 비정규직의 증가와 더불어 고용의 질 저하, 임금 상승 둔화와 같은 사회 문제가 커질 수 있다. 컨설팅 그룹 맥킨지는 긱 경제를 '디지털 장터에서 거래되는 기간제 근로'라 정의하고, 2020년이면 긱 경제의 비중이 미국 경제의 43% 정도를 차지할 것으로 예상했다.

〈표 10-1〉 소유경제와 공유경제의 비교

구분	전통경제	공유경제
주체	Company + Consumer	People + Gig[1]
형태	소유	공유를 통한 이용
목표	이윤극대화	가치극대화
목적	재화와 용역의 소유권 이전	재화와 용역의 이용권 이전
동기	자본중심의 경제적 합리성	형제애를 기반한 인간중심의 합리성
문화규범	지배적 소유문화	주는 문화
거래체계	시장 메커니즘	플랫폼 메커니즘
거래관계	주체간 경쟁	주체간 신뢰
거래구조	B2C(Business To Consumer)	P2P(Peer to Peer)[2] O2O(Online To Offline)
거래방식	공급자 소비자 따로	공급자 소비자 연계
공급자유형	전통적 전문기업	ICT 기반 스타트업 기업
중개자	중개자=공급자, 전문기업	중개자≠공급자, 플랫폼
소비방식	개별적 소비	협력적 소비
신뢰확보	과거 거래경험, 평판	인터넷 평가, 평판
비용	고가	저가
자원사용	자원의 일방적 사용	자원의 순환적 이용
기간	장기, 사용횟수 적음	단기, 사용횟수 많음
환경	파괴	보호
신규 진입장벽	높음	낮음

출처: 이영훈(2008), 김형균과 오재환(2013), 한국디자인진흥원(2014), 황영모, 이인우, 오윤덕, 신동훈(2015), 이종인(2016), 이민화 외(2018)을 바탕으로 수정

2 P2P 경제는 개인 간에 자산 교환을 당사자들이 직접 할 수 있도록 구매자와 판매자를 연결하는 시스템이다. 예를 들어 엣시(Etsy)는 공예품을 제조하는 예술가와 독특한 수제제품을 원하는 소비자를 이어주며, 우버(Uber)나 리프트(Lyft)는 택시 서비스를 원하는 사람들과 택시 서비스를 제공하는 운전자들을 연결해 준다.

〈표 10-2〉 렌탈서비스와 공유경제의 비교

구분	렌탈 서비스	공유경제
거래주체	렌탈기업과 개인간 거래	개인과 개인 간 거래
상품가치	대여기간 종료 후 자원수명 소멸	자원 존치기간까지 거래 지속 가능
희소성	희소자원 거래 불가	희소자원 거래 가능
이용시간	1일~ 수년간 장기간	시간 ~ 일 단위
유휴시간	사용하지 않는 유휴시간 많음	자원 유휴시간 최소화

출처: 권애라(2013)

(3) 이익중심 공유경제와 가치중심 공유경제

광의의 공유경제 개념은 이익중심의 공유경제와 가치중심의 공유경제로 분류할 수 있다. 이익중심의 공유경제가 경제적 합리적 마인드를 바탕으로 이윤극대화를 통해 가치를 추구하는 개념이라면, 가치중심의 공유경제는 먼저 가치를 추구하고 그 가치를 통하여 이윤이 수반되는 구조이다. 돈 대신 가치를 추구하여 오히려 돈을 만들어내는 방식의 비즈니스인 것이다. <그림 10-2>에 의하면 렌탈리즘의 범위가 가장 좁고, 그 다음은 이익중심의 공유경제이고, 가치중심의 공유경제의 범위가 가장 넓다고 볼 수 있다(나현, 2016).

〈표 10-3〉 이익중심 공유경제와 가치중심 공유경제 비즈니스의 비교

	이익중심 공유경제	가치중심 공유경제
지향점	비싼 자산을 저렴하게 이용	유휴자원으로 새로운 가치 창조
재화 중류	고가의 자산 위주 (가전, 자동차, 설비 등)	생활 소비재 전반 (옷, 수공예품 등)
재화 유형	유형재	유형재/무형재(시간, 노동 등)
주요 방식	B2C/B2B	P2P
주도 사업자	제조업체	플랫폼 업체
관점	선 이윤 추구 ㅡ 후 가치창출	선 가치 추구 ㅡ 후 이윤 창출

출처: 나현(2016)

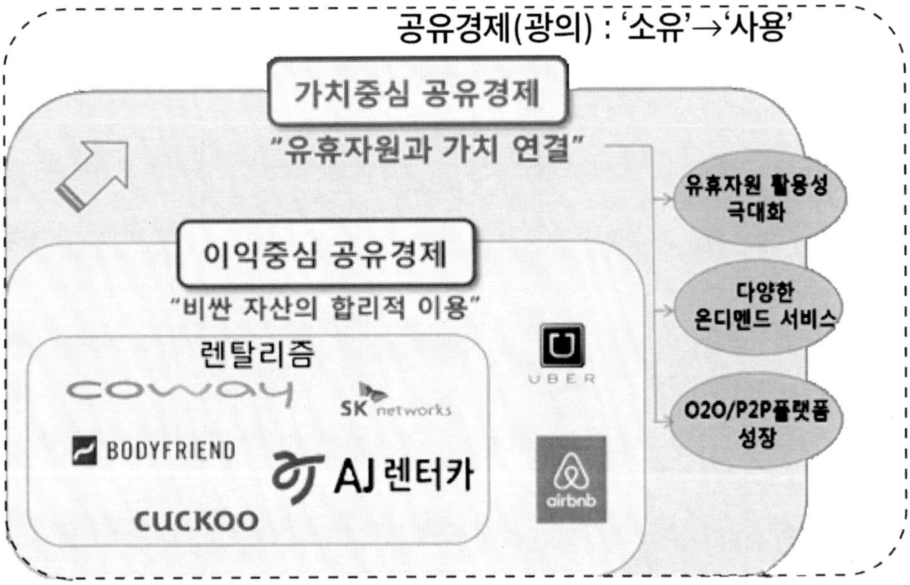

출처: 나현(2016)

〈그림 10-2〉 렌탈리즘과 공유경제의 영역 분할

<표 10-4>에는 이윤극대화 사고와 가치중심 사고를 구분해서 공유대상과 참여자별 경제효과가 제시되어 있다. 음식이 공유대상인 경우, 이윤극대화 사고를 하면 어떻게 하면 집밖에서 외식을 많이 하게 할 수 있을까?라는 문제가 중요하지만, 가치중심 사고를 하면 집에서 하는 초대와 만남의 문화를 만들자 라는 가치가 중요해진다. 음식을 통하여 특별한 맛과 만남이라는 가치를 추구하는 기업으로 2012년에 Guy Michlin이 설립한 Eat With는 자기집과 요리솜씨를 활용해 음식을 대접하려는 호스트와 새로운 외식경험을 원하는 게스트로 구성된다. 전문요리사가 아니어도 사전데모이벤트를 통하여 요리재능을 인정받으면 호스트로 등록할 수 있고, 고화질 이미지, 유투브 동영상 등으로 메뉴를 사전에 감상할 수 있고, 게스트가 개별적으로 호스트와 접촉해서 개인적 이벤트에 음식을 지원해 달라고 요청하는 private dining도 신청할 수 있다. 2016년 현재 30개국 150개 이상의 도시에서 500여명의 요리사가 호스트로 등록되어 있고, 1만회 이상의 이벤트가 개최되었고, 6만명 이상의 게스트가 참여했다. 게스트가 예약하면서 지불하는 예약금의 15%를 플렛폼 비용으로 징수한다(나현, 2016).

〈표 10-4〉 이윤극대화 사고와 가치중심 사고의 참여자별 경제효과

<table>
<tr><th rowspan="2">공유기업</th><th rowspan="2">공유대상</th><th rowspan="2">이윤극대화 사고</th><th rowspan="2">가치중심 사고</th><th colspan="2">참여자별 경제효과</th></tr>
<tr><th>공유자</th><th>수혜자</th></tr>
<tr><td>Eat With</td><td>음식</td><td>어떻게 하면 집밖에서 외식을 많이 하게 할 수 있을까?</td><td>집에서 하는 초대와 만남의 문화를 만들자.</td><td>요리 판매 수입</td><td>만남/음식</td></tr>
<tr><td>Yerdle</td><td>물건</td><td>어떻게 하면 소비를 많이 하게 할 수 있을까?</td><td>서로의 물건을 공유해 과소비를 줄이자.</td><td>판매수입/보관 비용 절감</td><td>소비절약</td></tr>
<tr><td>Task Rabbit</td><td>재능</td><td rowspan="2">어떻게 하면 자신의 재능과 시간을 상품화 할 수 있을까?</td><td rowspan="2">나의 재능과 시간으로 주변의 이웃을 돕자.</td><td rowspan="2">부가노동 수입</td><td rowspan="2">시간과 비용 절감</td></tr>
<tr><td>Time Republic</td><td>시간</td></tr>
<tr><td>Upstart</td><td rowspan="2">자본</td><td rowspan="2">어떻게 하면 현재 시점에서 안전한 대출자를 많이 모을까?</td><td rowspan="2">미래시점의 가치를 보고 투자하자.</td><td rowspan="2">투자수익</td><td rowspan="2">미래 밑천</td></tr>
<tr><td>Seeders</td></tr>
</table>

출처: 나현(2016)

(4) 발전단계별 유형

공유경제의 발전단계별 유형은 전통적 공유경제, 상업적 공유경제, 협력적 공유경제로 구분할 수 있다. <표 10-5>에는 공유경제의 발전단계별 유형과 그 특성이 제시되어 있다(차두원과 진영현, 2015). 협력적 공유경제는 사물인터넷의 발전은 T2P(Thing to People) 형태의 비즈니스를 가능하게 할 것이다. T2P는 시스코가 언급한 모든 사물이 인터넷과 연결되는 만물인터넷(Internet of Everything)의 실현이 예상되는 2050년 즈음에 본격적으로 도입될 것이다.

〈표 10-5〉 공유경제의 발전단계별 비교

구분	전통적 커먼즈	상업적 공유경제	협력적 커먼즈
본격적 출현시기	인류 역사와 공존	2000년대 이후 (세계 경제위기 이후)	2050년 이후(모든 사물이 인터넷과 연결되는 시점)
시장 범위	커뮤니티(공동체) 혹은 지역중심	전 세계	전 세계
핵심 가치	사람들과의 관계	플랫폼 기업의 이익, 사용자 경험	한계비용 제로화
거래대상	공공재(커먼즈)	소비재	소비재+공공제
플랫폼	물리적 공간(공동의 공간) 중심+인터넷	인터넷 중심(앱, 웹 등)	네트워크(사물인터넷)
중심 비즈니스	커먼즈 경제(공동육아, 공동교육, 카풀	P2P(우버, 에어비앤비)	P2P+T2P
주체	독립적 커뮤니티 멤버들	스타트업	비영리조직

출처: 차두원 · 진영현(2015)

2. 공유경제의 현재

1) 공유경제의 장점

현재 이루어지고 있는 공유경제가 가지고 있는 장점은 다음과 같다(성영조외, 2016; 이금노, 2016).

(1) 거래비용 감소

공유경제 플랫폼은 기존의 거래시스템에 비하여 소비자의 정보탐색 비용과 정보비용이 줄어든다. 소비자가 적극적이고 능동적으로 플랫폼 활동에 참여할수록 이 비용은 더 감소한다.

(2) 가치증폭

일반적으로 자동차를 사용하는 시간은 평균적으로 5% 정도라고 한다. 경제적 관점에서 볼 때 이는 매우 비효율적이다. 주차장 점유나 보험금 지급, 감가상각을 고려하면 대단히 큰 낭비이다. 차량 1대를 효율적으로 공유할 경우 9대에서 20대 까지를 대체할 수 있다는 연구결과도 있다(경향신문 2016년 8월 24일).

공유경제 분야의 석학인 아룬 순다라라잔(Arun Sundararajan) 뉴욕대 교수는 공유경제야말로 성장기 정체에 빠진 세계 경제를 활성화할 수 있는 길이라고 주장한다. 공유에 의한 배타적 소비 둔화를 뛰어 넘어 전체적으로 소비와 공급을 진작시켜 경제를 활성화하고, 지속성장을 가능하게 할 것으로 예상된다.

(3) 가격 인하

공유경제는 자원을 효율적으로 사용하여 개별 건별 소비에 드는 비용이 줄어들고, 유사 서비스를 제공하는 사업자와 가격경쟁을 유발하여 시장 가격을 인하하는 효과를 가져 온다. 미국의 텍사스 오스틴에서 에어비앤비의 경제적 효과를 분석한 결과 에어비앤비를 이용한 소비자뿐 아니라 숙박시설을 이용한 전체 소비자가 전반적으로 혜택을 받았다.

(4) 품질수준 제고

이용자들의 평가시스템이 활성화되면서 저품질 제품은 퇴출되고, 소비자의 직접적인 요구를 신속하게 반영하여 품질이 개선되고, 진입장벽 완화로 새로운 경쟁자가 시장에 들어와 품질경쟁이 활성화되어 전반적으로 품질이 향상되었다. 미국 뉴욕의 경우 우버 이용자가 증가하면서 뉴욕택시에 대한 소비자불만이 감소했다. 시카고에서는 우버의 성장과 함께 택시의 온냉방, 불친절, 운전 중 휴대폰 사용 등에 대한 소비자불만이 감소했다.

(5) 선택 다양성 확대와 매몰비용 축소

공유서비스 선택으로 소비자의 선택의 폭이 증가했고, 공유 플랫폼을 활용하여 이용권을 구매하여 목적물을 공유하면 필요한 기간에만 사용하기 때문에 매몰비용이 감소한다.

(6) 새로운 수익원 창출

소비자도 자신의 유휴자원인 교통수단이나 숙박시설을 다른 소비자와 공유하여 돈을 벌 수 있고, 자신의 노동력을 제공하여 수익을 창출할 수 있다.

2) 공유경제의 문제점

(1) 기존 사업자와의 이해 충돌

현행 영업방식을 고수하고 있는 사업자와 공유경제 서비스를 제공하는 사업자간의 충돌이 빈번하게 발생하고 있다. 전 세계에서 벌어지고 있는 택시업계의 우버 반대 시위를 예로 들 수 있다.

(2) 소수 글로벌 사업자에 의한 플랫폼 독점

공유경제와 기존 산업경제와의 차이점은 시민 중심이라는 특성이 있음에도 현재 공유경제는 거대한 벤처캐피탈로부터 투자를 받은 글로벌 스타트업들에 의해서 주도되고 있다. 현실적으로 인터넷에서 구글이나 페이스북이 단일 플랫폼으로 전 세계의 검색과 소셜 네트워크 시장을 독점하고 있듯이 공유경제에서도 같은 현상이 일어날 수 있다.

① 기존 제도 및 규제와의 충돌

공유서비스가 모두를 위한 혁신적이고 새로운 가치를 제공한다고 해도, 기존 사업자와의 이해관계 및 기존 제도와의 충돌문제 해결을 위한 사회적 합의 과정이 필요하다. 우버를 포함한 공유경제 사업모델에 대한 맹신과 일방적인 옹호, 규제, 기존 사업자와의 갈등 등도 심도 있게 고민해보아야 할 사항이다.

3. 공유경제의 미래

1) 4차산업혁명과 공유경제

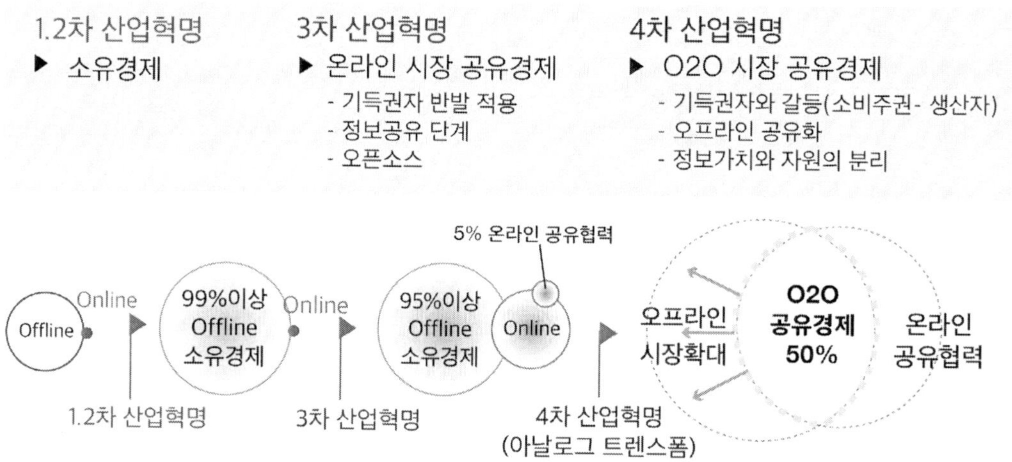

출처 : KCERN(2018)

〈그림 10-3〉 4차 산업혁명으로 공유경제 확대

(1) 공유경제의 확대

<그림 10-3>에 의하면 4차산업혁명의 아날로그 트렌스폼으로 오프라인과 온라인이 융합하는 O2O 플랫폼이 등장하면서 오프라인의 공유화가 이루어지고 정보가치와 자원이 분리되면서 5%에 불과했던 공유협력의 영역은 전체 시장의 절반 이상을 차지하게 될 것이다.

(2) 생산과 소비의 융합

<그림 10-4>에 의하면 소유경제를 통해 생산과 소비가 분리되어 효율이 높아진 대가로 양극화와 낭비가 초래되었다. 그러나 공유경제를 통해 대량맞춤 시대가 되면서 생산과 소비가 교차하게 되었고, 프로슈머를 통해 집단지능화된 개인이 등장했다.

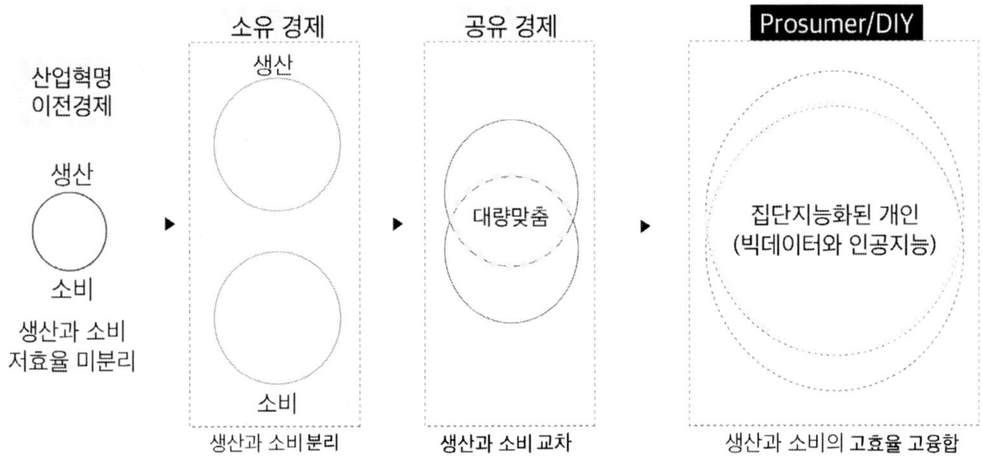

출처: KCERN(2018)

〈그림 10-4〉 프로슈머로의 진화

2) 사회적 신뢰를 위한 공유경제 로드맵

사회적 신뢰를 바탕으로 경제가치와 사회가치가 순환될 수 있는 공유 플랫폼 경제를 실현하기 위한 로드맵은 <그림 10-5>와 같다(이민화 외, 2018). 기업의 사회적 책임(CSR, Corporate Social Responsibility)은 기업들이 자발적으로 그들의 사업 영역에서 이해관계자들의 사회적 그리고 환경적 관심사들을 수용해 적용함으로써 이해 당사자들과 지속적인 상호작용을 하는 것이다(European Commission, 2010). 기업의 공유가치 창출(CSV, Creating Shared Value)은 기업이 수익 창출 이후에 사회 공헌 활동을 하는 것이 아니라 기업 활동 자체가 사회적 가치를 창출하면서 동시에 경제적 수익을 추구할 수 있는 방향으로 이루어진다. 롯데푸드는 2006년 의성군과 MOU를 맺고 13년간 의성마늘햄 등 의성마늘을 활용한 다양한 제품을 출시했다. 이 과정에서 매년 100여톤의 의성마늘을 구매해 농가소득 증대 및 지역발전에 기여했으며, 특히 꾸준한 광고 홍보활동을 통해 의성마늘의 전국 브랜드화에 공헌했다. 이 같은 활동을 통해 롯데햄 의성마늘 브랜드는 지역과 기업, 소비자 모두에게 이익이 돌아가는 공유가치창출의 모범사례로 평가 받고 있다(UOI뉴스, 2019년 9월 2일).

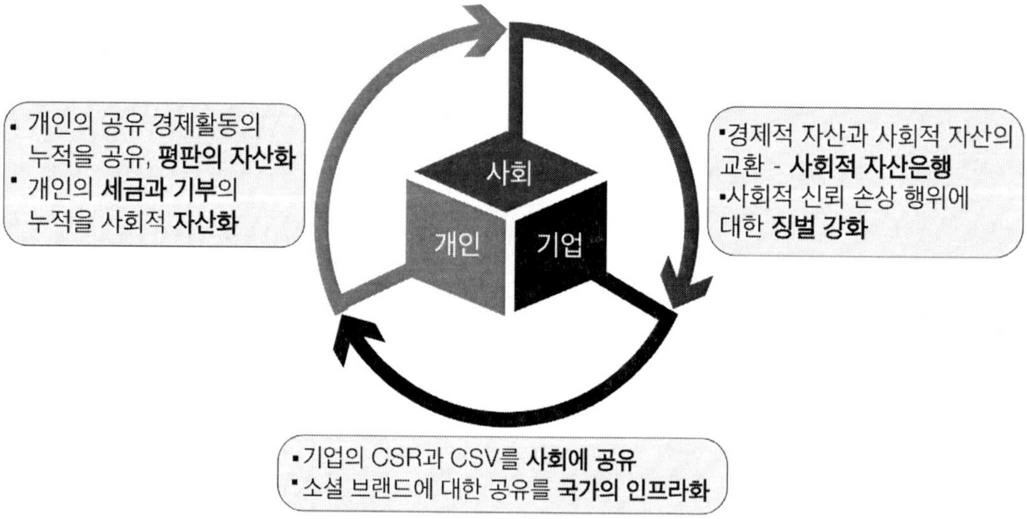

출처: 이민화 외(2018)

〈그림 10-5〉 사회적 신뢰를 위한 공유경제 로드맵

3) 공유경제 활성화 로드맵

공유경제는 정보 공유로 출발하여 물질 공유를 거쳐 인간관계 공유로 진화하고 있다. '직(職)'이 사라지고 '업(業)'이 남는다. 일의 조각으로 나뉜 놋 워킹(knot working)[3]과 일들이 상시 연결되는 긱 이코노미가 만들어지면서 일에서 재미와 의미가 재결합하게 된다. 개인의 최고 역량들이 결합된 긱 플랫폼이 새로운 경제를 견인하게 될 것이다. 프로슈머는 메이커 운동을 활성화하고 집단지능 기반의 'etsy.com' 같은 작품시장에서 거래하며 일자리는 유연화된 일거리로 최적화된 놋 워킹으로 가되 일의 상시 연결망을 뒷받침하는 긱 플랫폼을 만들어야 한다. 사회 전체가 최적의 연결망으로 최고의 생산성을 갖는 사회로 진화하는 국가가 미래의 승자가 될 것이다(서울경제, 2018년 1월 24일).

3 긱 경제와 프리랜서의 등장과 함께 과거 팀 중심의 업무방식도 변화하고 있다. 대표적인 사례는 엥게스트룀의 '놋워킹(Knotworking)'이다. 놋(Knot)은 매듭이라는 뜻으로, 4차 산업혁명 시대에 쉼 없이 변화하는 목표를 중심으로 유연하게 움직이는 일의 방식을 지칭한다. 놋워킹은 일의 대상과 목표를 중심으로 자발적이고 자유롭게 협력하는 놋워킹의 유동성과 확산성이 창발적인 일과 확장적인 학습을 가능하게 한다. 긱 경제와 놋워킹은 특정 기술이나 능력에 대한 수급 불균형을 완화해 새로운 일자리를 창출한다. 특히 근로시간의 유연성이 확대되어 비경제활동인구에게 노동시장 재진입의 기회가 부여되며, 기존의 노동자도 부수입을 통해 소득 증대 효과를 얻는 장점이 있다고 주장한다.

(1) 정보공유를 위한 로드맵

정보(시간)의 공유			
3차산업혁명 수준부터 도달해야....			
공공데이터 개방	기업의 과도란 보안 우선주의	오픈소스 인센티브	오픈소스 생태계
공공데이터 3단계 분류 90% 이상을 개방, 민간 가공사업자	데이터 3단계 분류 보안.개방 협력 균형 혁신지향 인사평사	영국 배터 초이스 벤치마킹 GITHUB벤치마킹 Patenet Network제도	법률 플랫폼 (오픈소스 소송 대비) 개발자와 유저의 협력 플랫폼

출처: 이민화 외(2018)

〈그림 10-6〉 정보 공유를 위한 로드맵

(2) 물질 공유를 위한 로드맵

물질(공간)의 공유		
클라우드 데이터 활성화 + 공정 생태계		
클라우드 활성화	개인정보 활용 촉진	공정 생태계
클라우드 우선 (Cloud First)정책의 확립과 규제 철폐 클라우드 ip 트래픽 3년 내 50%로	개인정보 보호화 활용의 균형 비식별화에서 재식별화 규제로 개인정보 통제권 부여	오프라인 진입 규제 철폐 (소비자심 중심) 네가티브 규제 전환 렌트수익은 분리 중과세 멀티호밍 경쟁 유지

출처: 이민화 외(2018)

〈그림 10-7〉 물질 공유를 위한 로드맵

(3) 관계 공유를 위한 로드맵

인간(관계)의 공유

Prosumer 확산 + 일의 재정의 + 사회 안전망		
Prosumer	일자리	사회적 안전망
메이커 운동 활성화 집단지능 기반 DIY Etsy.com과 같은 작품 시장 조성	일의 유연화 , 놋워킹 일의 연결망, 리플랫폼 통일 노동 통일 연금	일자리 안정망과 재교육 시스템 직업초월 사회보장체계 (포괄적 사회 보장)

출처: 이민화 외(2018)

〈그림 10-8〉 관계 공유를 위한 로드맵

Chapter 11

윤리적 소비

현대사회에서 소비자들의 윤리의식이 고양되면서 다양한 형태의 윤리적 소비가 이루어지고 있다. 실제로 윤리적 소비는 어떤 한 가지 특성만 가지고 있는 것이 아니라 여러 형태가 섞여서 이루어지는 경우가 많다. 이 장에서는 구매 관련 윤리적 소비, 환경 관련 윤리적 소비 및 나눔 관련 윤리적 소비로 구분하여 설명하였다.

1. 구매 관련 윤리적 소비

1) 적극적 구매

buycott, gicott, procott, anti-boycott 등으로도 불리는 적극적 구매는 소비자가 개인의 경제적 동기보다는 공동체, 사회, 국가, 지구 전체에 덕이 될 수 있는 상품을 가격이 조금 비싸고 품질이 조금 떨어지더라도 적극적으로 구매하는 소비자운동이다(Friedman, 1996).

(1) 적극적 구매의 유형

Friedman(1996)은 적극적 구매를 다음과 같은 유형으로 분류하였다.

① 전통적 의미의 합리적 선택

윤리적 소비가 판단 기준이 아니라 가격이 가장 싸고 품질이 좋은 제품과 서비스를 구매하려는 소비자들의 요구에 부응하기 위하여 소비자단체나 정부가 실험이나 객관적 기준에 의하여 평가한 자료를 공개해서 소비자에게 추천하는 것이다. 미국 컨슈머 리포트의 'Best Buy', 국제소비자연맹의 'RUGMARK'를 예로 들 수 있다. 우리나라에서는 공정거래위원회가 주관하고 한국소비자원이 운영하는 소비자정보 종합 포털사이트인 스마트컨슈머에서 제공하고 있는 각종 비교정보를 예로 들 수 있다.

② 대상의 주체에 따른 분류

- 대리인 적극적 구매

적극적 구매의 대상이면서 사회에 봉사하거나 윤리적으로 행동을 하는 사람을 대신하여 간접적으로 적극적 구매를 하는 경우이다. 소매업자가 자신의 수익의 일정한 비율을 자선에 기부하는 것을 예로 들 수 있다.

- 비대리인 적극적 구매

대리인을 거치지 않고, 소비자가 직접 예고된 구매행동에 참여하는 것이다. 특정 도시, 주 또는 외국의 특정 이슈에 감명을 받아서 그 지역에 영향을 받거나 주는 기업의 제품을 직접 구매하는 것을 예로 들 수 있다.

③ 이익수혜에 따른 분류

- 수익적 적극적 구매

수익적 적극적 구매는 지원자와 수혜자가 같은 구매자로 활동하는 경우로 연합 상표가 붙은 제품을 구매하도록 장려하는 조직화된 노동운동을 예로 들 수 있다.

- 의식적 적극적 구매

의식적 바이콧은 지원자와 수혜자가 다른 구매자로 활동하는 경우로 주로 지원자는 사람이며 수혜자는 동물인 동물권리보호운동을 예로 들 수 있다.

④ 대상의 수에 따른 분류

- 단일대상 적극적 구매

특정한 제조업체나 판매업체 또는 단일 브랜드나 모델을 구매하는 행위이다.

- 복합대상 적극적 구매

다양한 종류를 구비하고 있는 복합적 성격을 가진 대상을 구매하는 행위로 조합이 만든 제품이나 자국산 제품만을 구매하는 것이다.

⑤ 대상 기업의 경영성격에 따른 분류

- 사회적 책임을 하는 기업 제품 구매

ISO 26000 인증업체인 사회적 책임을 다하는 기업에서 생산한 것을 구매하는 행위이다. ISO 26000은 국제표준기구(ISO)가 제정한 기업의 사회적 책임을 인증하기 위한 국제 표준이다. 환경, 인권, 노동, 지배 구조, 공정한 업무 관행, 소비자 이슈, 지역 사회 참여의 7개 분야에 대한 지침이 있으며 강제성은 없지만 기업 경영 평가에 중요한 잣대가 된다.

- 사회적 기업에서 생산한 것 구매

사회적 기업은 영리기업과 비영리기업의 중간 형태로, 취약계층을 위한 일자리를 창출하는 것과 같은 사회적 목적을 우선적으로 추구하면서 재화와 서비스를 생산과 판매 등의 영업활동을 수행하는 기업이기 때문에 사회적 기업이 생산하는 제품을 구매하는 행위가 윤리적 소비가 될 수 있다.

(2) 적극적 구매의 사례

① 노동자 보호

미국 메릴랜드 대학의 국제정책 평가 프로그램이 2004년에 실시한 전국여론조사에 의하면 조사대상자의 83%가 “미국은 자유무역이 중요한 목표이기는 하지만, 이 목표는 노동자들과 환경 및 인권을 보호하는 다른 목표와도 균형을 이루어야 한다. 이렇게 함으로써 경제성장이 둔화될지라도...” 라는 견해에 동의하였다. 또한 제조과정을 모르는 20달러짜리 옷과 노동착취공장이 아닌 곳에서 만들어졌음을 증명하는 25달러짜리 옷 중에서 어떤 것을 선택하겠느냐는 질문에 61%가 5달러를 더 지불하고 노동착취공장이 아닌 곳에서 만들어진 옷을 구입하겠다고 응답하였다.

이 여론조사 결과를 시험하기 위하여 미시간대학과 노스웨스턴 대학은 미시간에 있는 한 유명백화점에서 양말을 구매하는 소비자들을 대상으로 하여 실제 구매행동을 관찰하였다. 연구자들은 양말 판매대에 '어린이 노동자들을 고용하지 않고 노동착취를 하지 않는 안전하고 바람직한 근로환경에서 생산된 양말'이라는 문구를 부착하였다. 이 문구를 부착한 양말 가까이에 있는 다른 판매대에는 아무 문구도 부착하지 않은 양말을 진열해 놓았다. 그리고 바람직한 근로환경에서 생산되었다는 문구를 부착한 양말 가격을 올렸음에도 불구하고 소비자의 1/3이 기꺼이 돈을 더 지불하고 윤리적 기준에 의하여 생산된 양말을 구매했다(Timmerman, 2012).

② 아동보호

신발 브랜드 탐스(TOMS)는 매년 전 세계에서 '신발 없는 하루(One Day Without Shoes)'를 동시에 진행하고 있다. '신발 없는 하루'는 신발 한 켤레가 맨발의 아이들의 생활에 줄 수 있는 변화와 영향력을 알리기 위해 전 세계 사람들이 신발을 벗는 날로 2016년에 9번째로 진행된 글로벌 캠페인이다. 자신의 인스타그램에 탐스 슈즈와 맨발을 함께 찍어 without shoes라는 해시태그를 함께 업로드 하면, 그 숫자만큼 도움이 필요한 아이들에게 신발을 기부하는 프로그램이다. 2015년 6월 5일부터 21일까지 약 2주간 한국에서는 10,315 켤레, 전 세계적으로 총 296,243 켤레의 신발이 기부되는 성과를 이뤘다. 탐스 슈즈는 미국 캘리포니아에 본사를 두고 있는 신발업체로서, "내일을 위한 신발"(Shoes for Tomorrow)이라는 슬로건을 가지고 있다. 소비자가 한 켤레의 신발을 구입하면 한 켤레의 신발을 제3세계 어린이들에게 기부하는 일대일 기부 공식인 'One for one'을 도입해 '착한 기업'의 대명사로 알려졌고 세계적인 브랜드로 급성장했다.

③ 전 직원의 정규직화

오뚜기는 전 직원을 정규직으로 고용함으로써 평판과 매출신장이라는 두 마리 토끼를 다 잡은 대표적인 사례다. 이 회사는 대형마트에서 일하는 시식사원 1800여

명까지 모두 정규직화 했다. 회사 관계자는 "정규직 시식사원의 경우 제품에 애정을 가지고 업무에 임하기 때문에 매출 신장에도 도움이 된다"고 설명했다. 오뚜기의 직원 사랑은 실제 매출 성장에도 기여하고 있다. 회사가 2015년 10월에 출시한 신제품 진짬뽕은 출시 두달만에 2000만개가 판매되었다. 2015년 11월까지 90만원대이던 오뚜기 주가는 2016년 1월 6일 종가 기준 127만 3000원에 거래되면서 가파르게 상승했다(캠퍼스잡 앤조이, 2016년 1월 8일).

2) 불매운동

(1) 보이콧의 기원과 의미

영국이 산업혁명후 아일랜드를 지배했던 시기에 아일랜드는 대기근이 있었다. 북동부 아일랜드에 3차 대기근 이후 소작인들은 소작료를 내려줄 것을 요구했으나, 아일랜드 마요 지방의 지주인 Earl Erne의 부재 중 재산관리인으로 부임했던 영국인 Charles Cunningham Boycotts는 주인의 뜻대로 원래 내던 수준으로 소작료를 걷었다. 1880년에 아일랜드의 권리옹호에 힘썼고, 영국하원의원과 아일랜드토지연맹(Irish Land League)의 초대회장을 지낸 아일랜드의 민족운동가인 Charles Stewart Parnell의 지도로 아일랜드토지연맹은 지주의 착취로부터 토지 임차인을 보호하기 위한 캠페인의 일환으로 Earl Erne의 토지에서 일하던 지역 노동자들을 철수시켰다. Boycotts이 캠페인을 무력화시키려고 노력했지만 도리어 연맹에 의해 지역 사회에서 고립되었다. 이웃들은 그에게 말조차 걸지 않았고 가게들은 그에게 물건을 팔지 않았다. 지역 노동자들은 그를 위해 일하기를 거부했다. 그러나 Boycotts이 관리하는 토지의 경작물 수확을 돕기 위해 50명의 오렌지 당원이 카반과 모나한 지방에서 왔다. 1,000명의 경찰과 군인들이 마요 지방의 클래어모리스(Claremorris) 마을에서부터 그들을 호위했으나, Boycotts은 지역사회로부터 추방됐다. 그러나 아일랜드토지연맹은 수확이 끝난 후에도 캠페인을 계속하였고, 1880년 12월 1일 보이콧은 가족과 함께 영국으로 돌아갔다.

이 사건을 계기로 해서 boycotts이라는 용어가 사용되기 시작되었다. 인도의 간디는 억압적인 권력에 대응하는 가장 생산적인 운동으로 보이콧운동을 실천하였다.

간디의 보이콧운동은 인도 민중의 자립적인 삶을 위하여 영국산 직물수입을 반대한 운동으로 시작되었으나, 근원적으로는 식민주의와 산업주의 체제, 근대국가를 거부하는 것이라고 볼 수 있다(김종철, 2009).

이와 같이 소비자보이콧은 노동운동에서 유래가 되었지만, 물건을 팔지 않거나 일을 거부하였다는 '거부'의 저항으로 표현이 된다. 소비사회가 도래하면서 생산활동보다 소비활동이 큰 생활의 영역을 차지하게 되면서 소비자보이콧은 소비자운동의 일환으로 시장과 경제, 그리고 정치, 문화 등 다양한 영역에서 그 역할을 하게 되었다. 1955년의 몽고메리 버스사건과 같이 흑인과 백인의 버스좌석이 분리된 것에 대한 저항운동, 인도 독립을 위한 간디에 의해 촉발된 영국산 소금과 직물에 대한 불매운동, 아시아 노동자 착취에 대한 나이키 제품에 대한 불매운동 등 소비자의 특정 제품과 회사에 대한 불매운동은 그 영향력을 행사하려는 목적이 다양하였다.

(2) 소비자보이콧의 유형

Friedmann은 소비자보이콧의 유형을 3가지로 설명했다(Klein et al., 2004).

① 매체지향적 보이콧

유명한 시민단체나 기관을 통하여 소비자보이콧에 관한 내용을 발표해서 언론에 알리는 전략을 사용하는 것이다. 저명한 시민단체가 수행하는 보이콧은 보이콧을 하겠다는 위협만으로도 최소한 일반 소비자들이 문제를 인식하게 하는 효과를 가져 올 수 있다. 나이키, 아디다스, 유니레버, 코카콜라, 맥도날드, 디즈니, 미츠비시, P&G, 지멘스 등과 같은 거대 다국적 기업들이 제 3세계의 수많은 사람들이 하루 16시간이나 노동을 하고 있음에도 불구하고, 기본생계비보다 적은 임금을 받고 있고, 어른보다 저임금을 주면서 아동의 노동을 착취하거나 전쟁자금을 지원하는 것 등을 고발하면서 소비자들이 이들 거대기업에서 생산한 상품을 사지 말 것을 촉구하고 있다(바이스와 베르너 저, 손주희 역, 2008).

2002년에 몬산토가 유전자조작 밀을 상업화하겠다는 시도를 하자 미국과 캐나다에서는 농민, 소비자 및 환경단체들이 크게 저항했고 몬산토는 유전자조작 밀의 상업화를 무기한 연기하였다. 2008년에 우리나라 대표적인 시민단체인 서울환경연합,

소비자문제를 연구하는 시민의 모임, 한국YMCA 전국연합, 생협전국연합회, 사단법인 한살림, 천주교 서울대교구의 우리농촌살리기 운동본부, 수도권 생태유아공동체 생협 등이 함께 '유전자조작 식품을 우려하는 시민의 모임'을 조직하여 식품회사들이 GMO 옥수수 5만톤의 수입을 철회하고, 식약청이 유전자조작 식품 표시제를 강화할 것을 주장하면서 소비자보이콧을 촉구하였다(장윤선, 2008).

② 시장지향적 보이콧

소비자들에게 보이콧을 하는 제품이나 기업을 쉽게 알리는 것을 목적으로 한다. 2019년 일본 아베정부는 우리나라에 수출품목의 수출을 제한했고 화이트리스트 지정을 철회하자 이에 대한 반감으로 일본제품 불매운동이 다양한 방법으로 진행되었다. 일본 브랜드 상품과 대체상품 정보를 앱에서 간단히 볼 수 있도록 하는 노재팬앱도 크게 주목을 받았다. 불매운동이 본격화한 2019년 7월 16일부터 30일까지 일본 여행을 다녀온 승객은 46만7249명으로, 2018년 같은 기간과 비교해 13.4% 줄었다. 카드 업계에 따르면 전업계 카드사 8개사가 발급한 신용카드로 2019년 7월에 우리 국민이 일본 내 가맹점에서 결제한 금액은 모두 977억3000만원으로 2018년 같은 달과 비교하면 1.1% 증가했다. 그러나 2019년 카드 사용액을 주 단위로 나눠서 보면 첫째 주와 둘째 주는 각각 10% 이상 늘었지만, 셋째 주에는 0.4% 감소세로 전환했고, 넷째 주에는 5.3%, 다섯 째주에는 19.1%까지 감소했다. 카드사들도 일본 여행객들을 위한 할인 이벤트나 혜택을 잇달아 중단했다. 우리카드의 경우 일본 내 쇼핑 할인 혜택을 주는 카드의 정석 제이쇼핑을 출시했다가 닷새 만에 판매를 중단했다(SBS CNBC, 2019년 8월 8일).

유니클로 앱 MAU는 7월에는 51만440명으로, 6월 72만1472명과 비교하면 29% 감소했다. 일일 사용자 수(DAU) 기준으로는 낙폭이 더욱 컸다. 전월 및 상반기 평균 대비 40% 각각 감소를 기록했다. 무인양품 모바일 앱의 7월 기준 MAU는 4만2713명으로, 6월(7만2011명)보다 41% 줄었다. 상반기 평균치 대비해서는 22% 감소를 기록했다. DAU 기준으로도 6월 대비 44%, 상반기 평균 대비 27% 감소를 각각 기록했다(아이지에이웍스, 2019). 항공사들은 일본노선을 축소하였고, 일본 맥주 판매가 급감하였으며, 일본차의 판매도 급감하면서 현대기아차의 시장점유율이 증가하면서 반사이익을 얻었다.

③ 세컨더리 보이콧

특정 정치적인 목적을 달성하기 위하여 이루어지고 있는 이 보이콧의 목표는 문제가 되는 기업에 대한 보이콧에서 요구하는 사항을 정부가 수용하도록 하는 것이다. 독일은 국가 주도의 전쟁범죄 배상에는 나섰으나 민간 기업의 강제노동 문제는 이미 국가 간 배상으로 마무리됐다고 주장했다. 대부분의 독일기업은 히틀러 치하의 독일에서 강제 노동을 시켰다는 사실은 인정했으나, 정부에 의해 어쩔 수 없이 한 것이라고 주장했다. 1990년대 말부터 이어진 집단손해배상 소송과 미국을 중심으로 한 독일제품 불매운동이 확산되었다. 천문학적인 배상액과 전범기업 낙인으로 인한 이미지 실추를 우려한 독일의 정부와 기업은 2000년 8월 '기억, 책임, 그리고 미래(Erinnerung, Verantwortung und Zukunft · EVZ)' 재단을 설립했다. 전쟁범죄 피해자들에 대한 개별적 배상을 위해 만들어진 EVZ 재단은 약 100억마르크(6조 9874억원)의 기금으로 설립되었는데, 이중 절반은 독일 6500여개 기업이, 나머지 절반은 독일 정부가 출연했다(머니투데이, 2019년 8월 19일).

우리나라에서는 2012년 3월에 정부가 제주 해군기지 건설을 강행하기 위하여 구럼비 바위를 폭파하자 트위터에는 삼성카드가 발파작업을 맡은 삼성물산과 같은 계열사라는 이유로 삼성카드 불매운동이 확산되었다. 트위터에는 동참을 호소하는 문구와 이를 퍼나르는 트위트가 계속 이어졌다. 정치와 환경과 관련된 이슈에 뜻하지 않게 말려든 삼성카드는 곤란해 하면서도 뚜렷한 해결책을 내놓지 못하고 보이콧의 진행과정을 지켜봐야 했다(이봉원, 2012).

3) 캐롯몹

캐롯몹(Carrotmob) 운동도 새로운 적극적 구매운동의 하나로 진화하고 있다. 캐롯몹에서 캐롯은 동물을 훈련시키기 위한 전략인 '당근과 채찍'에서 차용하였다. 조련사가 동물을 훈련할 때 원하는 행동을 하면 당근을 주고, 원하지 않는 행동을 하면 채찍으로 때리는 것을 의미한다. 몹은 flashmob에서 차용하였기 때문에 군중을 의미한다. 그러므로 '캐롯몹'은 보이콧운동과 시위, 소송 같은 공격적 방법 대신 좋은 기업의 물건을 몰아서 사주고 홍보해 주는 방식으로 진행하는 소비자운동이라고 할 수 있다.

캐롯몹 운동은 2008년 3월 29일에 샌프란시스코에서 시작되었다. 샌프란시스코의 한 동네에 있는 23개의 상점을 대상으로 소비자가 물건을 사면 매출의 몇 %를 친환경 조명기구로 바꾸는데 사용할 것인가를 경매에 부쳤다. 매출의 22%를 친환경 조명 등 시설에 투자하겠다고 제안한 K&D 마트가 입찰되었고, 이러한 사실을 홍보하였다. 친환경에 관심을 가지고 있던 인근의 소비자들이 그 마트로 몰려가 9,200달러의 물건을 대량으로 구매했고, 약속한 대로 K&D 마트는 그날 수입의 22%를 친환경조명기구로 바꾸는데 사용했다. 이렇게 작은 동네에서 시작된 운동은 2009년에 미국의 10개 도시와 핀란드, 프랑스 등 해외까지 확산됐다. 수백 명의 캐롯몹 활동가들이 필라델피아에 모여 이 운동의 전략을 논의했다. 참가자들은 캐롯몹 활동을 알리는 스티커를 붙인 당근을 나눠주는 행사를 열었다. 2011년까지 북미와 남미, 유럽과 아시아, 오스트레일리아에서 100개 이상으로 확대될 정도로 급속도로 확산되었고, 지지자들도 계속 증가해서 2015년 현재는 20개 이상의 국가에서 250개 이상으로 확대되었고, 100,000 캐롯몹 활동가들이 활동하고 있다. 그러나 2019년 현재는 홈페이지가 운영되지 않고 있다(carrotmob.org).

창시자인 브렌트 셜킨 씨는 "캐롯몹 활동의 장점은 적을 만들 필요가 없다는 것이라며, 일반 소비자의 작은 구매력을 모아 협동을 통한 긍정적 에너지를 행사할 수 있다."고 말했다. 주로 에너지 절약과 친환경 투자에 앞장서는 기업들이 주요 대상이다. 캐롯몹 활동가들은 홈페이지(carrotmob.org)를 비롯한 각종 인터넷 사이트와 트위터, 동영상 공유사이트인 유튜브를 통해 활동을 적극적으로 홍보하고 있다. 이러한 SNS 서비스가 활성화되면서 캐롯몹의 홍보도 더 빠른 시간에 순식간에 확산되고, 오프라인과 온라인을 통하여 운동의 효과도 더 커질 것이라고 전망할 수 있다. 예를 들면 초기에는 작은 지역에서 이루어졌으나 지역과 국가를 초월하여 운동범위를 확산시킬 수도 있다. 캐롯몹 조직가인 토이 몬테그네로 씨는 "캐롯몹의 개념이 굉장히 빠른 속도로 확산되고 있다"며 "65세 이상의 장년층에서 의외로 빠르고 적극적으로 동참해 주는 것이 놀랍다"고 말했다(dongA.com, 2009년 9월 22일).

캐롯몹 운동은 다음과 같은 이유로 미래 정치적인 소비운동을 이끌 매우 영향력

있는 전략이 될 것이다. 첫째, 소비자들은 캐롯몹이 매우 짜릿하고 고무적이라고 생각하기 때문에 다른 운동 전략보다 더 선호하는 경향이 있다(Heiskanen 등, 2010; Pezzullo, 2011). 특히 보이콧이나 시위보다 윤리적 기업이나 윤리적 제품을 적극적으로 구매하는 행위는 소비자가 기업과 대립할 필요가 없다는 점에서 긍정적인 반응을 얻을 수 있다. 둘째, 이 운동에 참여하는 소비자들은 자신들의 과거 소비패턴을 바꿀 필요가 없다는 점이다(Klein 등, 2002; Sen 등, 2011). 마지막으로 이 운동은 참여하는 기업에게 매출을 올릴 수 있는 기회를 주고, 명성도 높여줌으로써 다시 매출확대로 이루어지게 하는 선순환구조를 만들어준다는 점에서 기업이 참여하도록 하는 높은 동기도 제공해준다는 점이다(서정희, 2012; 서정희와 전향란, 2016).

2. 환경관련 윤리적 소비

1) 녹색소비

농림축산식품부는 2016년에 '제4차 친환경농업 육성 5개년 계획(2016~2020)'을 발표하였다. 침체에 빠진 친환경농업을 적극 육성하여 무농약인증 이상의 친환경농산물 재배면적을 2015년 7만 5천 ha에서 2020년 13만 3천 ha로 약 77% 증가시켜서, 친환경농산물 시장규모를 2015년 1조 4천억원에서 2020년에 2조 5천억원으로 약 79% 확대하려는 목표를 제시하였다(장영주, 배민식, 2016). 임의형태로 2006년부터 실시되고 있는 친환경농산물에 대한 자조금은 농업인의 참여도가 낮고, 조성금도 적고(2015년 약 15억 원), 홍보활동도 충분히 이루어지지 못하여 제대로 기능하지 못하였다. 이와 같은 문제점을 개선하여 친환경농산물의 가치를 재조명하고, 판로 및 소비를 확대하며, 실추한 소비자의 신뢰를 회복하여 친환경농업을 재도약시키기 위해 2016년 7월 1일부터 의무자조금제도를 도입하였다(배민식, 2016).

환경부는 녹색제품 구매촉진에 관한 법률에 의하여 2006년부터 2010년에는 제1차, 2011년부터 2015년에는 제2차, 2016년부터 2020년에는 제3차 녹색제품 구매촉진 기본계획을 시행하고 있다. 제3차 녹색제품 구매촉진 기본계획의 주요 내용은 다음과 같다.

(1) 녹색소비에 대한 해외 동향

① 녹색생산·소비가 국제사회의 주요 아젠다로 부상

- 녹색경제로의 이행을 위한 국제협력체계 구축 : 2012년 Rio+20 유엔지속가능 발전회의에서 지속가능 소비 · 생산 10개년 계획 채택
- 2013년 APEC 정상회의에서 친환경제품시장의 전 세계적 개방 · 확대 촉구
- 환경인증기관간 상호인정협정 증가 개도국(특히 아 · 태지역)은 환경표지 및 의무구매제도 도입 추진중

② 녹색소비 추구 증대

- EU는 재생과 건강에 대한 관심 증대로 친환경제품 매출이 해마다 증가 공공기관의 녹색구매를 제도화(독일의 공공구매 시 녹색구매지침, 스웨덴의 공공기관 녹색구매 액션 플랜, 오스트리아의 공공분야 녹색구매 가이드라인) 프랑스는 시장에 판매되는 모든 제품의 환경성정보(자원사용량 및 물 사용량, 발생되는 탄소배출량 및 유해물질 등) 표기를 의무화 영국은 우편번호로 인근 재활용 센터 및 제품수리점 등을 찾을 수 있도록 'Postcode Locator' 시스템 개발 · 보급(2013년부터)
- 일본은 전력사용 제한령에 따라 에너지소비를 최소화한 제품 소비 증가, 친환경 스마트하우스 및 에너지제로 하우스 보급 확대, 유통업계의 친환경경영
- 중국은 친환경소비가 4대 소비트렌드[1]의 하나로 부상

③ 녹색생산·소비에 대한 인센티브 확대 추세

- 미국은 1991년부터 에너지 고효율 가전제품을 구입한 소비자에게 구입 가격의 일정비율을 환급해주는 '에너지스타 제도' 운영
- 일본은 2009년부터 친환경 가전제품 구매액의 일부를 소비자에게 포인트로 환급해주는 '에코포인트 제도' 시행

---

1 ①스마트소비, ②친환경소비, ③O2O(온오프 연계) 소비, ④소비자 참여형 소비

(2) 우리나라의 실태

① 녹색소비에 대한 긍정적 인식은 확산되었으나 실천은 저조

- 친환경제품에 추가 지불의사가 있는 소비자는 91.5%이나, 구매시 환경표지를 확인하는 비율은 29.5%에 불과(한국소비자원, 2012)
- 환경표지 인증제품을 구입 · 사용해 본 소비자(전체의 60%)는 녹색제품 구매의 장애요소로 정보 · 접근성 · 다양성의 부족을 제기(한국환경산업기술원, 2010)

② 녹색제품 생산이 B2G 제품에 집중

- 공공부문 구매제품의 경우에도 품목·사양의 다양성이 부족
- 일반 소비자가 원하는 제품의 다양성 부족

③ 부당한 환경성 표시·광고의 증가

- 환경과 건강에 대한 소비자의 관심이 높아지고, 기업간 경쟁이 치열해지면서 부당한 환경성 표시 · 광고제품 증가 추세
- 친환경제품 개발 기피와 소비자의 불신 우려 증가

(3) 우리나라의 제도

① 녹색제품구매촉진 기본계획

1차 기본계획(2006년)	2차 기본계획(2006년)	3차 기본계획(2006년)
공공의무구매 기반마련	민간 녹색소비 촉진	친환경소비 실천기반확대
녹색제품 보급촉진사업 저탄소녹색성장박람회 국가환경정보센터 운영 탄소성적표지제도 운영 녹색인증제도 운영 그린업 프로그램 운영	녹색매장지정제도 시범운영 그린카드제도[2] 운영 녹색구매지원센터 시범사업 UNEP 10YFP[3] 이사국 선임 에코인테리어 지원사업 인증제도 통합 및 개선	프리미엄 환경표지 도입 어린이용품 인증기준 제정 인증통합, 인증부담 완화 부당 환경성 표시 · 광고 관리 강화 ICT 기반 민간 녹색구매 활성화 글로벌 녹색제품시장 개척

출처: 환경부(2015)

---

2 환경부는 2011년 7월 23일부터 전국 주요 은행 및 전용 홈페이지(www.greencard.or.kr)를 통한 그린카드를 출시했다. 그린카드는 친환경 제품 혹은 친환경을 지원하는 기업의 제품을 구입하거나, 대중교통 및 에너지 사용량을 줄이면 정부와 관련 기업에서 1~24%까지 에코머니 포인트를 적립해 주는 신용카드로, 그린카드 앱을 이용하면 누적된 포인트를 확인할 수 있다. 그린카드로 대중

② 환경표지 제도

〈표 11-1〉 우리나라의 환경표지 제도

구분	운영기관	인증의미	로고	비고
환경마크	한국환경산업기술원(환경부)	KS기준과 동등 이상의 품질과 안전성을 확보, 같은 용도의 다른 제품에 비해 제품의 환경성을 개선한 제품 인증		법정임의, 다중속성
환경성적표지	한국환경산업기술원(환경부)	제품의 전과정에서 발생한 환경성 정보를 계량적으로 산출한 제품 인증		법정임의, 다중속성
탄소성적표지(탄소배출량인증)	한국환경산업기술원(환경부)	제품의 전과정에서 발생되는 온실가스 배출량을 정량적으로 산정한 제품 인증		법정임의, 단일속성
탄소성적표지(저탄소제품인증)		탄소배출량 인증제품 중 저탄소제품 인증기준을 충족하는 제품 인증		
탄소성적표지(탄소중립제품인증)		저탄소제품 인증제품 중 기타 감축활동을 통해 온실가스 발생량을 전부 상쇄하는 제품 인증		
우수재활용제품(GR)인증	국가기술표준원(산업통상자원부)	폐자원을 재활용하여 제조한 제품 가운데 품질이 우수한 제품		법정임의, 단일속성
에너지 소비효율 등급	에너지관리공단(산업통상자원부)	에너지소비 절감을 위해 에너지 다소비 품목 대상으로 소비효율등급을 의무적으로 표시		법정임의, 단일속성
고효율에너지 기자재인증	에너지관리공단(산업통상자원부)	에너지 절약 제품 중 에너지효율 및 품질이 정부가 고시한 기준 이상을 만족하는 제품		법정강제, 단일속성
녹색건축인증	한국건설기술연구원(환경부, 국토교통부)	환경에 영향을 미치는 요소에 대한 평가를 통하여 건축물의 환경성능을 인증하는 제도		법정임의, 다중속성
녹색인증	한국산업기술원(산업통상자원부)	에너지와 자원을 절약하고 효율적으로 사용하여 온실가스 및 오염물질의 배출을 최소화하는 기술 · 제품 · 사업		법정임의, 다중속성
KC마크	국가기술표준원(산업통상자원부)	13개 법정의무인증마크를 국가통합인증마크 하나로 통합		법정강제, 다중속성
KS마크	국가기술표준원(산업통상자원부)	한국산업규격이 제정되어 있는 품목 중에서 품질 식별이 쉽지 않아서 소비자 보호를 위하여 필요하다고 지정한 품목을 대상으로 실시		법정강제, 다중속성

출처: 환경부(2015)

교통을 이용하면 10~20%의 포인트가 적립되고, KTX, SRT, 고속버스를 이용하면 5%를 적립해준다. 국립공원 및 휴양림 등 153개 공공시설 이용 시에도 이 포인트를 활용할 수 있다.

3 유엔환경계획(UNEP)의 유엔지속가능발전회의(Conference of Sustainable Development)는 2012년 6월 '지속 가능한 소비와 생산 양식에 대한 10개년 계획(10YFP)'을 채택했다.

(4) 그린워싱(green washing)

그린워싱은 green과 washing(세탁)의 합성어로 기업들이 실질적인 친환경경영과는 거리가 있지만 녹색경영을 표방하는 것처럼 홍보하는 것이다. 미국에서는 시장에서의 그린워싱 사례들을 소비자가 쉽게 파악 · 공유할 수 있도록 미국 친환경미디어 마케팅회사 EnviroMedia Social Marketing과 Oregon 대학에서 Green Washing Index 정보를 제공하고 있다.

세계 최대 식품기업인 스위스 네슬레는 전 세계 400여 개 매장에서 네스프레소라는 브랜드로 매년 100억개의 캡슐커피를 팔고 있다. 네스프레소 홈페이지에는 "네스프레소 커피 한 잔은 이를 향유하는 순간만 준비하는 게 아니라, 환경과 공동체의 행복을 위해 좋은 일을 할 수 있다고 우리는 확신한다"고 적혀있다. 그러나 이 캡슐을 제조하는 데 연간 8000톤에 달하는 알루미늄이 쓰이는데, 1톤의 알루미늄을 생산하려면 2인 가구가 5년 이상 사용할 전기가 필요하고, 이로부터 8톤의 이산화탄소가 배출된다. 알루미늄 생산에 쓰이는 전기는 전 세계 전기 소비량 3%를 차지한다. 하지만 네슬레는 알루미늄을 회수해 재활용하는 데는 관심을 보이지 않고 오직 생산을 늘리는 데만 집중하고 있다고 주장하면서 네슬레를 그린워싱이라고 비판하고 있다(이미옥 역, 카트린 하르트만 저, 2018).

2) 로컬소비

우리나라는 2009년에 원주, 2011년에 완주, 평택, 청송, 김제, 강진, 2012년에 음성과 아산에서 로컬푸드 조례를 제정하면서 로컬푸드 운동이 본격화되었다. 완주군의 로컬푸드는 대도시인 전주가 새로운 소비시장을 창출하여 3호점까지 운영될 정도로 활성화되었다(주상현, 2015).

(1) 푸드 마일리지

푸드 마일(Food Miles)은 먹을거리가 생산자 손을 떠나 소비자 식탁에 오르기까지의 이동 거리를 뜻하며, 푸드 마일리지는 곡물과 축산물, 수산물 등 아홉 개 수입 품목을 대상으로 생산지에서 소비지까지 식품 수송량(톤)에 수송 거리(킬로미터)를 곱해 계산한다. 푸드 마일리지는 식재료가 생산, 운송, 소비되는 과정에서 발생하는 환경 부담의 정도를 나타내는 지표로 사용되며 1994년 영국의 환경운동가 Tim Lang이 만든 개념이다. 푸드 마일리지가 크면 클수록 먼 지역에서 수입한 식품을 더 많이 먹고 있다는 의미다.

푸드 마일리지가 증가한다는 것은 두 가지 의미를 담고 있다. 첫째, 푸드 마일리지가 높은 식품은 신선도를 유지하기 위해 살충제나 방부제를 사용하는 경우가 많으므로 식품의 안정성이 떨어진다. 둘째, 장거리 운송을 해야 하는 관계로 이산화탄소를 많이 배출시켜 환경에 부담을 준다.

한국의 푸드 마일리지는 갈수록 커지고 있다. 2012년 5월 환경부 국립환경과학원이 발표한 자료를 보면, 2010년 우리나라 국민 일 인당 푸드 마일리지는 7,085톤킬로미터로 2001년(5,172톤킬로미터)보다 37퍼센트나 늘었다. 이는 조사대상국인 한국, 일본, 영국, 프랑스 중 가장 높은 수치로, 739톤킬로미터를 기록한 프랑스의 열 배에 달했다. 일본, 영국, 프랑스는 모두 2003년보다 푸드 마일리지가 줄어들었지만, 우리나라의 푸드 마일리지는 계속해서 증가하고 있는 것으로 나타나 한국인의 밥상을 수입 식품이 점령했다는 우려마저 나왔다.

10년 사이에 한국의 푸드 마일리지가 많이 증가한 이유로는 전체 푸드 마일리지의 절반 이상을 차지하는 곡물 품목 가운데 상대적으로 원거리에서 오는 미국산 곡물 수입량이 2001년 약 480만 톤에서 2010년 884만 톤으로 두 배 가까이 증가했다는 점이 꼽힌다. 또 농축수산물 수입 자유화와 한-칠레 자유무역협정(FTA) 체결 등으로 먼 거리에서 수송되는 수입 식품의 가격 경쟁력이 상대적으로 높아졌다는 점도 이유로 지적된다.

(2) 로컬푸드운동의 의의

로컬푸드 운동은 슬로우푸드 운동, 저농약 농산물, 무농약 농산물, 유기농 농산물을 포함하는 친환경 농산물의 개념과 우수 농산물과 우리 농산물의 개념을 포함하는 동시에 생산자와 소비자와의 거리, 환경 친화, 건강, 지역경제의 활성화 등에 기여하는 속성이 종합으로 고려된 개념이다(김현철, 정인경, 민상기, 2009; 홍경완, 김지영, 김양숙, 2009). 슬로우푸드 운동은 음식을 통하여 즐거움을 누릴 권리, 생활리

듬 및 자연과의 관계를 회복하게 할 수 있다. 지역에서 생산되는 식재료를 이용하여 집집마다 각기 다른 음식의 맛과 분위기를 느낄 수 있는 지역의 독특한 식문화를 체험하고, 누적된 역사와 지역의 삶을 공유하고 자발적으로 즐김으로써 로컬푸드 운동은 슬로푸드 운동과 서로 유기적으로 관련된다고 할 수 있다(도승연, 2015).

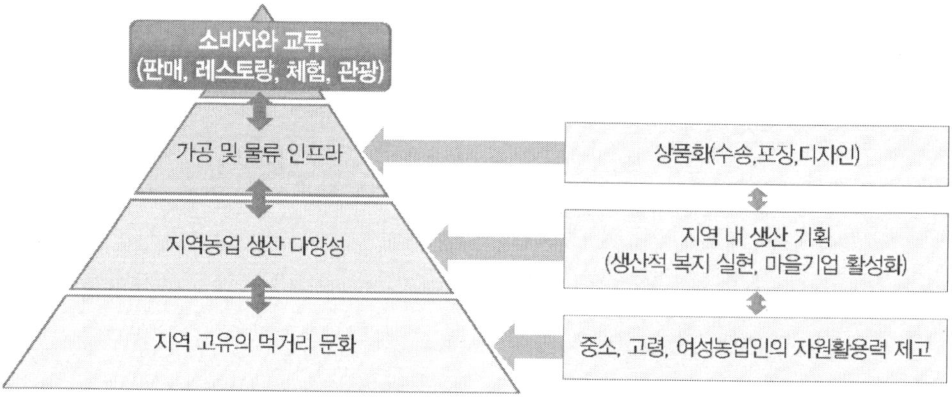

출처: 정은미, 김용렬, 허주녕(2016)

〈그림 11-1〉 지역농업에서 차지하는 로컬푸드의 위치

로컬푸드운동의 의의를 다각적으로 설명하면 다음과 같다(정은미, 김용렬, 허주녕, 2016).

① 식량주권 확보

우리나라는 전 국토의 70%가 산지이며 경작면적은 159만 헥타르(호당 경작면적은 1.56ha)에 불과하다. 쌀은 103%로 자급하고 있으나 사료를 포함한 기타 곡물자급률은 23.4%에 불과하다. 특히 콩, 옥수수, 밀은 90% 이상을 외국에서 수입에 의존하고 있다. 곡물의 교역량은 생산량에 비해 15-20%에 불과해 언제든지 투기적 요소가 되며 무역거래에서 상대국을 곤경에 빠뜨리는 무기가 된다. 그러므로 국가 간 갈등이 생길 경우 식량안보 측면에서 심각한 위기를 초래할 수 있다. 식량자급률이 떨어진다면 우리는 식량 종속국이 될 수밖에 없다(뉴스1, 2019년 8월 12일). 로컬푸드를 통하여 우리나라의 농업을 보호할 수 있고, 궁극적으로 식량주권 확보에 기여할 수 있다.

② 가족소농 보호

우리나라를 비롯하여 세계적으로 농가가 소농화되고 있고 소농들이 어려움에 처하게 되었다. 초국적 농식품 복합체에 의해 주도되고 WTO(세계무역기구)-FTA(자유무역협정)-DDA(다자간무역협정)-UPOV(국제신품종보호동맹) 등 국제 무역 질서를 등에 업은 '녹색혁명형 농업'과 '먹을거리의 자유로운 이동' 등에 의하여 농업이 위기에 처하게 되었다. UN은 2014년을 '세계 가족농의 해'로 정하고 농업의 근간인 가족농의 가치를 새롭게 조명하였다. 우리나라에서도 가족농들이 농업 · 농촌의 공익적 가치인 농촌마을의 기능유지, 환경 및 생태 보전 등을 수행하고 있다. UN은 2018년 미국 뉴욕에서 제3위원회를 열고 '농촌에서 일하는 소농 등의 권리에 관한 UN선언'을 다수결로 채택했다. UN은 이 선언에서 소농의 가치와 역할을 명확히 하고, 식량주권 확보와 생물다양성에 대한 소농의 공로를 높이 평가했다. 특히 여성에 대한 차별철폐, 종자의 안정적인 제공, 농작업 안전성 강화, 교육을 받을 권리 보호, 협동조합 지원 등을 위해 회원국이 재원확보는 물론 투자에도 적극 나서야 한다는 점을 강조했다. 소농의 범주에 어업 · 임업 종사자도 포함해 외연을 확장했다(농민신문, 2018년 12월 5일).

③ 소비자 안전밥상 보장

로컬푸드는 정보 비대칭성의 원인인 생산 및 유통 정보, 대량유통이 간과하는 서비스를 소비자에게 제공하며, 안전한 먹거리를 공급하는 생산자의 수고와 노력을 적절하게 보상함으로써 소비자의 안전한 밥상을 보장할 수 있다.

④ 종자 및 전통음식의 다양성 보존

팽이버섯, 양송이버섯, 양배추, 파프리카, 양파, 브로콜리, 감귤의 종자는 일본산이다. 우리나라가 2018년 씨앗 부문에서 기록한 대일 무역수지 적자는 약 100억원이다. 로컬푸드를 통하여 종자주권을 회복시키고, 우리의 종자를 재배하여 씨앗부터 전통음식의 다양성을 보존하려고 노력해야 할 것이다. 국산 품종 '설향'이 개발돼 일본산 품종인 장희 · 육보를 대체해 시장점유율 약 80%를 기록한 딸기의 사례를 예로 들 수 있다(한국영농신문, 2019년 11월 22일).

⑤ 저탄소 녹색성장 기여

2018년 우리나라의 밀 자급률은 1.2%에 불과하다. 우리가 먹는 수입밀의 푸드마일은 미국과 캐나다산은 1만1949km, 호주는 6948km로 엄청 길다. 푸드마일도 길 뿐 아니라 우리나라는 1년에 밀가루를 1톤 49만g을 수입하기 때문에 4백만톤 1억 9600만g의 이산화탄소를 배출시킨다. 이 이산화탄소 배출량은 1년 동안 2,000만 그루의 나무를 심어야 하는 양이기 때문에 우리밀을 사용하는 것은 저탄소 녹색성장에 기여하는 정도가 매우 크다고 볼 수 있다(전북일보, 2019년 8월 12일).

⑥ 지구 온난화 방지

로컬푸드를 재배하는 대체로 화학비료를 사용하지 않는 소규모로 경작하는 농업은 식수와 수자원을 깨끗하게 유지하게 하고, 대기오염가스를 흡수하고, 탄소배출량을 감소시킴으로써 전지구적으로 문제가 되고 있는 지구 온난화를 방지하는데 기여할 수 있다.

⑦ 농업 및 지역경제 회생

농림식품부는 소비자에게 건강권을 보장하고, 농업은지속가능성을 확보하고, 지역선순환경제를 확립하기 위한 지역 푸드플랜을 2018년에 9개 선도지자체를 선정했고, 2022년까지 100개 지자체가 지역 푸드플랜을 수립하도록 계획하고 있다. 구미 푸드플랜의 실행 전략인 구미먹거리 5&10사업은 5000명의 가족소농이 1000억 원 규모의 지역먹거리 시장을 창출하는 것이 핵심이다. 2247개 기업 9만5000여 명 근로자의 산업단지가 있어 이곳에서만 월50만 원 소득을 올리는 3000농가 양성이 가능하다(농촌여성신문, 2019년 6월 28일).

⑧ 도농교류를 통한 지역 공동체 형성

서울시 먹거리마스터플랜은 서울과 농촌간 1대1 공급 기반을 구축하여 유통과정을 줄여 공급단가를 낮추고, 농촌은 안정적인 유통판로를 확보하려는 계획이 포함되어 있다. 2017년 상반기 강동구와 완주군 협약을 시작으로 도봉구와 원주시, 강북구와 부여군, 노원구와 홍성군, 성북구와 담양군, 금천구와 나주시 등 총 6개의 협약을 맺었다. 2019년까지 25개 자치구마다 직거래할 농촌을 선정해 공공급식센터를 운영하고, 센터 설치에 총 812억원이 투입될 계획이다. 자치구의 공공급식센터는 어린이집, 지역아동센터, 복지시설에 대한 식재료 공급을 넘어 먹거리취약계층에 꾸러미 공급, 어르신, 결식아동 등 취약계층에 대한 도시락 배달, 지역공동체 부엌 등으로 역할을 확대하고 있다(농수축산신문, 2018년 1월 3일).

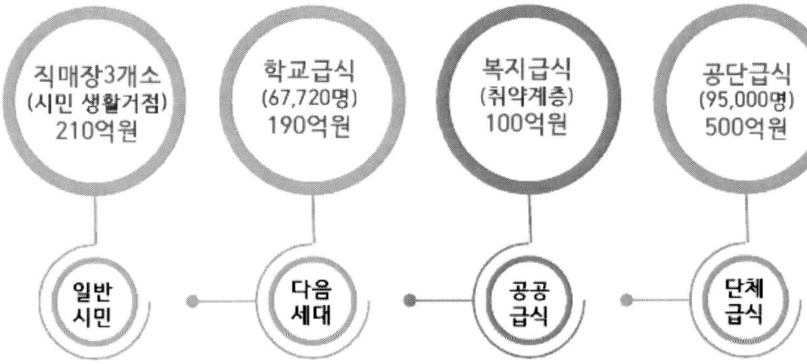

출처: 농촌여성신문(2019년 6월 28일)

〈그림 11-2〉 구미시의 푸드 플랜

(3) 농식품부의 로컬푸드 확산을 위한 3개년('2020 -2022') 추진계획

이 계획은 로컬푸드에 대한 가치 확산을 통해 대국민 인지도를 70%까지 높이고, 공급-소비기반을 확충해 로컬푸드 유통 비중을 15%까지 제고하는 것을 목표로 하고 있다. 공공기관 · 군급식 로컬푸드 공급비중은 '22년까지 70%로 높이고, 로컬푸드 소비체계 구축에 참여하는 지자체는 2018년 기준 13개에서 '22년 100개까지 확대하는 것을 목표로 잡았다. 특히 완주 사례처럼 로컬푸드 생산 · 유통주체가 안정화되고 다양한 소비채널을 갖춘 선도지자체를 10개까지 육성해 7000여개 지역 내 신규 일자리를 창출할 계획이다. 로컬푸드 소비자접점을 확대하기 위한 방안을 다음과 같이 마련했다.

- 단체급식에 로컬프드 체계 전파: 학교, 군, 복지기관, 사회복지시설 등
- 전국 농협 하나로마트에 로컬푸드 판매코너 설치한다. 로컬푸드 직매장에 레스토랑, 로컬요리교실, 공유부엌, 먹거리 교육 · 문화시설 등 다양하고 복합

적인 기능을 추가함으로써 로컬푸드 직매장을 로컬푸드 식문화를 공유하고 확산하기 위한 거점으로 활용한다.

- 서울 등 대도시 지역을 대상으로 '(가칭)도농 상생 먹거리 교육문화센터'를 구축해 체험 기회를 제공함으로써 넓은 의미의 로컬푸드 소비체계 확산을 추진한다.

(4) 전북 완주군 로컬푸드

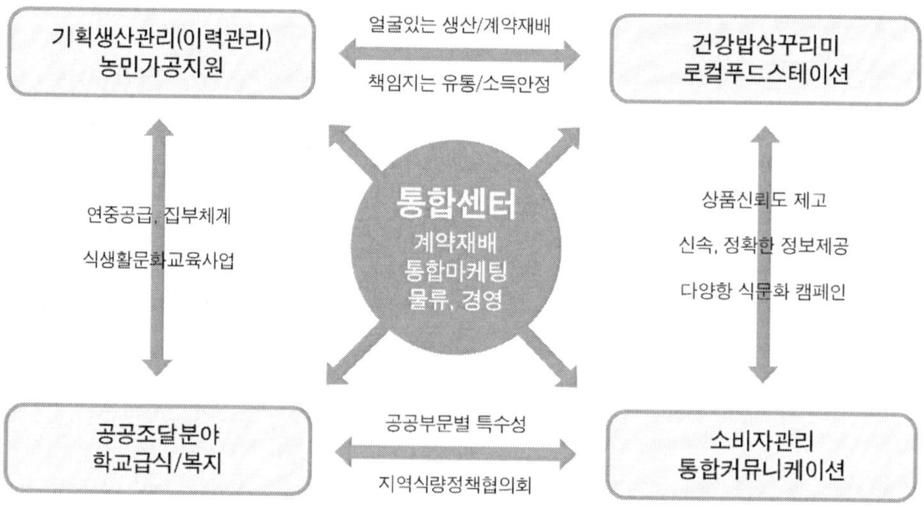

출처: 나영삼(2012)

〈그림 11-3〉 완주군 로컬푸드 통합추진체계

완주군 로컬푸드는 2010년부터 건강밥상 꾸러미 사업으로 로컬푸드 사업을 시작하여 로컬푸드직매장(12개소), 농가레스토랑(7개소), 공공 학교급식센터(관내 89개교, 12,000명), 농민가공센터 운영으로 농산물을 농민이 직접 가공 · 판매하여 부가가치가 지역농민에게 환원되는 지역 선순환 체계를 구축하였고, 정책적으로 소외된 소농 · 고령농 중심의 기획생산, 마을공동체 회사와 두레농장을 육성 지역 생산력을 복원시키고 소비자와 생산자 간의 관계시장을 창출하여 2018년 농촌융복합산업 우수사례 경진대회에서 대상을 받았다.

3) 소비절제

과잉소비는 자원을 남용하고 쓰레기문제를 야기한다는 점에서 소비절제는 중요한 친환경소비행동이 될 수 있다. 1980년 3월 영국에서 열렸던 검소한 생활방식을 위한 국제협의회에서는 기독교인들의 물질사용 문제를 심각하게 인식하고 "검소한 생활방식을 위한 복음주의 서약"을 작성하고 실천하고자 하였다. 이 서약에서는 나눔은 구제헌금이나 봉사활동 정도가 아니라 보다 적극적인 공유로 보고 있다. 이 협의회는 1974년 로잔언약에서 언급된 "검소한 생활방식을 하자"는 결의를 성찰하기 위해 27개 나라에서 85명의 그리스도인들이 모였다(이숙경, 2006).

부활절의 기쁨을 맞기 전 40일 동안 예수 그리스도의 삶과 고난을 묵상하는 사순절의 의미를 되새기기 위하여 국제구호개발기구 글로벌비전은 생명을 구하고 사랑을 나누는 '한 끼 금식 캠페인'을 벌였다. 이 캠페인은 사순절 기간 동안 개인이나 단체가 자발적 금식에 참여한 후 한 끼 식사비를 모아 기부하면 해외 저개발국가 영양 결핍 아동 가정에 쌀 10kg을 전달하는 방식으로 이뤄졌다. 기후변화 등 위기를 맞고 있는 지구생태계를 위해 에너지 소비를 줄이기 위하여 '탄소금식 캠페인'도 벌였다. 비닐봉지와 일회용 컵을 사양하고, 장바구니와 텀블러 사용, 사용하지 않는 콘센트 뽑기 같은 작은 실천부터 종이금식, 고기금식, 아무것도 사지 않는 결단까지 다양한 방법이 제안되었다(CTS기독교TV, 2019년 3월 7일).

글로벌 생태 발자국 네트워크(Global Foodprint Network)에 따르면, 전 세계 시민은 마치 지구가 1.6개나 되는 것처럼 살고 있다고 한다. 만일 전 세계인이 독일 사람처럼 소비한다면, '수요'를 충족하기 위해 지구가 3개 이상은 있어야 할 것이다. 글로벌 생태 발자국 네트워크는 매년 이른바 '지구 과부하의 날(Earth Overshoot Day)'을 계산한다. 1년을 기준으로 지구 환경이 견뎌낼 수 있는 날, 요컨대 생태적 · 사회적으로 올바르게 이용할 수 있는 전 세계 모든 자원이 다 소모되어 더 이상 쓰레기와 온실가스를 수용하지 못하는 날을 말한다. 그런데 매년 이날이 앞당겨지고 있다. 2015년에는 8월 13일이었지만, 1년이 지난 2016년에는 8월 8일로 당겨졌다. 그리고 2017년에는 8월 2일이었다. 2000년에는 10월 8일이었다(이미옥 역, 카트린 하르트만 저, 2018).

소비를 자제하기 위해 전통적 방식의 구매 이외의 다른 방식으로 제품이나 브랜드에 접근하는 소비자가 증가하고 있다(이희정, 2018). 중고나라와 같은 온라인 중고 물품 거래 커뮤니티 회원은 2018년 4월 기준 1630만명에 달하며, 지마켓과 옥션 등의 오픈 마켓에서도 중고물품 판매를 시작하여 국내 온/오프라인 중고거래시장이 약 20조원에 이를 것으로 추산하고 있다(한국리서치, 2018; 한국무역신문, 2018). 국내 소비자 사이에서 가성비 트렌드가 확산되면서 가격 대비 높은 효용을 얻을 수 있는 방식으로 공유 및 대여에 대한 선호가 높아지고 있으며 이 가운데 전자제품(28%) 및 의류(25%)를 가장 공유 또는 대여하고 싶은 품목으로 꼽기도 하였다(닐슨, 2014).

3. 나눔 관련 윤리적 소비

1) 공정무역

공정무역은 아프리카, 남미, 동남아시아 등 개발도상국 생산자의 경제적 자립과 지속가능한 발전을 위해 생산자에게 유리한 무역조건을 제공함으로써 선진국과 개발도상국 간의 불공정무역을 줄이고 부의 편중, 환경파괴, 노동력 착취, 인권침해를 막기 위해 등장했다. 공정무역은 남반구 생산자의 소득증가, 노동권 보장, 사회 인프라 구축, 친환경적 생산 등에서 긍정적 효과를 보여왔으며, 북반구에서는 윤리적 소비의 확대에 따른 공정무역 소비의 증가, 공정무역 운동 단체 및 캠페인 증가 등과 같은 성과가 있었다. 공정무역은 물질 중심적 소비에서 사회적 결속을 강조하는 윤리적 소비를 확대하였고, 개발 전략에서 지속가능한 사회발전의 중요성을 불러일으켰다(이용균, 2014).

(1) 공정무역 거래의 기본원칙

첫째, 구매자는 생산자에게 최저 구매가격을 보장하고, 대화와 참여를 통해 합의된 공정한 가격을 지불하며, 생산자금 조달을 돕기 위해 수확 또는 생산 전에 지불한다. 또 생산자와 직거래해 이윤을 더 취할 수 있게 하고 단기계약보다는 장기계약을 취해 안정된 생산 환경을 제공한다. 공동체 발전 기금으로 생산자와 노동자가 사회적 이익을 실현한다.

둘째, 생산자는 인종 · 국적 · 종교 · 나이 · 성별과 관련된 각종 차별을 없애고 동일노동 · 동일임금 원칙을 지켜야 한다. 특히 아동의 권리를 존중하고 안전하고 건강한 노동환경을 제공하며 환경을 보호한다.

(2) 세계 공정무역의 날

세계공정무역기구(WFTO : World Fair Trade Organization)가 제정한 기념일로 전 세계 80여 개국에서는 공정무역을 널리 알리고 활발한 참여를 촉구하기 위한 다양한 캠페인과 행사가 이루어진다. 2001년 국제공정무역연합(IFAT) 회의에서 유럽 · 미국 · 일본의 공정무역 단체와 아시아 · 아프리카 · 남미의 생산자 조직이 함께하는 세계적 운동으로 발전시키기로 합의하면서 세계공정무역의 날을 제정하게 되었다. 한국은 2008년부터 공정무역 단체들을 중심으로 세계 공정무역의 날 한국페스티벌을 개최하기 시작하였다. 2012년부터는 한국공정무역협의회가 주최하고 서울시가 공식 후원하면서 공정한 사회발전과 빈곤퇴치에 기여하는 공정무역을 시민들에게 알리고 있다.

(3) 공정무역도시

공정무역도시는 국제공정무역마을위원회가 정한 지역의회의 지지, 지역매장에서의 공정무역 제품 구입 용이, 지역 커뮤니티내 사용, 홍보, 공정무역위원회 구성 등 총 5가지 기준을 모두 충족해야한다.

서울시는 2012년 '세계공정무역의 날 한국페스티벌'에서 한국공정무역협의회와 함께 '공정무역도시, 서울'을 선언한지 6년만인 2018년에 인구 1천만 명 이상의 도시 중 세계 최초로 '공정무역도시'공식 인증을 받았다. 서울시내 공정무역 단체의 제품판매 매출액은 2012년 101억원에서 2016년 463억원으로 4년 사이 4배 이상 높아졌으며, 공정무역 단체수도 2012년 9개에서 2016년 27개로 3배가량 늘었다. 이외 네팔, 페루, 필리핀 등 생산현지지원금도 2012년 7억6천만원에서 2016년 34억 7천만원으로 증가했다.

(4) 한국공정무역협의회

- 기아대책 행복한 나눔

국제개발 NGO인 '기아대책'이 설립하였으며 수익금은 국내외 저소득가정 아동 지원, 구호물자 지원사업, 취약계층 일자리 창출 등에 사용.

- 더페어스토리

전세계의 저개발 국가에서 공정무역 가치를 실현하는 생산자를 발굴하여 그들의 스토리와 제품을 한국에 소개.

- 아름다운 커피

2002년 한국 공정무역 운동을 처음 개척한 공정 무역 단체로 네팔, 페루, 우간다, 인도네시아 등지의 생산자협동조합들과 파트너십을 맺음

- 아시아공정무역네트워크

2012년 설립된 사회적 기업으로, 베트남, 필리핀 생산자들과 파트너십을 맺어 자립을 지원하고, 소비자에게 신뢰할 수 있는 제품을 소개

- iCOOP(아이쿱)생협

윤리적 소비'를 실천하는 iCOOP생협은 공정 무역을 통해 저개발국 소농 생산자들의 자립지원과 투명한 거래, 친환경적인 생산방식 고집

- 어스맨

Earth(흙/지구)와 Man(사람)의 합성어로 자연과 사람, 사람과 사람을 잇는 바른 무역을 실현하고 지구촌의 지속 가능한 삶을 추구

- 피플스페어트레이드협동조합(피티쿱)

시민(단체)이 주주로 참여하여 설립되었으며, 빈곤국 여성의 경제적 자립을 지원하는 사회적 기업으로 친환경 · 유기농 제품 소개

- 카페티모르

한국YMCA가 2004년부터 진행해 온 동티모르 공정무역 커피사업과 현지 사회개발활동, NGO설립 활동을 바탕으로 설립한 사회적 기업

- 트립티

이주민, 장애인 등 취약계층에게 안정적인 일자리를 제공하고 있으며, 공정무역을 통해 제 3세계 취약 계층의 삶의 질 향상

- 공기핸디크래프트

전세계 소생산자들과 함께 수공예 리빙제품을 디자인 제작합니다. 자연에서 온 소재, 공정한 생태계, 공동체의 다양한 문화와 생활의 발견 추구

2) 인권을 고려한 소비

(1) 인권경영

인권을 고려한 윤리적 소비가 증가하면서 기업의 인권경영에 대한 사회적 관심이 증가하였다. 2010년에 ISO26000과 2011년에 OECD 다국적 기업 가이드라인 등과 같은 기업의 인권 관련 국제기준이 대폭 증가하였다. 유엔은 2011년에 기업과 인권 이행원칙을 채택하고, 각국의 국가행동계획(NAP)의 수립을 권고하고, 2014년에는 각국의 NAP 수립과 이행을 위한 프로세스와 방향을 안내하기 위한 지침서를 제시하였다. 2014년 6월 독일에서 개최된 G7 정상회의에서 '기업과 인권 이행 원칙'을 지지하는 선언을 하였고, 9월 전 세계 정상이 모여 채택한 2030 지속가능발전 아젠다에서 전 세계의 빈곤 퇴치, 포용적 성장, 기후변화 대응 등으로 구성된 17개 지속가능발전목표(SDGs)와 169개 세부목표 달성을 위한 기업의 역할을 강조하고 있다. 그 과정에서 기업이 준수해야 할 주요 규범으로 '기업과 인권 이행원칙'을 언급하고 있으며 더 나아가, 국제법적 구속력을 지닌 기업과 인권 관련 조약 제정을 위한 논의도 시작됐다(매일경제, 2017년 4월 17일).

(2) 깨끗한 옷입기 운동(CCC: Clean Clothes Campaign)

유명 패션브랜드뿐만 아니라 최근의 최신유행을 반영 하는 패스트 패션의 경쟁력인 저렴한 가격과 빠른 유행주기의 이면에는 심각한 윤리문제와 환경문제가 감추어져 있다. 이러한 패션브랜드의 상품들은 대부분 제3세계의 공장을 통해 대량생산되고 있다. 인도네시아, 중국, 말레이시아, 스리랑카, 필리핀, 베트남 등과 중남미의 여러 나라들이 그 대표적인 나라들이다. 이곳에서 만들어진 상품들은 대부분 백

화점과 유명상점으로 들어가며 동시에 다국적 기업이 소비자를 장악하기 위해 뚫어놓은 경로를 통해 세계적인 상품으로 부각된다(박미혜, 강이주, 2009).

이 운동은 소비자들이 생산과정에서 노동자의 인권을 침해하지 않은 옷을 사서 입자는 것을 목표로 하므로 의류제조업자들에게 열악한 노동조건을 개선하는 운동에 동참할 것을 촉구한다. 강연이나 토론회, 거리홍보를 통한 정보제공 등을 통해 제조업자들이 그들이 생산하고 판매하는 제품들이 어떤 작업환경에서 만들어 지는지를 소비자들에게 설명할 책임이 있다는 점을 강조한다. 네덜란드에서 시작한 이 운동은 오스트리아, 벨기에, 프랑스, 독일, 네덜란드, 스페인, 스웨덴, 스위스와 영국 등 유럽의 선진 국가에서 활발하게 이루어지고 있고 유럽국가간에 협력 네트워크를 형성하고 있다. 소비자캠페인 뿐만 아니라 제조현장에서 다국적 기업에 저항하는 노동자에게 구체적으로 힘을 주기 위해 파업기금도 전 세계적으로 모금하고 있으며, 이 기금을 통해 파업 등 노동의 조건과 환경을 개선하기 위한 노동자 행동을 지원하고 있다(차미경, 2002).

(3) 서스펜디드 운동

이탈리아어로 'caffè sospeso'(영어로 'suspended coffee', 이하 '서스펜디드 커피')는 커피 한 잔을 사면서 다른 사람이 돈을 지불하지 않고 먹을수 있도록 여러 잔의 커피 값을 미리 지불하면, 커피를 사서 먹을 여력이 없는 사람은 누구나 미리 지불한 커피를 무료로 마실 수 있는 커피이다(윤희영, 2013). 이 운동이 시작된 이탈리아에서는 서스펜디드 운동을 중심으로 지역 사회 영화페스티벌과 전시회, 문화단체가 상호 연계한 'Rete del Caffè Sospeso'라는 이름의 네트워크가 구축되어 있다. 이 네트워크는 모르는 사람을 위해 커피를 미리 사두는 전통이 지닌 인간애처럼 일상 속에서 문화와 사회적인 연대가 만날 때 소외된 이웃과 사라진 시민정신, 대두되는 환경과 사회 이슈, 역사적 유산의 복구 등과 같은 문제들을 해결할 수 있다는 믿음으로 조직되었다. 'Rete del Caffè Sospeso'는 세계 인권의 날인 12월 10일을 서스펜디드 커피의 날로 정하였다(김태향, 정순희, 신민경, 2014).

(4) 미리내운동

우리나라의 미리내 운동본부는 2013년 5월부터 미리내 가게를 모집하여 이용자가 나중에 올 누군가를 위해 음식이나 상품에 대한 비용을 미리 지불하면, 해당 서비스를 다른 사람이 무료로 이용할 수 있도록 하고 있다. 미리내는 단어 그대로 '미리내는 행위'를 뜻한다. 하지만 은하수를 뜻하는 순우리말이기도 해 많은 별들이 은하수를 만들 듯 개인들이 작은 나눔을 실천함으로써 세상을 보다 반짝거리게 바꾸자는 믿음이 담겨 있기도 하다. 2016년 현재 전국에 460여 개의 가맹점이 자발적으로 미리내 운동에 참여하고 있다(EBS, 2016년 1월 19일).

3) 기부

1980년대 세계경제 침체 이후 국가의 재정위기로 미국과 유럽의 여러 국가들은 정부 실패 영역을 민간이 보완하는 복지다원주의 체제로 변환을 모색하고 있다. 성숙한 사회로 진입하고 경제공동체를 실현하기 위한 기부가 주목을 받게 되었다. 제3섹터의 비영리조직을 매개로 민간의 기부활동이 활발했던 미국은 정부가 비영리조직에 대한 세제혜택, 사회적 인프라 구축, 관리감시 역할을 담당하고 있다. 영국도 2000년대 들어 자발적 기부확산을 위해 정부 차원의 다양한 지원정책을 추진하고 있다. 우리나라도 민간기부를 활성화하기 위하여 1997년에 사회복지 공동모금회법이 통과되었고, 2005년에는 자원봉사활동기본법을 제정하였고, 2007년에 기부금품모집 규제법을 기부금품의 모집 및 사용에 관한 법률로 개정하여 기부관련 법제가 대폭 정비되었다(이용규와 송용찬, 2012).

기부는 참여형태에 따라 물질적 기부와 시간적 기부로 나눌 수 있다. 자원봉사활동을 의미하기도 하는 시간적 기부는 개인이나 단체 및 기업이 자기의 노동과 시간을 희생하는 상황이다. 자발적인 활동인 자원봉사는 기부 주체자의 시간뿐만 아니라 전문적이거나 비전문적인 기술이나 지식 그리고 재능 등을 아무 대가 없이(무보수성) 타인에게 제공(이타적)하는 인적 서비스이다. 개인들은 일반적으로 물질적 기부와 함께 시간적 기부인 자원봉사에도 참여하지만 물질적 기부에 재정적인 부담을 느끼는 사람들에게 시간적 기부인 자원봉사는 대안이 되기도 한다. 자선사업과 같은 도덕적인 활동의 경우 사람들은 단순히 돈의 기부보다는 시간을 투자하는 것을 선호하고, 자선단체에 시간을 할애해줄 것을 부탁받은 사람은 금전을 기부할 것을 부탁받은 사람보다 기부로 발생하는 개인적 행복감을 더 많이 생각하며, 그 결과 처음에 시간 기부를 부탁받은 경우 돈 기부를 부탁받은 경우보다 결국은 훨씬 더 많은 돈을 기부하게 된다고 한다(리녕, 김경민, 2016).

Chapter 12

행복한 소비

행복이란 정원 가꾸기나 남을 도울 때처럼 우리가 한 행동이나 생각의 간접적 결과물로 얻어지는 것이다.

행복에 관해서라면 오히려 아주 사소한 방법들이 큰 힘을 발휘한다.

이런 소소한 방법은 쉽게 실천할 수 있을 뿐 아니라 차곡차곡 쌓여 나가기 때문에 조금의 반동 없이도 내 삶을 변화시키는 힘이 있다.

- 레이첼 켈리의 《내 마음의 균형을 찾아가는 연습》 중에서 -

* 아무리 작은 것도 쌓이면 커집니다.
아무리 소소한 행복도 하루하루 차곡차곡 쌓이면 태산처럼
피라미드처럼 거대해집니다.
어떤 변수가 생겨도 흔들림 없이 행복한 인생길을 갈 수 있습니다.
그러나 행복만 쌓이는 것 아닙니다.
자칫하면 불행도 차곡차곡 쌓일 수 있습니다. 이것을 늘 조심해야 합니다.

- 고도원의 아침편지

1. 행복

1) 행복의 개념

행복에 관한 이론은 주관적 접근법과 객관적 접근법으로 구분할 수 있고, 주관적 심리상태의 관점에서 접근하는 이론은 쾌락주의와 욕구충족 이론으로 나뉜다. 객관적 접근은 행복의 객관적 기준에 주목하는 객관적 목록 이론이 있다(Parfit, 1984; Haybron, 2011; 김광수, 2018 재인용). 쾌락주의적 행복은 고대 에피쿠로스 학설에 기원을 두고 있고, 근대철학에서는 벤담의 공리주의가 이 전통을 계승했다. 객관적 목록 이론은 아리스토텔레스의 에우다이모니아(eudaimonia) 전통에 기반한 자기실현적 행복이라고 할 수 있다. 마지막으로 기술과학적 수단을 통하여 도덕적이고 행복한 인간을 만들 수 있다는 포스트휴머니즘 행복론이 있다(정연재, 2018).

(1) 쾌락주의

쾌락주의적 행복은 당사자가 체험이나 경험을 통해 마음 내부에서 감지하는 주관적 느낌과 심리적 상태에 주목한다. 마음 외부의 대상이나 사건은 그 자체로는 삶의 질과는 무관하며, 행복은 오로지 개인들이 직접적인 체험을 통해 마음에서 느끼는 쾌락과 고통에 달려있다. 그러므로 쾌락주의적 행복은 마음안의 쾌락을 극대화하고 고통을 최소화하는 것이다. 쾌락적 행복의 범위는 극단적으로 넓고 사람마다 다양하다. 예를 들면 대부분의 사람들이 혐오스러워 하는 활동이나 사건에서 쾌락적 행복을 경험하는 사람들도 있다.

(2) 욕구충족이론

매스로우의 심리학 이론에 의하면 행복은 주관적인 안녕감이지만, 직접적인 체험에 수반되는 쾌락과는 관계없이 개인들이 지닌 다양한 욕구가 실제로 얼마나 충족되었는가에 의존한다. 욕구충족이론에서는 사람들이 지닌 욕망이 진정으로 충족되는 경우에 쾌락이 발생하는 반면, 그것이 좌절되는 경우에는 고통이 초래된다.

그러므로 사람들이 느끼는 행복의 정도는 내부의 정신세계뿐만 아니라, 다양한 욕망을 충족하는 데 영향을 미치는 외부의 환경적 또는 상황적 조건에도 의존한다. 또한 이 욕구충족이론은 욕구에 의해 추동되는 가치와 목표지향이 얼마나 달성되었는가에 주목해서 행복을 고찰하는 목표이론과 직접적으로 관련된다.

(3) 주관적 접근에서 파생된 심리학 이론

사람이 체험하는 주관적 쾌락 및 욕구의 내용과 정도가 매우 다양하고 폭넓은 만큼, 이러한 행복의 주관적 접근법과 관련되어 파생된 주요 심리학 이론이 있다.

① 행복의 비교 이론

행복은 쾌락이나 욕망을 단순하게 충족해서 얻어지는 것이 아니라 자신의 어떤 상태를 다른 상태와 비교하여 평가하는 속성에 의해서 중첩적으로 결정되는 경향이 있다. 욕구의 충족과 관련된 여러 상태(예: 본인과 타인의 사회적 및 상대적 지위 비교, 과거와 현재/미래의 대비, 기대목표 성취 정도)를 상호비교하고, 비교한 결과(괴리 정도)에 근거해서 행복감의 차이가 발생한다. 그러므로 상태의 상호비교 가운데 상향식 또는 하향식 비교가 이루어지는지 여부, 그리고 기준점과의 상대적 위치에 따라서 행복감은 더 낮거나 더 높아질 수 있다.

② 쾌락 적응 및 대처 이론

사람들은 지속적인 반복적 자극에 대해 곧 적응한 후 그것에 둔감하게 되거나 습관화를 하는 성향이 있다. 사람들은 쾌락쳇바퀴(hedonic treadmill)에서 움직이는 것처럼 어떤 욕망이 충족되면 그러한 상태에 금방 익숙해져서 지속적으로 행복을 느끼지 못한다. 주관적 안녕감과 행복은 반복적으로 동일하게 주어지는 자극이나 상황보다는 새롭게 발생하는 사건의 영향을 더 많이 받게 된다. 한편 쾌락적응 과정에서 수동적인 태도보다는 긍정적인 정서와 능동적인 대처 자세가 주관적 안녕감과 삶의 만족감을 높이는데 유리하다. 그러므로 새로운 사건과 변화에 긍정적 의미를 부여하고 목표를 재조정하면서 합리적이고 능동적으로 성숙한 대처를 하는 사람이 행복감을 더 많이 느낀다.

③ 행복의 설정값 이론

모든 사람은 유전적 요인이나 선천적으로 주어진 개성이나 성향 등의 요인에 의해서 행복을 느끼는 정도가 태어날 때부터 이미 설정되어 있기 때문에 그 사람이 살아가면서 누리는 행복 수준은 거의 변하지 않으며 환경조건의 영향도 거의 받지 않는다. 행복 설정값이 불행(행복)쪽으로 치우친 채 태어난 사람은 자기 삶의 객관적 조건이 좋아져도(나빠져도) 자신은 불행(행복)하다고 느낀다. 누구나 살아가면서 겪는 삶의 사건들(연애, 결혼, 실직, 부상, 질병 등)을 겪으면 행복 수준은 선천적으로 주어진 행복 설정값에서 일시적으로 이탈하지만 쾌락적응 메커니즘이 작동하여 조만간 원래 설정값으로 되돌아가게 된다. 건강이나 소득 등과 같은 삶의 객관적 조건들은 행복 결정에 거의 영향을 미치지 않는다(김균, 2012).

(4) 객관적 목록 이론

행복의 객관적 기준을 강조하는 이 이론에 의하면 경험에 따른 쾌락이나 욕망의 충족과는 무관하게, 좋은 행위 내지는 나쁜 행위가 객관적으로 존재한다. 개인의 주관적 선호와는 관계없이 객관적인 조건인 지혜, 인애, 우정, 절제, 존엄성, 미 등은 그 자체로 좋은 속성이며, 삶에 이러한 덕목이 구현되어 있으면 바람직하고 행복한 삶이 된다. 이러한 객관적 덕목은 구체적 상황에서 행위자의 숙고와 선택에 방향을 정해주는 이정표 역할을 하고, 인간의 삶 전체에 체화된 것이라는 점에서 자기실현적 행복이라고도 한다.

(5) 포스트휴머니즘 행복론

포스트휴머니즘 행복론은 기술과학적 수단을 통해 인간의 인지능력, 정서능력, 의지능력을 향상시킴으로써 도덕적 인간과 행복한 세상을 도모한다. 도덕적 인간은 오랜 기간 동안의 내적 수양이나 교육을 통해서가 아니라 과학기술을 통해 단기간에 가능하다고 본다. 그러나 포스트휴먼이 월등한 도덕적 지위를 확보함으로써 인간 행복에 기여할 것이라는 전망은 지나치게 낙관적이고 소박하다는 비판을 받고 있다. 행복에 대한 단선적 견해와 행복에 이르는 단순화한 절차로는 진정한 행복에 이르기는 어렵기 때문이다. 포스트휴머니즘 행복론을 정서적 측면과 의지적 측면을 중심으로 설명하면 다음과 같다(정연재, 2018).

① 정서적 측면의 향상과 행복

인간향상기술을 활용하여 쾌락의 충족, 주관적 삶의 만족의 차원에서 긍정적 정서를 높이고, 부정적 정서를 낮추어 행복을 얻는다. 예를 들면 선택적 세로토닌 재흡수 억제제(selective serotonin reabsorption inhibitor)는 공포, 적개심 같은 부정적 감정을 경감시키고, 사회적 상호작용과 협동심을 증가시키고, 포유동물에서 나타나는 호르몬인 옥시토신은 타인에 대한 신뢰감과 친사회성을 증진시키는 데 관련이 있다고 알려져 있다. 뇌영상기술과 신경과학은 뇌의 정서적 과정을 향상시킬 수 있는 가능성을 열어두고 있다.

② 덕목의 향상과 행복

인간이 약물 치료와 유전공학 관련 기술을 통해 도덕적 교의를 내면화하여 행동에 옮김으로써 정의감과 이타성과 같은 도덕적 덕목을 향상시킬 수 있고, 이를 통하여 행복에 이를 수 있다. 예를 들면 유전적 덕목 프로젝트(Genetic Virtue Project, GVP)는 생명공학기술을 사용하여 세상에서 악을 감소시키고 선을 증진시켜서 세계를 좀 더 좋은 곳으로 만드는 프로젝트이다. GVP는 도덕적 개선에 대한 윤리적 이상을 DNA의 4개 분자, 아데닌(anedine), 구아닌(guanine), 사이토신(cytosine), 타이민(thymine)의 배열로 성취할 수 있다고 가정한다. 구체적인 방법으로는 배아에서 가치 있는 유전자를 선택하는 착상 전 유전자 진단을 사용하거나 인간 수정란을 유전적으로 공학화하는 것이다.

2) 행복에 이르는 길

(1) 영국 신경제재단

영국의 신경제재단에서는 전 세계 수많은 학자들의 다학문적인 근거에 기초하여 도출한 개인이 일상생활에서 행복도를 높일 수 있는 5가지 실천방법을 제안하였다

(New Economics Foundation(NEF), 2009).

① 연결

가족, 친구, 사회적 관계와 관련된 인생의 목표는 행복을 증진시킨다.

② 움직이기

운동은 기분을 향상시켜주며 우울과 불안을 낮춘다. 어린이의 운동신경을 개발하고 노인의 인지적 능력의 저하를 막아준다.

③ 인식하기

감각, 사고, 느낌의 인식을 연습하는 것은 우리 자신에 대한 지식과 행복수준을 높여준다. 우리의 경험을 음미하거나 생각하고 반성하는 감정인식 훈련이 이에 해당한다.

④ 학습하기

학습은 사회적 상호작용을 촉진하며 자존감과 유능감을 증가시킨다. 새로운 것을 학습하는 행동은 만족감을 높여주며 학습은 모든 연령층에게 일상생활에서 매우 중요하다.

⑤ 나눔

뇌과학의 연구결과에 의하면 협력행동이 두뇌의 보상영역을 활성화시키는 것으로 나타난다. 공동체에 적극적으로 참여하는 사람들은 더 행복하며, 그들의 도움과 행동은 다른 사람들이 연쇄적으로 반응하게 한다. 상호교환과 호혜성을 구축하는 것은 신뢰를 쌓고 긍정적인 사회관계와 탄력있는 공동체를 만들어 내는 근본적인 방법이다(NEF, 2009).

(2) 영국 BBC의 행복현장

2014년 영국 BBC는 4부작 다큐멘터리 제작을 위해 심리학자, 경영컨설턴트, 자기계발전문가, 사회사업가등으로 구성된 6인의 위원회는 행복에 이르는 길을 위한 17가지 지침이 포함된 행복헌장을 만들었다.

- Friend : 친구가 있어야 행복하다.
- Money : 행복은 돈으로 살 수 없다.
- Works : 당신은 일할 때 행복을 느끼는가?
- Love : 세상을 움직이는 놀라운 힘, 사랑
- Sex : 즐겁고도 행복한 성생활
- Family : 가정, 행복이 시작되는 곳
- Children : 우리 아이들을 행복하게 키우려면
- Food : 음식, 이제는 행복하게 먹자!
- Health : 긍정적인 마음이 내 건강을 지켜준다.
- Exercise : 기분이 좋아지는 지름길, 운동
- Pets : 행복을 더해주는 나만의 친구, 반려동물
- Holidays : 일상에서 벗어나 행복한 휴가 즐기기
- Community : 공동체, 나와 세상을 이어주는 행복한 관계
- Smile : 미소만으로도 내 삶이 배로 행복해진다.
- Laughter : 행복을 부르는 기분 좋은 소리, 웃음
- Spirits : 긍정의 씨앗을 뿌려주는 행복의 길잡이, 영성
- Age : 행복하게 나이 들기

2. 소득과 행복

1) 이스털린의 역설

Easterlin(1974)은 전 세계 국가를 대상으로 소득과 행복간의 상관관계를 분석하여 두가지의 상반된 결과를 얻었다. 특정 국가를 특정 시점에서 보면 소득이 높은 사람일수록 행복하다고 응답한 사람의 비율이 높았다. 그러나 시계열분석에서는

자신이 행복하다고 응답한 수준이 1인당 소득 증가에 비례해서 늘지 않았다. 이 두 결과는 상반된 해석으로 연결된다는 점에서 이스털린의 역설이라고 부른다. 앞의 결과는 돈이 더 많을수록 더 행복해진다는 내용을 담고 있고, 뒤의 결과는 행복이 돈과 무관하다는 내용이기 때문이다(박종현, 2016).

2) 소득계층과 행복

소득과 행복의 관계는 소득계층에 따라 달라진다. 일정한 삶의 기본조건을 충족할 정도의 소득이 보장되지 않으면 행복할 수 없다는 점에서 절대적 빈곤층은 중간 소득계층이나 최고 소득계층보다 불행하다. 그러나 최고층 부자는 평범한 사람보다는 더 행복하다고 느끼고 있었다. 돈이 아주 많은 사람들은 일반 사람들이 접할 수 없는 초호와 집과 물건, 서비스를 누리는 경우가 많기 때문에 더 행복해한다. 소득계층의 극과 극을 제외하면 소득의 증가와 행복의 증가 간에는 의미있는 상관관계가 거의 없다는 사실이 실증연구로 밝혀졌다.

전 세계 모든 국가에서도 사람들이 일상에서 기쁨과 즐거움을 얻고 만족하는 데 소득은 놀라울 정도로 미미한 영향을 미친다(Diener,. Ng, Harter, Arora, 2010). 미국에서 연간 75,000 달러를 벌어들인 사람의 경우, 소득이 조금 올랐어도 일상에서 느끼는 행복감은 전혀 변함이 없었다(Kahneman and Deaton, 2010).

3) 상대적 소득과 행복

상대적 소득계층에 따라 행복도는 달라진다. 주변 사람들의 소득수준이 다 나와 비슷하면 크게 불행해 하지 않는다. 그러나 떵떵거리는 부자 친구가 주변에 한두 명만 있어도 약이 오르고 억울하고 자신이 비참해 보인다. 사촌이 땅을 사면 배가 아프다는 우리 속담과 일치한다고 볼 수 있다. 이웃보다 사촌이 부자가 되면 배가 아플 정도로 불행해진다는 말이다(라선아, 2017).

4) 국가의 부와 국민의 행복

각 나라의 GDP 증가와 행복도 간의 상관관계를 분석한 수많은 조사들을 종합해 보면 나라가 부유해지는 것과 국민이 행복해지는 것과는 관계가 없다. 개인의 물질적 생활표준과 평균소득이 증가해야만 국가의 GDP 증가가 국민의 주관적 행복을 높일 수 있다. 국가 차원의 평균적 부의 척도가 아무리 좋아져도 내 생활수준이 실질적으로 좋아져야 행복해한다고 볼 수 있다.

3. 소비와 행복

경제수준이 일정 수준을 넘어가면 소득보다는 소비가 행복에 더 직접적인 영향을 미치고 있다. 삶의 행복은 인생의 여러 하위영역에서 나타나는 행복에 의하여 결정되는데 소비영역이 하위영역의 하나기 때문이다. 인간의 행복에 있어서 과도한 물질적 소비가 무의미하다는 인식이 점차 높아지고 있다. 이는 탈물질주의 정신을 통해 행복을 추구하는 환경운동, 소비자운동, 슬로우라이프 등을 예로 들 수 있다. 상품을 구매하는 것으로 상품 너머에 있는 행복을 얻는 것이 아니라 행복자체를 직접 얻는 새로운 행복스토리가 필요하다. 우리는 여전히 부모에게 물려받은 유전체, 진정한 사랑, 존경, 성취를 돈으로 살 수는 없기 때문이다(박미혜, 2014).

1) 자존감을 높이는 소비

오늘날 우리 사회에서는 자존감이 낮아 매우 불안해하고 있을 뿐 아니라 불행하다고 느끼고 있다. 이러한 낮아진 자존감을 회복하기 위한 수단으로 다양한 형태의 소비가 이루어지고 있다(김난도 외, 2017).

(1) 죽음에 대한 공포를 관리하는 소비

인간은 누구나 죽음에 대한 공포를 가지고 있는데, 소비가 죽음에 대한 두려움을 완화하는 역할을 할 수 있다. 우리가 귀중하게 여기는 물건은 우리가 죽은 후에도 존재하는 상징물이 될 수 있기 때문이다. 예를 들면 아버지가 물려준 시계, 악기와 같은 물건은 아버지가 살아있다는 상징물이 된다.

(2) 자존감을 높이는 사치소비

사람들은 자존감이 낮아진다고 느낄 때 자존감을 회복하기 위하여 쇼핑을 한다. 사치품 소비는 사회적으로 성공했다는 표식이 되기 때문이다. 비싼 차나 집은 일종의 지위의 상징물로 그 사람이 죽은 후에 무엇인가를 남기고 갈만한 능력이 있는 사람임을 말해준다.

(3) 자존감을 높이는 창조적 소비

자존감은 창조성을 발휘하게 만들어 자기효능감을 극대화해야 높아질 수 있다. 그러므로 단순히 물건을 소유하는 방법만으로는 자존감을 높일 수 없다. 자존감을 높이는 창조적 소비는 다음과 같다.

- DIY형 소비: 물건을 조립하는 과정에서 창조성 발휘
- 모디슈머: 이미 만들어진 물건을 자기 방식대로 재창조
- 아트슈머: 예술적 가치를 소비에 활용

(4) 자존감을 고양하는 윤리적 소비

소비자는 윤리적 소비 캠페인에 접할 때 자존감 방어기제가 작동할 수 있다. 윤리적 문제를 제기하면 무시하거나 그 의견을 평가절하하는 경우이다. 윤리적 소비를 확산시키기 위해서는 자존감을 살려줘야 한다. 예를 들면 육식은 끔찍한 행동이라고 비판하는 것 보다는 당신에게도 좋고 지구환경에도 좋은 일이라고 권하는 것이 더 효과적이다.

(5) 자존감을 높이는 개성표출 소비

타투는 개성을 표출하고 개인의 정체성을 구축하여 자존감을 높이는 수단으로 각광을 받고 있다.

(6) 자존감을 높이는 보상적 소비와 자기 선물주기

보상소비나 자기 선물주기는 자존감이 낮아져서 생긴 우울한 감정이나 균형이 무너진 심신의 공허감을 달래기 위하여 실행된다. 보상적 소비기제가 제대로 작동하지 못하고 억눌린 분노와 상처가 쌓이면 중독적 소비 또는 강박적 소비로 발전할 수 있다.

(7) 자존감을 재구성하는 노스텔지어 소비

노스탤지어 소비는 추억속 그리움을 느낄 수 있는 복고소비를 통하여 현재 부정적인 감정상태를 긍정적인 상태로 전환시켜 손상된 정체성과 감정이 회복되는 것이다.

(8) 자존감, 외모관리 소비를 넘어

도브의 리얼뷰티 캠페인은 여성 소비자들의 외모를 끊임없이 비교하며 자존감을 낮추던 광고형식에서 평범하고 주름이 가득한 여성의 얼굴을 클로즈업하여 광고에 등장시키고, "주름져 보이는가? 멋져 보이는가?" 라는 광고카피를 사용했다. 이는 2015년 헐리우드 스타들이 자신의 몸 그대로를 사랑하자는 의미로 시작한 몸 긍정성 열풍과 맞닿아 있다.

2) 소비유형과 행복

(1) 쾌락적 소비와 행복

쾌락주의는 더 많이 가지는 것이 더 많이 존재하는 것이라는 신조를 형성하면서 현대 소비문화를 만들었다. 소비는 목적에 따라 기초적인 생계나 생활을 유지하기 위한 필수적 소비, 없으면 생활이 불편해지고 있으면 편해지는 실용적 소비, 즐거움을 얻기 위한 쾌락적 소비로 분류할 수 있다. 그러므로 쾌락적 소비가 필수적 소비와 실용적 소비에 비하여 더 행복과 관련되어 있다고 볼 수 있다. 쾌락적 소비의 핵심인 즐거움의 원천은 다음과 같이 범주화될 수 있다.

① 제품 자체가 주는 즐거움

- 심미성과 디자인
- 물질재보다 경험재
- 본질 또는 진정성

② 사람과 제품의 상호작용에서 발생하는 즐거움

- 기대로부터 발생하는 즐거움 : 좋고 즐거울 거라고 기대하면 실제로 좋고 즐겁다고 평가
- 참여를 통한 즐거움: 체험에서 더 즐거움을 느낌. 학습과 반복된 경험을 통해 통달하거나 능숙함의 경지에 오를 때 강열한 즐거움이 나타남

③ 사회적 뇌가설

인간이 경험하는 가장 강렬한 고통과 기쁨은 모두 사람에게서 비롯된다.

그러나 쾌락재가 무한적으로 행복을 가져다주는 것은 아니다. 어떠한 쾌락도 지속적이고 반복적으로 제공되면 그 쾌락에 적응하여 효과가 점차적으로 감소하는 쾌락쳇바퀴 효과와 만족 쳇바퀴 효과가 동시에 작용하기 때문이다. 만족 쳇바퀴는 객관적 조건의 향상에도 불구하고 그 향상의 정도만큼 기대수준도 함께 상승하여 주관적 만족도는 변하지 않는 것이다. 예를 들면 전세로 살고 있던 사람이 집을 사서 이사를 하면 딱 하루만 행복하다고 한다. 다음 날이 되면 새 집에 익숙해지고 집에 대한 기대수준이 높아져 주관적 만족도가 이전 수준으로 되돌아간다(김균, 2012).

(2) 경험소비와 행복

경험소비란 공연관람이나 여가와 같이 경험 그 자체를 즐기기 위한 소비로, 구매가 발생하는 동안 이루어진다. <그림 12-1>에 있는 것처럼 경험소비는 주로 서비스를 통해 이루어지지만 재화의 소비를 통해서도 이루어진다. 예를 들면 DIY제품을 구입해서 스스로 조립하거나 만드는 과정에서 다양한 경험소비를 할 수 있다. 또한 모든 서비스가 경험소비로 치환되는 것이 아니라 서비스의 일부만이 경험소비에

해당한다. 경험소비는 물질소비에 비하여 사람들의 사회적 관계를 긍정적으로 유지하게 하고 사회적 비교를 덜 하게 하여 더 행복하게 한다(전미영, 2011). 경험적 소비는 물질적 소비보다 진정한 자아를 규정하는 기억 속에 더 많이 남아있고, 내가 생각하는 나를 의미하는 개인적 자아 뿐 아니라 다른 사람이 생각하는 나를 의미하는 사회적 자아와도 더 가깝게 연결된다. 이처럼 경험적 소비는 자아에 다양한 영향을 미쳐서 행복을 증진시킨다(라선아, 2017).

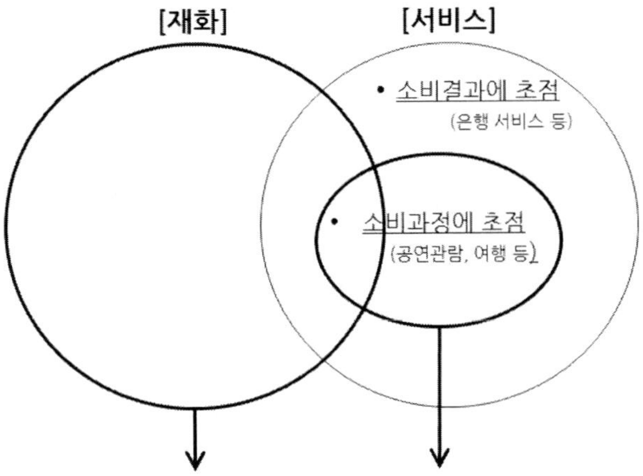

출처: 전미영, 2011

〈그림 12-1〉 물질소비와 경험소비의 구분

(3) 관계재와 행복

경제적 교환은 사회적 관계의 요소가 철저히 배제되고 오로지 익명성과 비대인적으로 재화와 서비스가 등가로 거래되는 것이다. 이와는 다르게 사회적 교환에서는 물질적 가치의 교환뿐만 아니라 사람들 사이의 인격적인 관계 자체가 교환되고 영향력을 발휘한다. 관계재는 사회적 교류에 관한 욕구를 충족시키고, 그 과정에서 형성되는 공감, 상호성, 신뢰 등을 통해 사회적 관계를 확장시킨다. 상호성의 관계는 일방적이고 무조건적인 기부 내지는 수혜가 아니라, 비록 즉각적이지는 않아도 다른 구성원에 의한 사회적 교환 및 호혜의 기대에 근거한 쌍방향의 헌신과 양도의 특성을 지닌다. 이처럼 다양한 경제적, 정치적, 법률적, 문화적 요소들과 사회적 상호성의 가치가 중첩적으로 협력하여 사회친화성이 강화되는 경우에 개인과 사회가 더 행복해진다.

시장참여를 통해 높은 소득을 올리기 위해서는 어쩔 수 없이 가족이나 친구 또는 이웃과의 교류에 들여야 할 시간과 여유를 줄일 수밖에 없다. 이러한 관계재의 과소소비가 소득과 물질재화의 증대가 주는 즐거움을 상쇄시킨다. 나홀로족이 많은 현대사회에서 관계재가 행복에 미치는 의미는 더 크다고 볼 수 있다. 관계재란 다른 사람들과의 상호교류에서 획득되고 다른 사람과 함께일 때만 즐길 수 있기에 개인 혼자서는 생산과 소비가 불가능한 재화다. 예를 들어 휴일 저녁에 혼자서 하는 식사가 아니라 가족이나 연인과 함께하는 식사가 주는 즐거움이 관계재이다(김광수, 2018).

윤리적 소비자들은 행복은 관계에서 나오는 것이라고 하면서 특히 소비에서는 생산자를 알고 생산자와 관계를 맺을 때 행복을 경험한다고 했다. 친환경제품이나 공정무역과 같은 윤리적 제품이라 하더라도 그것을 생산한 사람의 얼굴을 떠올릴 수 없고, 그 생산자에게 도움이 된다는 것을 의식할 수 없을 때에는 행복할 수 없다고 하였다. 생산자의 얼굴을 알고 생산자가 보이고 생산자에 영향을 미치는 것을 확인하고, 자기의 소비를 통해 생산자와 관계를 형성해나가는 데서 기쁨을 느낀다고 하였다(송인숙, 천경희, 홍연금, 2013).

(4) 지위재와 행복

지위재는 상대적으로 희소하며, 대체재의 존재 여부나 다른 사람들의 요구에 따라 그 상대적 가치가 결정되는 재화나 서비스를 말한다. 물질재를 둘러싼 경쟁은 공급을 확대하면 완화된다. 그러나 공급이 제한되어 있고 상대적 서열이 중요한 지위재를 둘러싼 경쟁은 최소한 단기적으로는 늘 제로섬 게임의 특징을 가진다(이재열, 2015). 한정된 지위재를 놓고 벌이는 과잉경쟁은 행복을 떨어뜨리는 중요한 요인이 되고 있다.

3) 행복한 소비의 원칙

Dunn과 노튼은 자신의 저서 「Happy Money: The Science of Smarter Spending」에서 다섯 가지 행복한 지출원칙을 제시하였다(박정윤, 2014).

- 제1지출원칙: 경험을 구매하라

Deleire와 Kalil(2010)은 50세 이상 장년층을 대상으로 조사한 결과 냉장고나 술과 같은 항목은 행복과 아무런 관계가 없었고 여가활동에 지출을 많이 하는 사람일수록 삶에 대한 만족도가 높았다.

- 제2지출원칙: 특별하게 만들어라.

대부분은 부족한 것이 없는 풍족한 사회에서 살다보니 만족감이 떨어진다. 보통의 구매를 특별하게 만들면 행복감을 높일 수 있다. 외형적 화려함과 재무적 성공보다 개인적 성장과 만족을 우선하여 스스로 단순한 삶을 선택하여 행복해진 사람들을 예로 들 수 있다.

- 제3지출원칙: 시간을 구매하라.

시간을 구매하는 원칙은 돈에 관한 결정을 시간에 관한 결정으로 전환하는 것이다. 몇 푼의 돈을 아끼기 위해 소중한 시간을 버리는 실수를 하지 않아야 한다. 사람들은 하루 중 가족이나 친구들과 시간을 함께 보낼 때 가장 좋은 기분을 느낀다.

- 제4지출원칙: 먼저 돈을 내고 나중에 소비하라.

'선 지급, 후 소비' 원칙에 따라 소비하는 것이 '선 소비, 후 지급'보다 행복감을 더 끌어올릴 수 있다. 우리는 이미 가진 것보다 장차 가질 것에서 흥분을 느끼는 성향이 있기 때문이다. 네덜란드에서 1,000명 이상의 여행자를 대상으로 실시한 설문조사에 따르면, 여행을 떠난 지 몇 주 후보다 여행을 가기 전 몇 주 전에 더 행복해 했다.

- 제5지출원칙: 다른 사람에게 투자하라.

자신에게 지출한 액수는 전반적인 행복감과 관계가 없으나, 다른 사람을 위해 지출할 때 더 많은 행복감을 느꼈다. 2006년에서 2008년에 실시된 갤럽 세계 여론조사에 의하면, 조사대상 136개국 중 120개국에서 지난달에 기부활동을 했던 사람들의 삶의 만족도가 높았다.

기부를 할 때 그 효과를 높이는 세 가지 전략이 있다.

첫째, 기부를 할 때 자발적 선택이 의무적 선택보다 더 만족도가 높아진다. 한 실험에서 대학생 138명이 다른 사람을 돕는 식의 가치있는 활동을 하면서 느낀 점을 매일 일기에 적었다. 학생들의 일기를 분석해보니, 학생들의 친사회적인 활동을 하되 자진하여 활동에 참여할 때 만족해했다. 의무적으로 참여했거나 잔소리를 듣기 싫어서 활동에 참여했던 학생들은 선행을 베풀어놓고도 그냥 찜찜한 기분을 느꼈다(Weinstein and Ryan, 2010).

둘째, 관계를 만드는 전략이다. 사람들은 약한 유대관계보다 가족이나 친구와 같이 강한 유대관계를 위해 지출함으로써 충만한 행복을 느낀 것으로 나타났다.

셋째, 기부가 미치는 영향을 고려할 때 만족이 높다. 유니세프와 스프레더넷은 파트너 관계에 있지만 스프레더넷에 기부할 때 그 영향력을 더 쉽게 확인할 수 있다. 그래서 스프레더넷에 기부하는 사람들은 유니세프에 기부했을 때보다 기부금액 대비 큰 행복감을 맛본다.

참고문헌

강은나, & 이민홍. (2016). 우리나라 세대별 1 인가구 현황과 정책과제. 보건복지포럼, 234, 47-56.

강태욱. (2016). 행태정보의 수집 및 이용. 개인정보보호의 법과 정책. 박영사.

고명지, 최유정, & 최샛별. (2017). 청년 세대 음식소비문화에 관한 연구. 소비문화연구, 20, 49-78.

고진숙, & 서영수. (2016). 확장된 계획행동이론을 적용한 사회적 자본과 주민참여의도 관계 분석. 관광레저연구, 28(9), 7-25.

권경숙, & 이규혜. (2018). 친환경 의류지식과 의식이 친환경 의류소비에 미치는 영향. 복식문화연구, 26(6), 982-993.

권오승. (2005). 소비자보호법. 법문사.

권혜원, 이명진, & 최샛별. (2011). 한국인의 영화 취향 구조: 영화취향을 통해 드러나는 한국사회의 상징적 배제. 여가학연구, 9, 1-26.

김광수. (2018). 애덤 스미스의 행복이론: 행복경제학과 시민경제론의 기원. 경제학연구, 66(1), 33-80.

김균. (2012). 이스털린 역설과 관계재. 사회경제평론, 19-48.

김난도, 권혜진, & 김희정. (2009). 트렌드코리아 2009. 미래의창.

김난도, 전미영, 이향은, 이준영, 김서영, 최지혜, 이수진, & 서유현. (2017). 트렌드코리아 2018. 미래의창.

김난도, 전미영, 이향은, 최지혜, 이준영, 김서영, 이수진, 서유현, & 권정현. (2018). 트렌드코리아 2019. 미래의창.

김난도, 전미영, 최지혜, 이향은, 이준영, 김서영, 이수진, 서유현, & 권정윤. (2019). 트렌드코리아 2020. 미래의창.

김석영, & 이보영. (2010). 푸드마일을 활용한 세계화, 지역화 수업 구성 및 적용. 한국지리환경교육학회지 (구 지리환경교육), 18(2), 135-153.

김종구, & 박성용. (1997). 소비문화에 관한 연구, 한국소비자보호원.

김명엽. (2016). 징벌적 손해배상제도의 도입과 개선에 관한 연구. 일감법학, 34, 63-86.

김명혜. (2002). 백화점 문화센터와 소비문화시대의 주부 정체성, 한국방송학보 16권 2호, 7-40.

김민경, 김성수, & 나영아. (2015). 실버세대의 개인가치 성향에 따른 외식소비성향과 레스토랑 선택속성 연구. 관광연구저널, 29(5), 239-255.
김민형, & 김현주. (2015). 사물인터넷과 초연결사회: 개념적 토대 및 기술인문학의 가능성. 영상문화, 27, 215-238.
김상지, & 진현정. (2015). 유아동복 소비자의 양면적 소비행동과 쇼핑채널 선택. 한국패션디자인학회지, 15(2), 96-108.
김영신, 서정희, 송인숙, 이은희, & 제미경 (2012). 소비자와 시장환경 제 4판. 시그마프레스.
김은미, & 권경은. (2015). 문화자본과 확장된 문화소비. 한국언론정보학보, 111-138.
김은미, & 서새롬. (2011). 한국인의 문화 소비의 양과 폭. 한국언론학보, 55(5), 205-233.
김은재, & 황상재. (2019). 인플루언서 마케팅에서 정보원 유형과 경제적 대가 표시에 따른 광고 효과 연구: 유튜브 (YouTube) 플랫폼을 중심으로. 한국디지털콘텐츠학회 논문지, 20(2), 297-306.
김은혜, & 김인숙. (2018). 경제자본과 문화예술소비에 관한 연구. 한국리듬운동학회지, 11(1), 81-95.
김재필. (2016). 인공지능과 디지털 마테팅. 제일 매가진. 2016년 4월 26일.
김정렴, & 전종우. (2016). 유명인의 매력성 측정. 사회과학연구논총, 32(2), 73-112.
김종근. (2014). 대한민국 사회문화 트렌드 분석. 문화산업연구, 14(1), 45-56.
김주란, & 강승묵. (2018). 10대 청소년 소비자의 MCN 파라소셜 관계와 광고 효과 연구. 한국광고홍보학보, 20(1), 186-213.
김혜영. (2014). 유동하는 한국가족: 1 인가구를 중심으로. 한국사회, 15(2), 255-292.
김홍주, & 박상철. (2018). 소비자제품 안전규제의 효과성 평가와 정책대안 도출 및 지방정부 역할에 대한 함의: 생활화학제품 분야 전문가 의견조사를 중심으로. 한국지방자치연구, 20(2), 123-157.
나영삼 (2012). [우수정책사례] 전북 완주군 로컬푸드 : 생산자와 소비자 모두가 행복한 밥상, 로컬푸드. 월간 공공정책, 85, 59-61.
남은영. (2010). 한국 중산층의 소비문화. 한국사회학, 44(4), 126-161.
DMC MEDIA. (2019). 2019 소셜미디어 이용 행태 및 광고 접촉 태도 분석 보고서.
라선아. (2017). 행복한 소비자. 지식의 날개.
리녕, & 김경민. (2016). 기부와 사회적 소속감이 소비자의 행복에 미치는 영향. 전문경영인연구, 19(4), 35-54.
박명희. (1996). 소비자의사결정론, 2판, 학현사.
박미혜. (2014). 대학생의 소비행복 실천 수기의 질적 분석과 함의. 한국생활과학회지, 23(5), 825-842.
박영민, & 남기범. (2016). 농촌지역 스마트 디바이드 해소를 위한 지방정부의 전략: 정보화마을사업 사례를 중심으로. 한국지역정보화학회지, 19(3), 1-26.
박용석, 권성복, & 임일. (2015). SNS (social network service) 에서 형성된 연결적 사회자본 (Bridging) 과 결속적 사회자본 (Bonding) 이 소비자 구매 행동에 미치는 영향. 국제경영연구, 26(3), 1-27.
박용정, 이정원, & 한재진. (2019). 커피산업의 5가지 트렌드 변화와 전망. 한국경제주평. 19(25), 1-12.

박은희. (2012). 외모에 대한 사회문화적 태도와 의복추구혜택이 패션제품의 양면적 소비에 미치는 영향. 패션비즈니스, 16(1), 137-149.
박정윤. (2015). 던과 노튼의 행복한 지출원칙에 대한 성경적 평가. 행복한 부자연구, 4(2), 1-14.
박정은, & 류웅재. (2015). 미디어로서의 명품 가방 소비에 관한 연구. 한국언론정보학보, 157-193.
박정현. (2011). 한국 소비자들의 7가지 라이프스타일 , LG Business Insight 6월 15일, 2-27.
박정현, & 김나경. (2010). 한국 소비자들의 관심사와 라이프스타일, LG Business Insight 12월 29일, 2-26.
박주연, & 신형덕. (2018). 문화자본론과 옴니보어 이론의 실증적 비교. 문화정책논총, 32(2), 57-86.
박지웅. (2018). 초연결사회의 정치경제학적 기원과 성격. 사회경제평론, 57, 271-305.
박혜숙. (2016). 신세대 특성과 라이프 스타일 연구-Z 세대를 중심으로. 인문사회 21, 7(6), 753-767.
방송통신위원회, 한국정보화진흥원. (2019). 2018년 사이버폭력 실태조사.
변현수. (2017). 디지털 디톡스의 필요와 혜택에 대한 검토. 경영컨설팅연구, 17(1), 71-78.
보건복지부·한국보건사회연구원. (2008). 노인실태조사.
보건복지부·한국보건사회연구원. (2017). 노인실태조사.
사공호상. (2018). 초연결 시대 공간정보 패러다임 변화와 대응전략. 한국지리정보학회지, 21(4), 81-90.
삼정KPMG. (2017). 유통 4.0시대 리테일 패러다임의 변화.
성기훈, 김정우, 설상훈, 강성필, & 최재붕. (2018). 초연결사회에서 IoT 기반의 라이프로그 데이터를 활용한 사용자 맞춤형 디바이스 지능형 캐릭터 개발. 한국인터넷방송통신학회 논문지, 18(6), 21-31.
성영애. (2016). 소비절제를 추구하는 라이프스타일과 행복에 관한 연구. 소비자학연구, 27(2), 233-254.
성영조, 김군수, 김을식, 민병걸, 송승현, & 한영숙. (2016). 경기도 공유경제 활성화 방안. 경기연구원.
손대일. (2006). 유비쿼터스 시대의 소비자 트렌드, 전자부품연구원.
손정은. (2019). 2019 디지털 마케팅 & 고객 경험 전략.
송순영. (2015). 공유경제 서비스와 소비자 권익증진 방안 연구. 한국소비자원 정책연구보고서.
송인숙, 천경희, & 홍연금. (2013). 윤리적 소비자가 경험하는 행복한 소비의 특성에 관한 현상학적 연구. 소비문화연구, 16, 1-27.
신경아, & 한미정. (2013). 뉴시니어로서의 베이비붐세대. 미디어, 젠더 & 문화, (25), 113-144.
신현준, & 이은주. (2011). 뉴로마케팅의 원리와 활용 사례. KBR. 14(3). 193-213.
신호창, & 노형신. (2010). 고령화 사회 대비 효과적 고용정책 커뮤니케이션 프로그램 개발을 위한 토대연구: 연령대별 인식차이를 바탕으로. 커뮤니케이션학 연구, 18(1), 5-40.
아이지에이웍스. (2019). 모바일인덱스 보고서.
안광호, & 유창조. (2002). 광고원론, 서울: 법문사.
예지은, & 진현. (2009). 신세대 직장인의 특성에 관한 연구. 인적자원개발연구, 12(2), 67-86.
오수연. (2018). Z 세대를 주목하라. 마케팅, 52(1), 57-62.
우종국. (2019). 마흔을 위한 경제학. 북카라반.
유은영, & 진현정. (2016). 베이비붐세대의 문화자본과 경제자본이 문화예술 소비에 미치는 영향.

소비자학연구, 27(6), 79-103.
유현정, 이아름, 송유진, & 안혜리. (2017). 한국의 소비생활지표를 활용한 1 인 가구의 소비생활 특성 분석. 소비자문제연구, 48(2), 277-301.
윤소라. (2015). 베이비부머, X세대, Y세대의 기초 화장품 구매 의사결정 차이에 관한 연구. 숙명여자대학교 경영대학원 석사논문.
윤태웅. (2011). 일면적광고와 양면적 광고의 효과에 관한 연구: 조절초점의 조절효과. 한국심리학회지: 소비자· 광고, 12(2), 261-282.
이금노. (2016). 온라인플랫폼 기반 공유경제의 소비자정책 이슈와 시사점. 소비자정책동향, (68), 1-18.
이기식. (2013). 디지털융합시대 이해당사자간 사이버 저작권 수용격차(Cyber Copyright Reception Divide)에 관한 연구. 사회과학연구, 29(2), 23-49.
이기춘, & 송인숙. (1988). 소비자 제품의 비교테스트 정보 분석에 의한 가격과 품질의 상관관계 연구. 한국가정관리학회지, 6(2), 53-65.
이미옥 역, 카트린 하르트만 저. (2018). 위장환경주의: 그린으로 포장한 기업의 실체. 에코리브르.
이민화, 김애선, 주강진, 김예지, 손문영, 오지영, & 최준규. (2018). 4 차 산업혁명 시대 공유 플랫폼 경제의 로드맵과 경기도 발전방향.
이베스트투자증권 리서치센터. (2019). 노는 게 제일 좋아: 키즈산업 보고서.
이성림, 손상희, 박미혜, 정주원, & 천경희. (2011). 소비생활에서의 행복과 갈등. 소비자학연구, 22(1), 139-166.
이성철, & 한상일. (2013). 한국베이비부머와 기존노년층의 라이프스타일과 여행상품선택속성에 대한 영향. 상업교육연구, 27(5), 219-244.
이소영. (2011). 부르디외의 문화이론과 재생산으로서의 교육에 대한 철학적 고찰. 교육철학연구, 33(1), 129-159.
이승환. (1998). 고대동양의 소비문화, 한국소비문화학회 '98 추계 학술대회 논문발표집, 21-31.
이은주, 양승은 & 신미주. (2013). 소비자의 머릿속을 들여다보는 뉴로마케팅 시대. Cheil World, 통권 454호, 2013년 11월호.
이일우, & 이철한. (2018). 정책홍보활동이 정책고객 수용도 및 사회자본 축적에 미치는 영향 연구. 사회과학연구, 25(1), 297-314.
이자연. (2018). 신소비의 핵심, 중국 무인 소매업의 특징과 시사점. 산업경제, 2018년 5월호, 103-114.
이재열. (2015). 사회의 질, 경쟁, 그리고 행복. 소비문화연구, 21(2), 67-95.
이정일. (2016). 피에르 부르디외의 자본의 유형으로 본 카네기의 기부의 성격. 로고스경영연구, 14(4), 33-48.
이준영. (2017). 1코노미: 1인가구가 만들어내는 비즈니스 트렌드. 21세기북스.
이준영, & 김난도. (2007). 명품의 소비욕망. 소비자학연구, 18(2), 41-58.
이지선. (2017). 소비자의 프리미엄 가격 (price premium) 지불 결정요인. 한국스포츠산업경영학회지, 22(4), 75-90.
이지영, & 김도성. (2015). 베이비붐 세대 가계의 소비지출특성과 패턴에 관한 연구. 노인복지연구, 69, 323-346.

이진구. (1998). 풍요사회의 신화와 현실의 상품화 : 상품의 생산에서 이미지의 소비로, 한국소비문화학회 '98 추계 학술대회 논문발표집, 9-18.

이학식, 윤나라, & 박지은. (2014). 가격-품질 관계에 대한 심리적 거리와 제품지식의 조절적 영향. 마케팅연구, 29(1), 197-224.

이호중. (2016). 현황과 대책. 가습기살균제 참사와 20대 국회 당면과제 국회토론회 자료집.

이희정. (2018). 소비절제 라이프스타일이 상업적 공유 경제 시스템 수용에 미치는 영향: 공유 효용을 중심으로. 소비자학연구, 29(6), 27-48.

임춘성. (2017). 멋진 신세계: 세상과 당신을 이어주는 테크 트렌드. 쌤앤파커스.

장미화. (2007). 뇌신경과학과 마케팅의 결합: 뉴로마케팅. 신한 FSB 리뷰. 2007년 11월호.

장세길. (2016). 옴니보어 문화향유의 특성과 영향요인-전라북도 사례. 한국자치행정학보, 30(4), 283-302.

전미영. (2011). 소비자행복의 개념과 그 영향요인의 구조: 소유와 경험을 중심으로. 서울대학교 박사학위논문.

전미영, 김난도. (2011). 재화소비와 경험소비에서 나타나는 소비자행복 수준 비교. 소비자정책교육연구, 7(2), 55-75.

정선기(1998). 일상적 활동과 생활양식: 한국 부르디외 연구회(편.) 문화와 권력, 나남출판, 77-100.

정선호, 이승윤, & 한기림. (2015). 온라인 구전효과 분석을 위한 확률모델: 커뮤니케이션 채널 유형과 구전내용에 따른 구매의도를 중심으로. 한국심리학회지: 일반, 34(1), 335-352.

정수연. (2018). 온라인 맞춤형 광고의 행태정보 규제 현황 및 시사점. 정보통신ㅂㅇ송정책, 30(3), 1-23.

정연재. (2018). 포스트휴머니즘 행복론에 대한 비판적 고찰. 윤리연구, 121, 317-342.

정은미, 김용렬, & 허주녕. (2016). 지역경제 활성화를 위한 로컬푸드 추진 전략과 정책과제. 한국농촌경제연구원.

정인, & 강서진. (2019). 한국 1인 가구 보고서. KB금융지주경영연구소. 1인가구연구센터.

제일기획. (2003). 대한민국 변화의 태풍－젊은 그들을 말한다.

제현정, & 이희연. (2017). 지역별 인구구조 변화와 유형별 특성 분석. 한국도시지리학회지, 20(1), 27-43.

조영훈, & 최은정. (2018). 온라인 여행 구전 커뮤니케이션에서 구전의 발생 과정에 관한 연구. 관광학연구, 42(7), 139-160.

지승학. (2018). Z 세대를 위한 주체성 담론 고찰. 영상문화, 33, 127-148.

차두원, & 진영현. (2015). 초연결시대, 공유경제와 사물인터넷의 미래. 서울: 한스미디어.

차재덕. (2019). 딥러닝은 어떻게 똑똑한 마케팅에 기여할까?. ZDNetKorea.

채오병. (2018). 부르디외의 국가: 상징권력과 주체. 문화와 사회, 26(2), 217-260.

채희근. (2019). 새롭게 시도되고 있는 자동차 구독 서비스. KB금융지주경영연구소.

최광선. (2018). 소비자 집단소송의 발전방향에 관한 제언. 법학연구, 29(1), 243-299.

최순화. (2002), 소비시장의 양면성, 삼성경제연구소.

최옥금. (2011). 노인 가구의 소비지출 유형화 및 영향 요인 분석. 노인복지연구, 51, 277-296.

최현민. (2004). Young-old세대를 위한 COUPE DESIGN에 관한 연구, 홍익대학교 석사학위논문.

추병완. (2014). 뉴로마케팅 (Neuromarketing) 의 윤리적 문제 분석. 윤리연구, 97, 195-220.

KCERN. (2018). 공유 플랫폼 경제로 가는 길.
Hakim, C. (2012). Honey Money. 매력 자본. 이현주 역. (2013). 민음사.
한국소비자원. (2012). 녹색표시 그린워싱 모니터링 및 개선.
한국소비자원. (2019). 2018 소비자 피해구제 연보 및 사례집.
한국환경산업기술원. (2012). 녹색제품 지역별 거점확보를 위한 녹색구매지원센터 운영방안
현택수. (1998). 아비튀스와 상징폭력의 사회비판이론.
현택수, 정선기, 이상호, & 홍성민(편). 문화와 권력: 부르디외 사회학의 이해. 나남.
환경부. (2015). 제3차 녹색제품 구매촉진 기본계획.
황용석, & 권오성. (2017). 가짜뉴스의 개념화와 규제수단에 관한 연구. 언론과 법, 16(1), 53-101.
황향임, & 곽종형. (2017). 실버세대의 라이프스타일이 생활만족도에 미치는 영향. 사회복지경영연구, 4(1), 293-314.
Acord, S. K., & DeNora, T. (2008). Culture and the arts: From art worlds to arts-in-action. The Annals of the American Academy of Political and Social Science, 619(1), 223-237.
Aknin, L. B., Barrington-Leigh, C. P., Dunn, E. W., Helliwell, J. F., Burns, J., Biswas-Diener, R., & Norton, M. I. (2013). Prosocial spending and well-being: Cross-cultural evidence for a psychological universal. Journal of Personality and Social Psychology, 104(4), 635.
Bearden, W. O., & Teel, J. E. (1983). Selected determinants of consumer satisfaction and complaint reports. Journal of marketing Research, 20(1), 21-28.
Brown, K. W., & Kasser, T. (2005). Are psychological and ecological well-being compatible? The role of values, mindfulness, and lifestyle. Social Indicators Research, 74(2), 349-368.
DeLeire, T., & Kalil, A. (2010). Does consumption buy happiness? Evidence from the United States. International Review of Economics, 57(2), 163-176.
Dunn, E. W., Huntsinger, J., Lun, J., & Sinclair, S. (2008). The gift of similarity: How good and bad gifts influence relationships. Social Cognition, 26(4), 469-481.
Dunn, E., & Norton, M. (2013). Happy Money: The Science of Smarter Spending, Simon & Schuster.
Featherstone, M. (1991), The body in consumer culture. In Featherstone, M., Hepworth, M., & Turner, B. S.(Eds.) The body : Social process and cultural theory. 김성호 역(1993), 소비문화속의 육체, 문화과학, 4, 35-63.
Fortunato, V. C. R., Giraldi, J. D. M. E., & de Oliveira, J. H. C. (2014). A review of studies on neuromarketing: Practical results, techniques, contributions and limitations. Journal of Management Research, 6(2), 201.
Frey, B. S., Benesch, C., & Stutzer, A. (2007). Does watching TV make us happy?. Journal of Economic psychology, 28(3), 283-313.
Graaf, J.D., Wann, D. & Naylor, T. (2001), Affluenza. 박웅희 역(2002), 어플루엔자, 한숲출판사.
Jacoby, J., Berning, C. K., & Dietvorst, T. F. (1977). What about disposition?. Journal of marketing, 41(2), 22-28.
Madan, C. R. (2010). Neuromarketing: the next step in market research?. Eureka, 1(1), 34-42.
Mason, R. S. (1981). Conspicuous Consumption : A Study of Exceptional Consumer Behavior. N. Y. : St. Martin's Press.

McCade, D.(1990). 약속된 낙원 : 광고, 포스트모던 리얼리즘, 소비문화. 외국문학 24, 78-91.

Peterson, R. A., & Simkus, A. (1992). Seven how musical tastes mark occupational status groups. Cultivating differences: Symbolic boundaries and the making of inequality, 152.

Nelson, L. D., Meyvis, T., & Galak, J. (2008). Mispredicting Adaption and the Consequences of Unwanted Disruptions: When Advertisements Make Television Programs More Enjoyable. In a paper presented at the Society for Consumer Psychology Annual Conference, ed. San Diego: University of California.

New Economics Foundation (NEF). (2009). National Accounts of Well-being: Bringing Real Wealth onto the Balance Sheet, London.

Nawijn, J., Marchand, M. A., Veenhoven, R., & Vingerhoets, A. J. (2010). Vacationers happier, but most not happier after a holiday. Applied Research in Quality of Life, 5(1), 35-47.

Piper, J. (2016). Taking Stock with Teens. http://www.piperjaffray.com/

Prelec, D., Lowenstein, G., & Zellermeyer, O. (1998). Closet Tightwads: Compulsive Reluctance to Spend and the Pain of Paying. Presented as part of a special session, Perceived Pain and Pleasure: Preferences for Experience-Structure and Characteristics. Advances in Consumer Research, 25, 23.

Putnam, R. D.(2000). Bowling Alone. The Collapse and Revival of American Community, New York: Simon and Schuster.

Stutzer, A., & Frey, B. S. (2008). Stress that doesn't pay: The commuting paradox. Scandinavian Journal of Economics, 110(2), 339-366.

Twitchell, J. B.(2002). Living It Up : Love Affair With Luxury. 최지철 역(2003). 럭셔리 신드롬. 미래의 창.

Vollmer, C. A., Blum, S., & Bennin, K. (2014). How media companies can make multichannel networks profitable. Forbes. http://www.forbes.com/

Weiler, J. A., Suchan, B., & Daum, I. (2010). When the future becomes the past: Differences in brain activation patterns for episodic memory and episodic future thinking. Behavioural brain research, 212(2), 196-203.

Weinstein, N., & Ryan, R. M. (2010). When helping helps: Autonomous motivation for prosocial behavior and its influence on well-being for the helper and recipient. Journal of personality and social psychology, 98(2), 222.

Zhou, X., Vohs, K. D., & Baumeister, R. F. (2009). The symbolic power of money: Reminders of money alter social distress and physical pain. Psychological Science, 20(6), 700-706.